"十四五"职业教育国家规划教材

中等职业教育会计专业系列教材

Chuna Shiwu

出纳实务

（第三版）

王朝辉　主　编

刘一心　副主编

东北财经大学出版社
Dongbei University of Finance & Economics Press
大连

图书在版编目（CIP）数据

出纳实务 / 王朝辉主编. —3版. —大连：东北财经大学出版社，2024.12.
（中等职业教育会计专业系列教材）. —ISBN 978—7—5654—5502—5

Ⅰ.F231.7

中国国家版本馆CIP数据核字第2024ZF2467号

东北财经大学出版社出版

（大连市黑石礁尖山街217号　邮政编码　116025）

网　　址：http://www.dufep.cn

读者信箱：dufep@dufe.edu.cn

大连东泰彩印技术开发有限公司印刷　　东北财经大学出版社发行

幅面尺寸：185mm×260mm　　　字数：366千字　　　印张：15.25

2024年12月第3版　　　　　　　　2024年12月第1次印刷

责任编辑：周　欢　　　　　　　　责任校对：刘贤恩

封面设计：原　皓　　　　　　　　版式设计：原　皓

定价：39.00元

教学支持　售后服务　联系电话：（0411）84710309

版权所有　侵权必究　举报电话：（0411）84710523

如有印装质量问题，请联系营销部：（0411）84710711

党的二十大报告中明确了职业教育的重要地位和产教融合的重要作用。国务院印发的《国家职业教育改革实施方案》（简称职教20条）提出了"三教（教师、教材、教法）"改革的任务。在"三教"改革中，教师是根本，教材是基础，教法是途径，它们形成了一个闭环，解决教学系统中"谁来教、教什么、如何教"的问题。其中"教材"的改革，要按照更新教学内容、完善教学大纲、编写或开发教材的顺序进行。一是在教材内容上打破学科体系、知识本位的束缚，通过产教融合、校企合作方式加强与生产生活的联系，提升与产业的匹配度，突出应用性与实践性，关注技术发展带来的学习内容与方式的变化；二是完善教材形态，通过为经典的纸质教材配套数字化教学资源，形成"纸质教材+多媒体平台"的新形态一体化教材体系；三是推广以在线开放课程为代表的数字课程，满足"互联网+职业教育"的新需求。本书第二版出版后，得到广大用书师生的好评，多次重印，并获评教育部"十四五"职业教育国家规划教材。

"出纳实务"是中等职业学校会计事务专业核心课程，本教材依据《小企业会计准则》，以小企业出纳岗位常见业务为主要内容，以小企业的典型工作业务为依据，以原始凭证形式呈现，通过填制和审核原始凭证、编制记账凭证等实操业务，提高学生对出纳工作的认识。本教材重在提高学生胜任小企业出纳岗位的职业能力，体现中等职业教育以职业岗位核心能力为依据的要求，也符合学生就业的实际需要。

本教材根据小企业出纳岗位的实际工作内容，设置了十四个项目，具体包括：认识出纳、库存现金收支的管理及核算、库存现金的序时核算及清查、支票结算的管理及核算、银行本票结算的管理及核算、银行汇票结算的管理及核算、商业汇票结算的管理及核算、汇兑结算的管理及核算、委托收款结算的管理及核算、托收承付结算的管理及核算、信用卡的管理及核算、银行存款的序时核算及清查、网上支付、出纳差错处理。本教材采取了"项目—任务"的编写体例，项目下面设"任务""项目小结""项目训练""项目评价"，而各个任务通过"任务描述""知识储备""任务实施"等部分来完成。同时，根据教学情境的需要穿插了"小练习""小知识"等栏目，既方便教师教学，又增强了学生对相应知识点、技能点的理解掌握。每个项目后的"项目训练"使学生通过练习达到巩固知识、强化技能的目的。"项目训练"的参考答案可登录东北财经大学出版社网站（www.dufep.cn）下载使用。

本教材由湖南省长沙财经学校王朝辉担任主编，刘一心担任副主编。项目一由湖南省长沙市电子工业学校刘世莹编写，项目二由湖南省长沙财经学校刘一心编写，项目三由湖南省长沙财经学校杨琛兰编写，项目四由湖南省长沙财经学校黄婷编写，项目五由湖南省长沙财经学校傅新编写，项目六由新邵县工业职业中等专业学校周仁华编写，项目七由湖南省长沙财经学校沈小林编写，项目八由湖南省长沙财经学校谭琴编写，项目九、项目十由湖南省长沙财经学校范喜美编写，项目十一由邵阳市计算机中等专业学校苏魏魏编写，项目十二由涟源市工贸职业中等专业学校李迪耀编写，项目十三、项目十四由湖南省长沙财经学校王朝辉编写。

本教材建议用一个学期的时间来学习，每周设置3～4课时，以实训课教学为主。

在本教材的编写过程中，我们得到了全国财政职业教育教学指导委员会专家徐俊先生的悉心指导，长沙市财经商贸教学研究会、长沙商务职业技术学院、长沙商贸旅游职业学院、长沙民政学院、畅捷通信息技术股份有限公司、湖南天鉴联合会计师事务所也给予了无私的帮助，在此深表感谢。

由于编者的理论水平及实践经验有一定的局限性，教材中难免有不足之处，敬请读者提出宝贵意见，我们将虚心学习，不断改进和完善。

编　者

2024年10月

目　录

项目一　认识出纳

学习目标

知识目标

通过本项目的教学，使学生了解出纳的含义，熟悉出纳人员的日常工作内容，了解一名合格的出纳人员应具备的素质要求和业务技能，了解出纳工作交接的相关规定，熟悉出纳工作交接的内容。

能力目标

能够制定一份出纳工作日程表，能进行简单的出纳工作交接。

任务一　出纳做什么

任务描述

每个进行独立资金运转的会计主体都会设置出纳岗位，配备出纳人员，那么出纳岗位是如何设置的，出纳人员又要做哪些事情呢？

知识储备

（一）什么是出纳

"出"指"支出"，"纳"指"收入"，出纳就是办理本单位的现金收付、银行结算及有关账务，保管库存现金、有价证券、财务印章及有关票据等工作的总称。出纳包含了两层含义：一是出纳工作；二是出纳人员。

出纳工作是指管理货币资金、票据、有价证券等收付的所有工作，即对本单位现金收付、银行结算业务办理，对本单位库存现金、有价证券、票据、财务印章的整理和保管，以及对本单位货币资金和有价证券收付业务的会计核算等工作。

出纳人员有广义和狭义之分。广义的出纳人员既包括会计部门的出纳人员，也包括业务部门的各类收银员；狭义的出纳人员仅指会计部门的出纳人员，本教材中所指的出纳人员是指狭义的出纳人员。

（二）出纳人员日常要完成哪些工作

1. 办理现金收付。对稽核人员审核签章的收付款凭证进行复核，根据复核无误的收付款凭证办理现金收付。收付款后要在收付款凭证上签章，并加盖"现金收讫""现金付讫"戳记。

2. 办理银行结算。按照银行支付结算的有关规定，办理银行结算，安全、合理地选用银行结算方式，规范使用票据，并严格控制签发空白支票。

3.登记日记账。出纳人员根据已办理完毕的收付款凭证，逐笔登记库存现金日记账、银行存款日记账，并结出余额，做到日清月结。出纳人员每天下班前必须清点库存现金并与库存现金日记账余额核对，保证库存现金的账实相符；定期进行银行存款日记账与银行对账单的核对，编制银行存款余额调节表，保证银行存款日记账记录的准确性。

4.保管库存现金和有价证券，确保其安全完整；保管印章、空白支票和空白收据，严格按规定用途使用。超过银行核定限额范围的库存现金应该及时送存银行，不得以"白条"抵冲现金，不得贪污、挪用现金。对于库存现金的溢余或短缺，应及时查明原因，分别进行处理。对于空白支票、空白收据的领用、注销，应该设立登记簿进行登记。

【小知识1-1】

签发支票的各种印章，不得全部交由出纳人员一人保管。出纳人员调离工作岗位时，应将其经管的款项、有价证券、凭证、账簿、印章、空白收据、空白支票等向接办人员移交清楚。

📋 任务实施

（一）企事业单位如何设置出纳岗位

明确了出纳人员的工作职责，企事业单位如何设置出纳岗位呢？是不是设置的人员越多越好？

答案是否定的。配备多少出纳人员，主要取决于本单位出纳业务量的大小和繁简程度，以业务需要为原则，既要满足出纳工作量的需要，又要避免徒具形式、人浮于事的现象。具体设置可采取一人多岗、一人一岗、一岗多人的形式。

1.小型企业：一人多岗。在规模较小的企业中，出纳工作量较小，可设兼职出纳人员一名。无需单独设置会计机构的单位要在有关机构（如单位的办公室、后勤部门等）中配备兼职出纳人员一名。

2.中型企业：一人一岗。在中等规模的企业中，出纳工作量不大，可设专职出纳人员一名。

3.大型企业：一岗多人。在规模大的企业中，出纳工作量较大，可设多名出纳人员，如分设管理收付款项的出纳人员和管账的出纳人员，或者分设管理现金的出纳人员和管理银行结算的出纳人员等。

（二）哪些工作出纳人员不能做

根据《中华人民共和国会计法》（以下简称《会计法》）的规定，出纳人员不得兼任稽核、会计档案保管以及收入、支出、费用、债权债务账目的登记工作。假设长沙含光服饰有限公司出纳人员陈兰英兼管收入、支出、费用、债权债务账目的登记工作，可能会出现什么情况呢？

出纳人员的直接工作对象是现金，工作内容是货币资金收付业务，根据复式记账规则，每发生一笔货币资金收付业务，必然会引起收入、支出、费用、债权债务账目记录的变化，或者说每发生一笔货币资金收付业务时都要登记收入、支出、费用、债权债务的有关账簿。如果把这些业务交由出纳人员陈兰英一人办理，就会出现出纳人员既管钱又管账，失去监控的情况，给贪污舞弊行为大开方便之门。同样的道理，如果稽核、内部会计档案保管工作由出纳人员兼任，也难以防范利用抽换单据、涂改记录等手段进行舞弊的行为。因此，对出纳岗位的牵制非常重要。鉴于此，《会计法》对出纳岗位的牵制专门做出了上述规定，这既是出于会计机构内部建立牵制制度的需要，也是从我国会计工作实践中总结出的经验和教训，要求各单位严格执行。

出纳人员管钱不管账，并不意味着出纳人员不能管理任何账。企业的库存现金日记账和银行存款日记账一般都是由出纳人员登记、保管。除此之外，只要不是收入、支出、费用、债权债务等直接与单位资金收支增减往来有关的账目，出纳人员就可以承担一部分记账工作，如在有些单位中，出纳人员业务量不多，可以兼记固定资产明细账。

【小练习1-1】

李纯职高毕业后和几个朋友一起开了家小公司，开业初期公司业务量不大，李纯自己当出纳员，公司的账目和报表请会计公司代理。经营了一段时间后，李纯的主要精力用于拓展公司业务，这时自己的朋友肖红从某高职院校会计系毕业，于是李纯请肖红来公司当出纳人员。考虑到肖红的专业知识很扎实，为了节省开支，李纯从会计公司收回了所有的账目和报表，连同支票、印鉴等都交给肖红进行管理。请问：李纯这种做法对不对？为什么？

任务二　　怎样当一名合格的出纳人员

任务描述

出纳人员既负责本单位货币资金和有价证券的收支、保管和核算，又掌握本单位的全部票据，是单位的"管家"，责任重大。怎样才能把出纳工作做好，成为一名合格的出纳人员呢？

知识储备

出纳人员应当具备从事会计工作需要的专业能力，同时要具有良好的素质修养和过硬的业务技能。

（一）出纳人员应具备的素质要求

1.具有一定的政策水平。出纳工作是政策性很强的工作，出纳人员必须掌握相关的法律、法规并认真落实到工作中。与出纳工作相关的法律、法规主要有：《中华人民共和国现金管理暂行条例》（以下简称《现金管理暂行条例》）《支付结算办法》《中华人民共和国票据法》（以下简称《票据法》）《会计法》《会计档案管理办法》《会计基础工作规范》《企业会计准则》《小企业会计准则》《中华人民共和国商业银行法》等。

【小知识1-2】

《现金管理暂行条例》是为改善现金管理，促进商品生产和流通，加强对社会经济活动的监督做出的规定。

《支付结算办法》用于规范单位、个人在社会经济活动中使用票据、信用卡和汇兑、托收承付、委托收款等结算方式进行货币给付及资金清算的行为。

《票据法》用于规范票据（包括汇票、本票和支票）行为，保障票据活动中当事人的合法权益，维护社会经济秩序，促进社会主义市场经济的发展。

2.具备必备的专业知识。出纳人员除了应参加会计继续教育，具备处理一般会计事项的基本知识外，还应具备处理出纳业务的专业知识和技能，熟悉本单位的主要业务。

3.具有良好的职业道德。出纳人员应依照会计职业道德规范的主要内容，做到"三坚三守"，即坚持诚信，守法奉公；坚持准则，守责敬业；坚持学习，守正创新；尤其要坚持诚信，守法奉公。出纳人员每天都要经手大量的钱，一定要洁身自好，不贪不占，不能挪用公款，更不能将公款据为己有。如果存在侥幸心理和私欲，最终将走向犯罪。

4.具有严谨细致的工作作风。出纳人员每天和钱、有价证券等打交道，容易发生差错和损失，因此出纳人员应具备严谨细致的工作作风。工作时要集中精力，会计工具、钱款和票据要摆放整齐，便于拿放和存取；收付现金要认真细致，尽量不出差错；出现问题时不要慌张，要沉着冷静及时处理。

5.具备大局意识和协作精神。企业财务部门有多个分工不同的工作岗位，每个岗位环环相扣，出纳人员要按时完成本岗位工作，不得拖延，资料传递应及时，并主动协助其他岗位工作人员的工作。

（二）出纳人员应具备的业务技能

一个合格的出纳人员，应具备以下业务技能：

1.规范的书写技能。出纳人员书写数字和文字都要规范、工整、清晰，不得随意涂改、刮擦。

2.票币整点与防伪技能。出纳人员需要有过硬的现钞整理、清点、捆扎的基本功，以及现钞票币的真伪辨识能力。

3.出纳专用机的使用。不少企事业单位都配备验钞机、点钞机、支票打印机等，出纳人员应该学会并能熟练使用。收银员还要学会使用收银机、POS机等。

4.电脑操作技能。它包括基础办公软件操作、财务软件操作、网络操作及数据处理工具的使用能力。此外，还需掌握基本的系统维护和升级，如备份和恢复财务数据，更新财务软件版本等。

5.办理银行转账业务。各企事业单位的往来款项除了按现金管理条例的规定可以使用现金以外，都要通过银行办理转账结算，出纳人员应充分掌握各种银行结算方式的办理流程，并根据单位的实际情况灵活运用。

6.账簿登记技能。出纳人员能根据审核无误的收付款凭证，规范、熟练地登记库存现金日记账和银行存款日记账，并做到日清月结。

（三）出纳工作交接的情形

当遇到以下情形时，出纳人员须办理出纳工作交接手续：

1.出纳人员因辞职、调动等原因离开单位。

2.因企业内部工作变动不再担任出纳职务，如因轮岗，出纳人员被调换到其他会计岗位。

3.因出纳岗位内部增加或减少工作人员进行重新分工。

4.出纳人员临时离职或因病不能工作且需要接替或者代理的。

5.因特殊情况如停职审查等，按规定不宜继续从事出纳工作的。

6.企业因其他情况按规定应办理出纳交接工作的，如企业解散、破产、兼并、合并、分立等情况发生时，出纳人员应向接收单位或清算组办理移交。

【小知识1-3】

会计人员工作交接的作用如下：做好会计交接工作，可以使会计工作前后衔接，保证会计工作的连续进行；做好会计交接工作，可以防止因会计人员更换而出现账目不清、财务混乱的现象；做好会计交接工作，是分清移交人员和接替人员工作职责的一项有效措施。

(四)出纳工作交接的具体内容

1.现金，如库存的人民币、外币、贵重物品和其他贵重物品。

2.有价证券，如国库券、债券、股票等。

3.票据，如空白支票和作废支票及支票领用备查簿，以及用于银行结算的各种银行汇票、银行本票等。

4.发票，如空白发票和已用发票（含作废发票）。

5.收款收据，如空白收据、已用收据（含作废收据）。

6.印章，如发票专用章、预留银行印鉴以及"现金收讫""现金付讫""银行收讫""银行付讫""作废"等业务专用章。

7.凭证，如库存现金、银行存款、其他与货币资金有关的原始凭证和记账凭证。

8.账簿，如库存现金日记账、银行存款日记账和备查账簿等。

9.电算化资料，如会计软件及其密码、硬盘、磁带等有关电算化的资料、实物等。

10.其他会计资料和物品，包括银行对账单，应由出纳人员保管的证件、合同、协议、办公桌、保险柜（箱）的钥匙及各种保密号码。

【小练习1-2】

请说出企业的财务印章有哪些？出纳人员一般保管哪几种财务印章。

【小知识1-4】

《会计法》第四十一条规定："会计人员工作调动或者离职，必须与接管人员办清交接手续。一般会计人员办理交接手续，由会计机构负责人（会计主管人员）监交；会计机构负责人（会计主管人员）办理交接手续，由单位负责人监交，必要时主管单位可以派人会同监交。"

任务实施

(一)出纳岗位的工作日程

做好出纳工作不是一件容易的事，因为出纳工作既是技术性工作，又是事务性工作。出纳人员要制订科学的工作日程，才能高质量、高效率地完成本职工作：

1.上班的第一时间检查保险柜里的现金及重要凭证是否齐备，确认银行存款余额。

2.保证日常现金的用量，发现库存现金不足时，应当签发现金支票到银行提取现金。

3.按规定办理现金和银行存款的收、付款业务，并根据收付款原始凭证编制记账凭证。

4.根据记账凭证逐笔登记库存现金日记账和银行存款日记账，并每日结出余额。

5.在银行结束营业前，送存超过库存限额的现金。

6.下班前清点现金，并与库存现金日记账进行核对，做到账实相符。

7.对重要凭证等票据进行清点、核对。

8.临下班前，检查保险柜、抽屉是否锁好，资料凭证是否收好。

（二）出纳人员审核报销凭证的流程

1.审核支付证明单上经办人是否签字，证明人是否签字，没签字的要退回补签。

2.审核支付证明单所附的原始单据是否有涂改，涂改的凭证不予报销。

3.审核正规发票与收据是否混贴，如有混贴的，应及时清理，分门别类粘贴。

4.审核支付证明单上填写的项目是否超出范围，如有超出范围的，应进一步落实能否报销。

5.审核支付证明单上填写的金额大小写是否相符，如有不相符的，应重新填写。

6.审核支付证明单上的报销内容是否合理，不合理部分应拒绝报销。

7.审核支付证明单上是否有主管领导签字，没有的不予报销。

出纳工作是财务部门的一个窗口，出纳人员一定要把好进出凭证的审核关。内容不完整、手续不齐全、书写不清楚、计算不准确的原始凭证，应退还有关部门和人员，及时补办手续或进行更正；对违法收支要坚决制止和纠正；对严重违法甚至损害国家和社会公众利益的收支，应向主管单位或财政、税务、审计机关报告，接到报告的机关应及时处理。

【小练习1-3】

对于以下凭证（如图1-1、图1-2所示），出纳人员能不能支付？为什么？

借 支 单

2024 年 03 月 15 日　　部门：销售科

借支人姓名	陈红		职务	经理
借支事由	出差			
人民币（大写）	叁仟元整			¥ 3 000.00
标准	刘雪华	会计 宋珍	出纳 江华	借支人

图1-1　借支单

费用报销单

报销部门：行政部门　　　　　　　　　　　报销日期：2024 年 03 月 10 日

事由	项目	金额		
报销费用	汽油费	590.00	总经理	
			部门主管	余政
金额合计（大写）：伍佰玖拾元整		小写：¥590.00元	报销人	黄旭
核算金额（大写）：		小写：　　　元		
已借/付款金额：¥0.00　　元	应退金额：　　¥0.00 元	应补金额：　¥590.00元		

注：1.此报销单用于：费用报销（除差旅费）、采购报账、外协报账、运输费报销、资产购置；
　　2.签字流程：报销人→部门负责人→会计→总经理→财务流程。

会计：李天琪　　　　　　会计主管：龙小丽　　　　　　出纳：

图1-2　费用报销单

（三）出纳工作的交接

出纳工作的交接一般分为交接准备、正式交接、交接结束三个阶段。

1.交接准备

为了使出纳工作移交清楚，防止遗漏，保证出纳交接工作的顺利进行，出纳人员在办理好交接手续前，必须做好以下准备工作：

（1）已经受理的出纳业务应当办理完毕。

（2）将出纳账簿登记完毕，在最后一笔余额后加盖人名章。库存现金日记账、银行存款日记账应与库存现金总账、银行存款总账核对相符，库存现金账面余额与实际库存现金核对一致，银行存款账面余额与银行对账单核对无误。

（3）填写出纳账启用表，并在出纳账启用表上填写移交日期，并加盖人名章。

（4）整理应移交的各种资料，对未了事项要写出书面说明。

（5）编制"移交清册"，填明移交的账簿、凭证、现金、有价证券、支票簿、文件资料、印鉴和其他物品的具体名称和数量，会计软件及密码、会计软件数据磁盘及有关资料、实物等内容。

2.正式交接

出纳工作交接时，移交人员必须在规定的期限内向接替人员移交清楚。接替人员应当认真按照移交清册当面点收并接管移交工作，继续办理移交的未了事项。

（1）现金、有价证券、贵重物品要根据出纳账簿和备查账簿余额进行逐一点交。接替人员发现不一致时，移交人员在规定期限内负责查清处理。

（2）出纳账簿和其他会计资料必须完整无缺，不得遗漏。如有短缺，移交人员要查明原因，在移交清册中注明由移交人员负责。

（3）接替人员应核对出纳账与总账、库存现金日记账和银行存款日记账是否相符，如有不符，移交人员应查明原因，在移交清册中注明，并负责处理。

（4）接替人员按移交清册点收印章（主要包括财务专用章、支票专用章和法人名章）及其他实物。

（5）实行电算化的单位，必须将账页打印出来，装订成册，书面移交。

（6）接替人员办理交接完毕时，应在出纳账簿启用表上填写接收时间，并签名盖章。

3.交接结束

交接完毕后，交接双方和监交人要在移交清册上签名或盖章。移交清册必须写明单位名称、交接日期、交接双方和监交人的职务及姓名，以及移交清册页数、份数和其他需要说明的问题和意见。

移交清册一般一式三份，双方各执一份，存档一份。

【小知识1-5】

移交人员对所移交的会计凭证、会计账簿、会计报表和其他有关资料的合法性、真实性承担法律责任。接替人员应当继续使用移交的会计账簿，不得自行另立新账，以保持会计记录的连续性。

【小练习1-4】

长沙含光服饰有限公司原出纳人员张聪波因打算到上海发展事业，提出辞职，该公司新聘陈兰英担任出纳岗位的工作。2024年11月30日，张聪波与陈兰英办理了交接手续，具体过程如下：

1.11 月 30 日前，张聪波将已经受理的出纳业务办理完毕；尚未登记的账目登记完毕，并在最后一笔余额后加盖人名章；整理应该移交的各项资料，对未了事项写出书面材料，编制移交清册（见表 1-1）。

表 1-1　　　　　　　　　　　　移交清册

内容
1.库存现金和银行存款
（1）库存现金：11 月 30 日账面余额为 2 475.10 元，与实存数相符，库存现金日记账余额与总账相符。
（2）银行存款余额为 236 310.70 元，经编制"银行存款余额调节表"调节相符。
2.会计凭证、账簿、文件
（1）本年度库存现金日记账 1 本；
（2）本年度银行存款日记账 1 本；
（3）空白现金支票 7 张（04158675~04158681 号）；
（4）空白转账支票 5 张（00483321~00483325 号）；
（5）托收承付、委托收款登记簿 1 本；
（6）托收承付、委托付款登记簿 1 本；
（7）应收票据备查登记簿 1 本；
（8）应付票据备查登记簿 1 本；
（9）转账支票领用登记簿 1 本；
（10）贵重物品明细表 1 份，与实物核对相符；
（11）1 月—11 月银行对账单 11 份；1 月—11 月银行存款余额调节表及说明 11 份。
3.印鉴
（1）长沙含光服饰有限公司财务科转账付讫印章 1 枚；
（2）长沙含光服饰有限公司财务科现金收讫印章 1 枚；
（3）长沙含光服饰有限公司财务科现金付讫印章 1 枚；
（4）长沙含光服饰有限公司财务科银行付讫印章 1 枚；
（5）长沙含光服饰有限公司财务科银行收讫印章 1 枚；
（6）长沙含光服饰有限公司财务科发票专用章 1 枚；
（7）长沙含光服饰有限公司法人章 1 枚。
4.交接前后工作责任的划分
2024 年 11 月 30 日前的出纳工作由张聪波负责，2024 年 12 月 1 日起的出纳工作由陈兰英负责。以上移交事项均经交接双方认定无误。
本交接书一式三份，双方各执一份，存档一份。
移交人员：张聪波
接替人员：陈兰英
长沙含光服饰财务专用章（盖章）
监交人员：熊美丽
长沙含光服饰有限公司财务科（盖章）
2024 年 11 月 30 日

2.11 月 30 日，在会计主管熊美丽的监交下，张聪波按移交清册所列项目将准备齐全的相关资料交给接替人员陈兰英，陈兰英逐一清点、核对。

3.移交完毕并检查无误后，移交人员张聪波、接替人员陈兰英和监交人员熊美丽在移交清册上签名盖章。

试判断：出纳工作交接的过程是否符合会计法规的要求？

【小知识1-6】

出纳三字经：

出纳员，很关键；静头脑，清杂念。业务忙，莫慌乱；情绪好，态度谦。

取现金，当面点；高警惕，出安全。收现金，点两遍；辨真假，免赔款。

支现金，先审单；内容全，要会签。收单据，要规范；不合规，担风险。

账外账，甭保管；违法纪，又罚款。长短款，不用乱；平下心，细查点。

借贷方，要分清；清单据，查现款。月凭证，要规范；张数明，金额清。

库现金，勤查点；不压库，不挪欠。现金账，要记全；账款符，心坦然。

【小知识1-7】

什么是"数智化"

数智世界正向我们走来。数智化可以理解为数字化+智能化，是指大数据在云端融合，应用于企业的生产、管理、决策等方面。随着会计行业的数智化发展，企业对出纳人员的要求也相应发生变化，在完成传统出纳业务的基础上，出纳人员应当顺应"数智经济""财务共享"对"业财融合"型会计人才的要求，做到"知工艺、懂运营、悟数据、助决策"。

【小知识1-8】

党的二十大报告中指出：青年强，则国家强。广大青年要坚定不移听党话、跟党走，怀抱梦想又脚踏实地，敢想敢为又善作善成，立志做有理想、敢担当、能吃苦、肯奋斗的新时代好青年，让青春在全面建设社会主义现代化国家的火热实践中绽放绚丽之花。出纳工作岗位，相比其他岗位，多了因岗位性质带来的诱惑，也就多了对自身定力上的要求。这种要求体现在对工作原则的坚守、对道德操守的修炼和对责任担当的认知。出纳人员，要树立红线意识，工作中必须把坚持原则、照章办事摆在第一位，守好资金安全防线，树立警醒意识，廉洁自律，坚决抵制不良诱惑。

项目小结

本项目介绍了出纳的含义、出纳人员日常工作的具体内容，明确了要成为一名合格的出纳人员应具备的素质要求和业务技能。学生通过该项目的学习，基本清楚了如果在出纳岗位就业后应做哪些事情，如何去做，了解了目前在校学习阶段应为将来就业做好哪些准备。

项目训练

一、单选题

1.下列不属于出纳工作的是（   ）。

A.现金收付   B.办理银行结算业务

C.会计档案的保管   D.财务印章的整理和保管

2.出纳人员每天必须进行库存现金的清查并将其与库存现金日记账核对，保证库存现金的（   ）。

A.账证相符   B.账账相符

C.账表相符   D.账实相符

3.出纳人员应定期进行银行存款日记账与银行对账单的核对，核对时发现发生未达账项，应编制（　　）。

A.银行存款余额调节表   B.银行存款日记账

C.银行存款明细账   D.银行对账单

4.出纳人员收、付款后要在（　　）上签章。

A.记账凭证   B.转账凭证

C.收付款凭证   D.日记账

5.出纳人员应当（　　）。

A.取得会计师资格证书

B.取得注册会计师资格证书

C.取得经济师资格证书

D.具备从事出纳工作所需要的专业能力，并遵守职业道德

6.一般会计人员在办理会计工作交接手续时，负责监交的人员应是（　　）。

A.单位职工代表   B.其他会计人员

C.会计机构负责人   D.单位档案管理人员

7.某单位出纳人员在办理了会计资料移交后已调离原单位工作岗位，事后发现已移交的会计资料的真实性、完整性存在问题，依照相关法律的规定，应由（　　）承担法律责任。

A.接替人员   B.移交人员

C.监交人员   D.会计主管人员

8.现金要根据会计账簿记录余额进行当面点交，不得短缺，接替人员发现不一致或"白条抵库"现象时，由（　　）在规定期限内负责查清处理。

A.接替人员   B.移交人员

C.会计机构负责人   D.出纳人员

9.会计主管人员在办理会计工作交接手续时，负责监交的人员应该是（　　）。

A.单位职工代表   B.其他会计人员

C.单位负责人   D.单位档案管理人员

10.根据有关规定，出纳人员因故离职时应与接替人员办理工作交接手续。下列选项中，表述正确的是（　　）。

A.出纳人员调动工作或因故离职，未办清交接手续的，不得调动或离职

B.出纳人员办理交接手续时，一般由单位负责人负责监交

C.交接工作结束后，接替人员应当另立账册记账，以便分清各自职责

D.交接工作结束后，移交人员与接替人员双方应在移交清册上签章

二、多选题

1.根据各单位的业务需要，出纳岗位的设置方式可以有（　　）方式。

A.一人一岗   B.一人多岗

C.一岗多人   D.多人多岗

2.出纳人员调离工作岗位时，应将其经管的（　　）向接替人员移交清楚。

A.款项和有价证券   B.凭证和账簿

C.印章   D.空白收据和空白支票

3.出纳人员不得兼任（   ）工作。

A.稽核   B.会计档案的保管

C.收入、费用、债权债务账目的登记   D.库存现金日记账的登记

4.与出纳工作相关的政策、法规主要有（   ）。

A.《现金管理暂行条例》   B.《支付结算办法》

C.《小企业会计准则》   D.《中华人民共和国劳动法》

5.出纳人员应具备的业务技能有（   ）。

A.票币整点与防伪技能   B.电脑操作技能

C.规范的书写技能   D.办理银行转账业务

6.根据会计法律制度的规定，下列关于办理出纳工作移交手续的表述正确的有（   ）。

A.会计主管人员办理交接手续时，上级审计部门负责监交

B.经单位领导人批准，委托他人代办移交手续的，委托人仍应承担相应责任

C.因病不能工作的出纳人员恢复工作的，也应当与接替人员办理交接手续

D.单位出纳人员晋升为会计机构负责人的，因仍主管会计工作，可不办理交接手续

三、判断题

1.出纳人员就是专门从事一个单位现金收支管理工作的人员。 （   ）

2.企业签发支票的各种印章，只能由出纳员一个人保管。 （   ）

3.一个会计主体的出纳岗位的设置，可以一人一岗，一人多岗，也可以一岗多人。

（   ）

4.单位更换出纳员时，必须将出纳管理的全部工作内容进行交接。 （   ）

5.出纳工作是会计工作中最容易做的一项工作，只需要认真细致就能完成好。

（   ）

四、案例分析题

1.长沙明光有限公司是一家生产型小企业，2024年度发生以下事项：

（1）3月2日，从事收入、支出、费用账目登记工作的吴某休假，公司决定由出纳员李某临时顶替其工作，并按规定办理了交接手续。

（2）5月15日，财务部门负责人张某根据工作需要，对部分会计工作岗位进行调整，原从事总账登记工作的陈某被调到出纳岗位协助另一位出纳员进行工作，使出纳岗位一岗两人。

请分析：（1）该公司决定由出纳员李某临时顶替吴某兼管收入、支出、费用账目的登记工作的行为是否符合会计法律制度的规定？为什么？

（2）该公司财务部门负责人调整部分会计工作岗位，使出纳岗位一岗两人的做法是否符合会计法律制度的规定？为什么？

2.长沙盛强玩具有限公司是以生产儿童玩具为主营业务的小企业，出纳人员李维维因工作失误，经研究决定调离财务科，不再担任出纳工作，临时任命会计主管周倩安的妹妹周倩雅担任出纳员。李维维和周倩雅自行进行了交接工作，周倩雅要求李维维承诺对其移交的会计资料的合法性、真实性负责，遭到李维维的拒绝。

请分析：（1）周情雅担任出纳员是否符合要求，为什么？

（2）双方的出纳工作交接是否符合程序？

（3）李维维对交接后的会计资料是否承担责任，为什么？

3.长沙正林食品有限公司业务员钟萍到财务科领取支票，用于支付购货款。出纳员傅丽按规定填写支票，然后从保险柜中取出由其负责保管的企业财务专用章和法人代表肖少华的名章，在支票上加盖预留银行印鉴。

请分析：出纳员傅丽的操作存在哪些问题，会带来哪些危害？

4.长沙正林食品有限公司出纳人员傅丽于2024年8月12日接到调令，被调到子公司从事出纳工作。将出纳工作交接资料整理完毕后，傅丽于8月14日与接替人员刘珊珊办理交接手续。8月17日，刘珊珊发现8月10日傅丽签发了一张空头支票给某供货单位。

请问：签发空头支票的责任应由谁承担呢？

项目评价

内　容		评　价		
学习目标	评价项目	3	2	1
职业能力 出纳人员做哪些工作	1.出纳的含义及出纳人员要完成的工作			
	2.企事业单位出纳岗位的设置			
怎样当一名合格的出纳人员	1.出纳人员应具备的素质要求和技能要求			
	2.出纳人员的日常工作			
	3.出纳工作交接的内容			
通用能力	组织与沟通能力			
	学习与创新能力			
	应变能力			
	信息搜集能力			
综合评价				
改进建议				

等级说明：

3——能高质、高效地完成此学习目标的全部内容，并能解决遇到的特殊问题；

2——能高质、高效地完成此学习目标的全部内容；

1——能圆满完成此学习目标的全部内容，无须任何帮助和指导。

评价说明：

优秀——达到3级水平；

良好——达到2级水平；

合格——全部任务都达到1级水平；

不合格——不能达到1级水平。

项目二　库存现金收支的管理及核算

学习目标

知识目标

通过本项目的教学，使学生了解库存现金收入、支出管理的内容，理解现金收入支出的基本流程，掌握库存现金收支业务的核算。

能力目标

能够填制和审核与库存现金相关的原始凭证，并根据相关的原始凭证编制收付款记账凭证。

任务一　库存现金收入的管理及核算

任务描述

库存现金是指存放于企业财会部门，由出纳人员经管的货币。库存现金收入是指企业在各项经营活动中取得的现金。那么，企业取得现金收入有哪些方式，应如何加强对现金收入的管理？企业在发生与库存现金收入相关的业务以后，如何取得或填制相关原始凭证，并根据审核无误的原始凭证进行相应的会计处理呢？

知识储备

（一）现金收入的范围

1.从银行提取现金。

2.发生日常业务直接收入现金。现金收入的范围主要有：交回借支差旅费余额、归还备用金等个人的交款；对个人或不能转账单位的销售收入；不足结算起点的小额收款等。

（二）现金收入的管理

现金收入的管理应符合以下规定：

1.现金来源必须合理合法。虽然各单位现金收入的来源渠道不同，但是都必须符合规定。从开户银行提取现金时应写明用途，由本单位财务部门负责人签字或盖章，经开户银行审核后，才能提取现金，不得编造用途套取现金。

2.现金收入要一笔一清。现金收款时，应坚持一笔一清，不能将几笔收款业务同时办理，以免混淆或调换。收款和开票过程在同一时间完成，不能在收款后过一段时间再开收据。严禁收款时不开收款收据，对已完成的收款收据应加盖"现金收讫"章。

3.超额现金应及时送存银行。各单位收入的现金如超过库存现金限额，应将超额部分送存银行。

4.现金收入手续要严格。为防止差错，避免引起纠纷，收入现金时应先收款，当面清点现金数额，经复点无误后，再开给交款人收款收据，不能先开收据后收款。一切现金收入都应开具收款收据，即使有些现金收入已有对方付款凭证，也应开出收据交给付款人，以明确经济责任。

（三）现金收入的原始凭证

由于各单位的性质和经营范围不同，在具体办理现金收款业务时所依据的原始凭证也不一样。涉及现金收款业务的原始凭证一般有以下几种：

1.现金支票（如图2-1、图2-2所示）

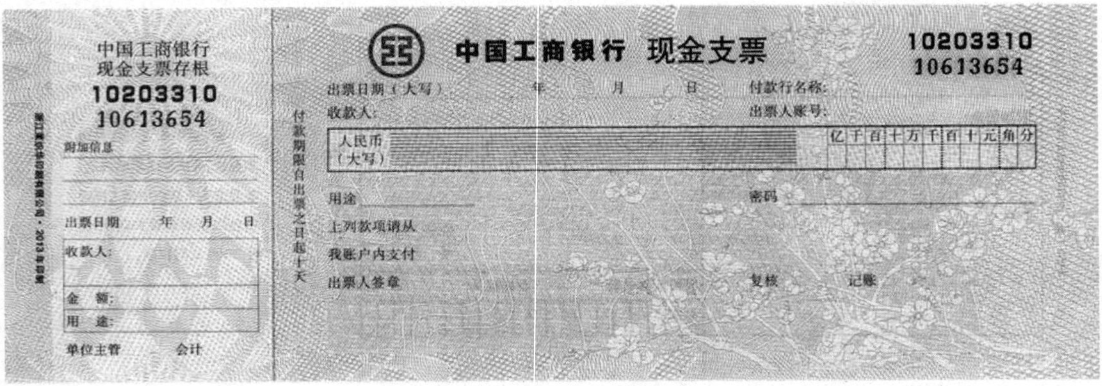
中国工商银行
现金支票存根
10203310
10613654
附加信息
出票日期 年 月 日
收款人：
金 额：
用 途：
单位主管 会计

中国工商银行 现金支票 10203310 10613654
付款期限自出票之日起十天
出票日期（大写） 年 月 日 付款行名称：
收款人： 出票人账号：
人民币（大写） 亿 千 百 十 万 千 百 十 元 角 分
用途 密码
上列款项请从
我账户内支付
出票人签章 复核 记账

图2-1 现金支票（正面）

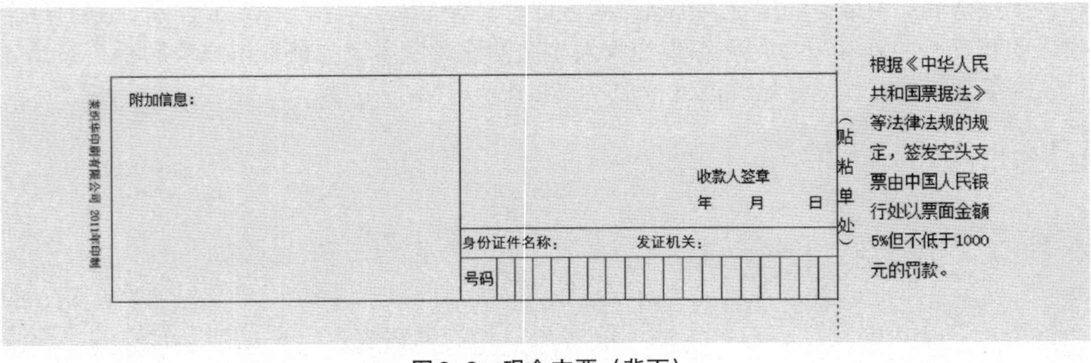
附加信息：
收款人签章
年 月 日
身份证件名称： 发证机关：
号码
（贴粘单处）
根据《中华人民共和国票据法》等法律法规的规定，签发空头支票由中国人民银行处以票面金额5%但不低于1000元的罚款。

图2-2 现金支票（背面）

【小知识2-1】

企业签发现金支票提现备用时，出纳人员签发现金支票后，加盖预留银行印鉴，持票至开户银行提现，取得的现金需当面点清。银行印鉴卡如图2-3所示。

2.增值税专用发票（如图2-4、图2-5和图2-6所示）

【小知识2-2】

发票是指单位和个人在购销商品、提供或接受服务以及从事其他经营活动中，所开具和收取的业务凭证，是财务收支的法定凭证，是会计核算的原始依据，也是审计机关、税务机关执法检查的重要依据。发票包括增值税专用发票和普通发票。

增值税专用发票是纳税人在中国境内销售货物、加工修理修配劳务、服务、无形资产和不动产等按规定向购买者或接受者填开的，作为扣税凭证使用的票据。增值税一般纳税人领购使用增值税专用发票；从2020年2月1日起，增值税小规模纳税人（其他个人除外）发生增值税应税行为，需要开具增值税专用发票的，可以自愿使用增值税发票管理系统自行开具。

中国工商银行　股份有限公司印鉴卡

No：67212830462186

户　名		账　号		
地　址		币　种		
联系人		账户性质		
联系电话		是否通兑	□通兑	□不通兑
预留银行签章式样	法人印　财务专用章　企业名称	使用说明		
		启用日期	年　月　日	
		注销日期	年　月　日	

网店经办：　　网店复核：　　建库经办：　　建库复核：

图2-3　银行印鉴卡

湖南增值税专用发票　No

湖南

此联不作报销　扣税凭证使用　　开票日期：

购买方	名　称：							密码区	67/* +3*0611* ++0/+0*/* +3+2/9*11* +66666**066611* +666666*1** +216***6000*261*2*4/*547203994+142*64151*6915361/3*
	纳税人识别号：								
	地　址、电话：								
	开户行及账号：								
货物或应税劳务、服务名称	规格型号	单位	数量	单价	金额	税率	税额		
合　计									
价税合计（大写）	⊗					（小写）			
销售方	名　称：							备注	
	纳税人识别号：								
	地　址、电话：								
	开户行及账号：								

收款人：　　复核：　　开票人：　　销售方：（章）

图2-4　增值税专用发票第一联

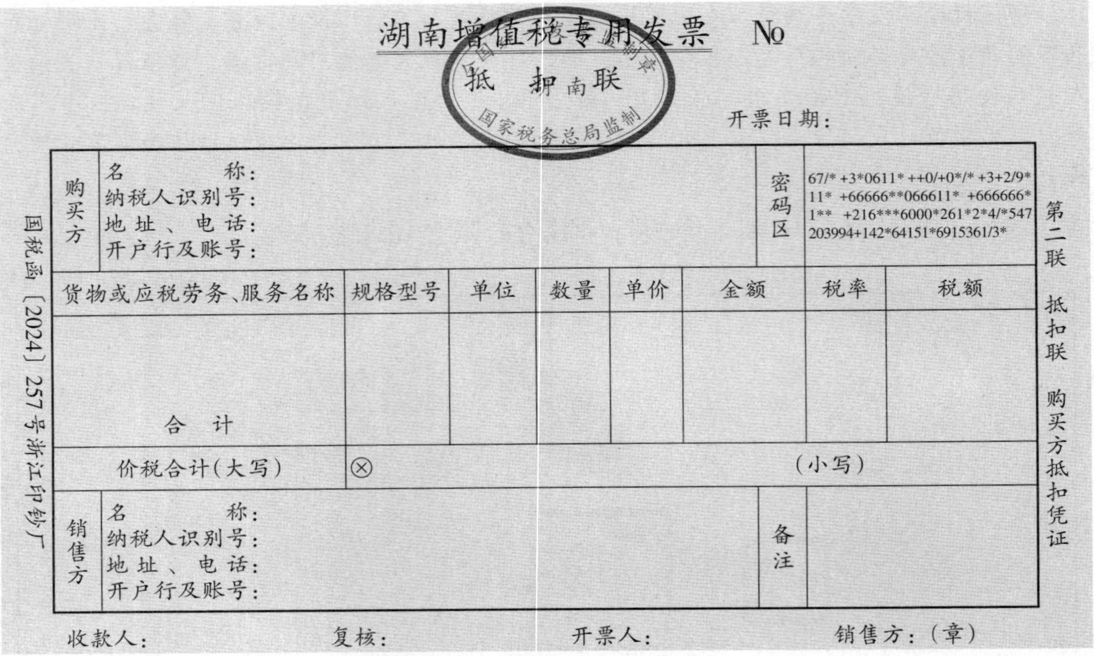

图2-5　增值税专用发票第二联

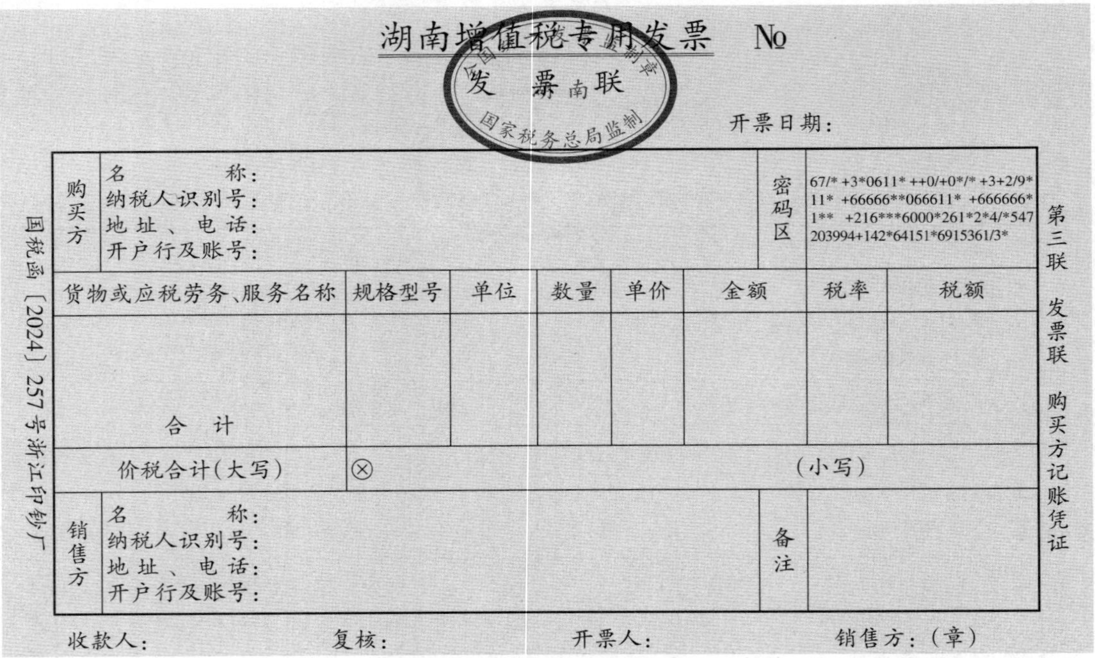

图2-6　增值税专用发票第三联

3.普通发票

普通发票包括增值税普通发票（如图2-7、图2-8所示）、电子发票（普通发票）（如图2-9所示）、机动车销售统一发票、二手车销售统一发票、旅游景点门票、过路过桥费发票、定额发票、出租汽车发票（如图2-10所示）、通用机打卷式发票（如图2-11所示）等。

湖南增值税普通发票　No

全国统一发票监制章
湖南
国家税务总局监制

开票日期：

购买方	名　　称：						
	纳税人识别号：						
	地址、电话：						
	开户行及账号：						

密码区

67/* +3*0611* ++0/+0*/* +3+2/9*
11* +66666**066611* +666666*
1** +216***6000*261*2*4/*547
203994+142*64151*6915361/3*

货物或应税劳务、服务名称	规格型号	单位	数量	单价	金额	税率	税额
合　计							

价税合计（大写）	⊗				（小写）

销售方	名　　称：			
	纳税人识别号：			
	地址、电话：			
	开户行及账号：			

备注

收款人：　　　　复核：　　　　开票人：　　　　销售方：（章）

国税函〔2024〕257号浙江印钞厂

第一联　记账联　销售方记账凭证

图2-7　增值税普通发票第一联

湖南增值税专用发票　No

全国统一发票监制章
发　票南联
国家税务总局监制

开票日期：

购买方	名　　称：						
	纳税人识别号：						
	地址、电话：						
	开户行及账号：						

密码区

67/* +3*0611* ++0/+0*/* +3+2/9*
11* +66666**066611* +666666*
1** +216***6000*261*2*4/*547
203994+142*64151*6915361/3*

货物或应税劳务、服务名称	规格型号	单位	数量	单价	金额	税率	税额
合　计							

价税合计（大写）	⊗				（小写）

销售方	名　　称：			
	纳税人识别号：			
	地址、电话：			
	开户行及账号：			

备注

收款人：　　　　复核：　　　　开票人：　　　　销售方：（章）

国税函〔2024〕257号浙江印钞厂

第二联　发票联　购买方记账凭证

图2-8　增值税普通发票第二联

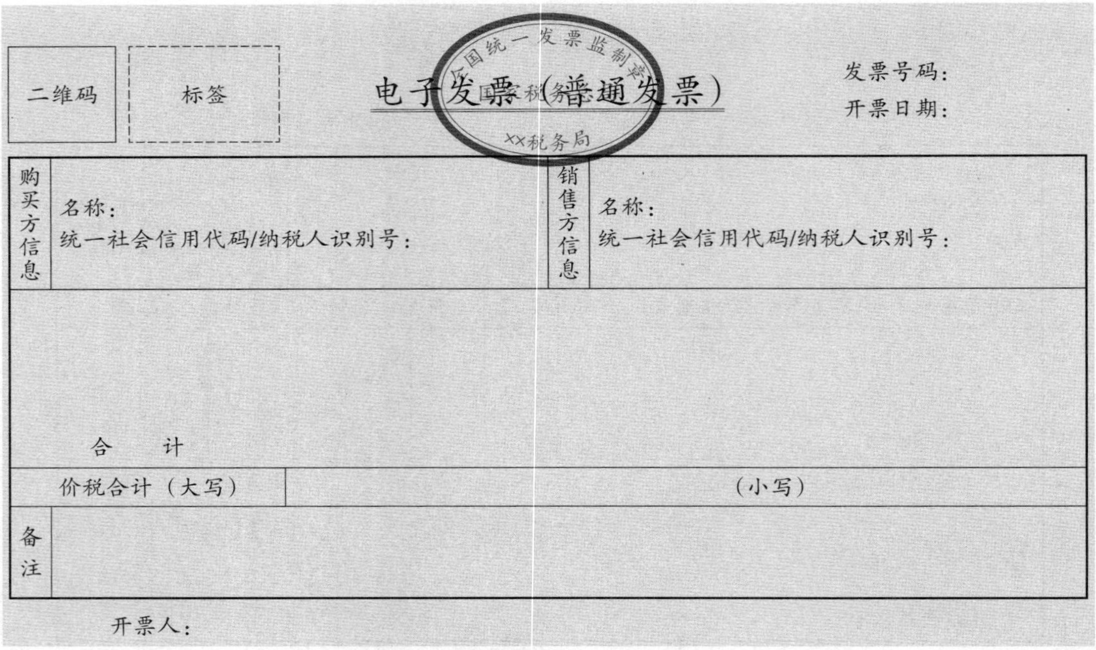

电子发票(普通发票)

全国统一发票监制章
国家税务
××税务局

二维码	标签

发票号码：

开票日期：

购买方信息	名称： 统一社会信用代码/纳税人识别号：	销售方信息	名称： 统一社会信用代码/纳税人识别号：
	合　计		

价税合计（大写）			（小写）

备注	

开票人：

图2-9　电子发票（普通发票）

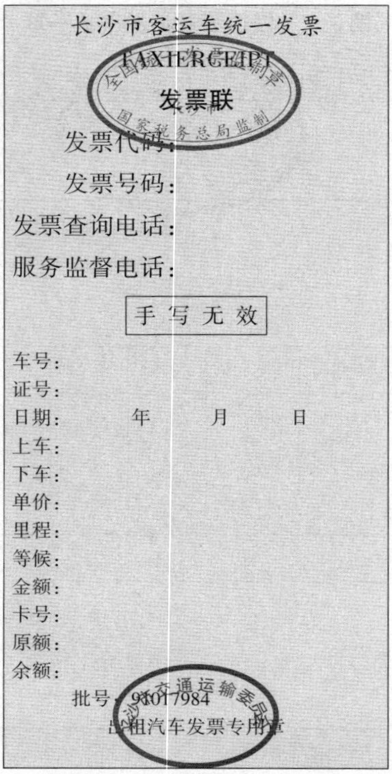

长沙市客运车统一发票

【TAXI ERCEIPT】

全国统一
发票联
国家税务总局监制

发票代码：

发票号码：

发票查询电话：

服务监督电话：

手 写 无 效

车号：

证号：

日期：　　　年　　　月　　　日

上车：

下车：

单价：

里程：

等候：

金额：

卡号：

原额：

余额：

批号：95017984

交通运输委员会
出租汽车发票专用章

图2-10　出租汽车发票

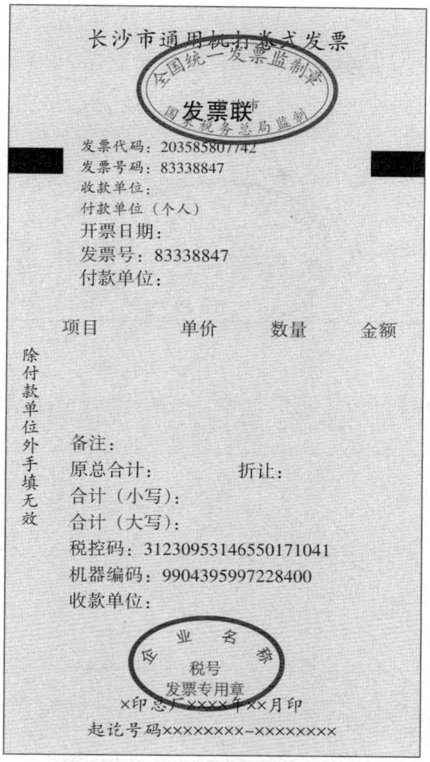
长沙市通用机打卷式发票

全国统一发票监制章

国家税务总局监制

发票联

发票代码：203585807742

发票号码：83338847

收款单位：

付款单位（个人）

开票日期：

发票号：83338847

付款单位：

项目	单价	数量	金额

除付款单位外手填无效

备注：

原总合计：　　折让：

合计（小写）：

合计（大写）：

税控码：31230953146550171041

机器编码：9904395997228400

收款单位：

企业名称 税号 发票专用章

×印总厂××××年××月印

起讫号码××××××××-××××××××

图2-11　通用机打卷式发票

【小知识2-3】

税务机关建设全国统一的电子发票服务平台，提供免费的数电发票开票、用票服务。根据《中华人民共和国发票管理办法》《中华人民共和国发票管理办法实施细则》等相关规定，数电发票的开具需要通过实人认证等方式进行身份验证。单位和个体工商户可以登录自有的税务数字账户，选择票据类别、发票来源、票种、发票号码等条件，查询、下载、打印、导出发票相关信息。自然人可以登录本人的个人所得税APP个人票夹查看、下载、导出、拒收从电子发票服务平台取得、申请代开的数电发票，并可使用扫码开票、发票抬头信息维护、红字发票提醒等功能。纳税人可以登录全国统一规范电子税务局，使用其集成的电子发票服务平台上的“发票业务”功能，即可进行发票开具、交付、查验以及用途勾选等系列操作。

鉴于目前数电发票还在推广阶段，纸质发票依旧有着广泛的应用，本教材为了让学生更好地理解企业内部管理规定和相关财务流程，主要采用纸质发票呈现。

4.全面数字化电子发票

2024年11月24日，国家税务总局发布《关于推广应用全面数字化电子发票的公告》自2024年12月1日起施行。

数电发票是《中华人民共和国发票管理办法》中“电子发票”的一种，是将发票的票面要素全面数字化、号码全国统一赋予、开票额度智能授予、信息通过税务数字账户等方式在征纳主体之间自动流转的新型发票。数电发票与纸质发票具有同等法律效力。

数电发票为单一联次，以数字化形态存在，类别包括电子发票（增值税专用发票）

（如图2-12所示）、电子发票（普通发票）、电子发票（航空运输电子客票行程单）、电子发票（铁路电子客票）、电子发票（机动车销售统一发票）、电子发票（二手车销售统一发票）等。数电发票可以根据特定业务标签生成建筑服务、成品油、报废产品收购等特定业务发票。

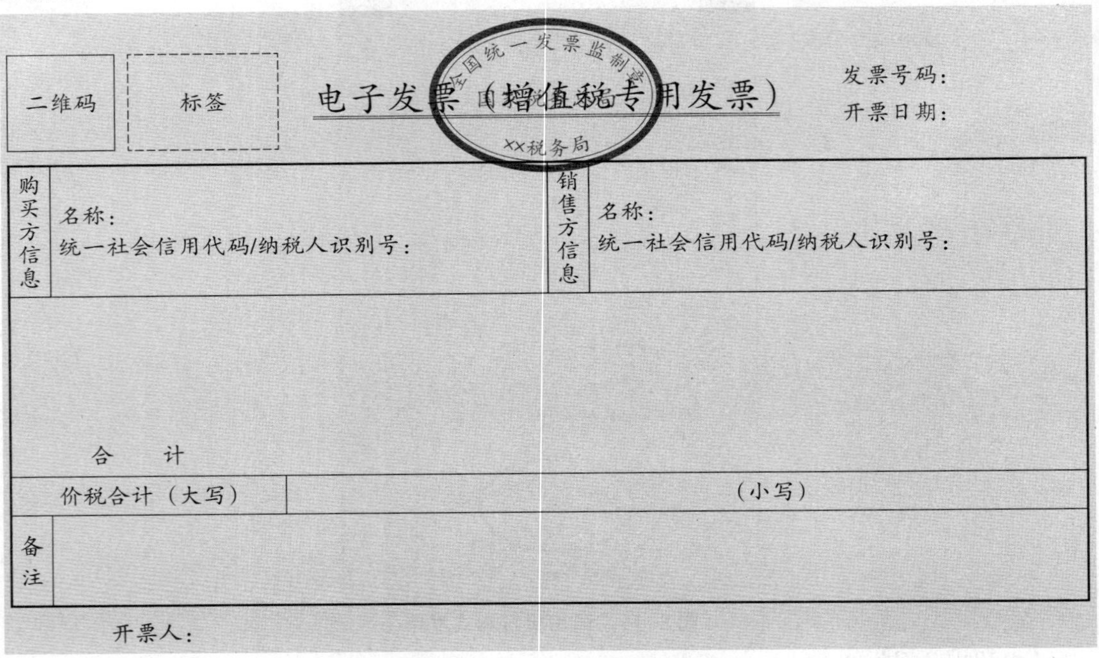
二维码 标签
电子发票（增值税专用发票）
全国统一发票监制章
××税务局
发票号码：
开票日期：

购买方信息	名称： 统一社会信用代码/纳税人识别号：	销售方信息	名称： 统一社会信用代码/纳税人识别号：
合　计			
价税合计（大写）		（小写）	
备注			

开票人：

图2-12　电子发票（增值税专用发票）

数电发票的票面基本内容包括：发票名称、发票号码、开票日期、购买方信息、销售方信息、项目名称、规格型号、单位、数量、单价、金额、税率/征收率、税额、合计、价税合计、备注、开票人等。

5.收款收据

收款收据一般适用于单位内部职能部门或与职工之间的现金往来及与外部单位和个人之间的非经营性现金往来。收款单位根据交款人交来的款项填写收款收据，写明交款单位、交款原因和数额，当面清点交款数额后，将收款收据交给交款人收存。收款收据一式三联，第一联为存根联（如图2-13所示），第二联为收款方记账联，第三联为付款方记账联。

（四）账户设置

为了核算现金的增减变动及结余情况，企业应设置“库存现金”账户。该账户属于资产类，借方登记库存现金的增加额，贷方登记库存现金的减少额。期末余额在借方，反映企业库存现金实有数。如果企业销售产品、提供劳务收到现金，还会涉及“主营业务收入”“其他业务收入”等账户。

图2-13　收款收据（存根联）

任务实施

（一）出纳人员如何从银行提取现金

当单位需要现金时，出纳人员应按照规定完成相关的工作，具体流程如图2-14所示。

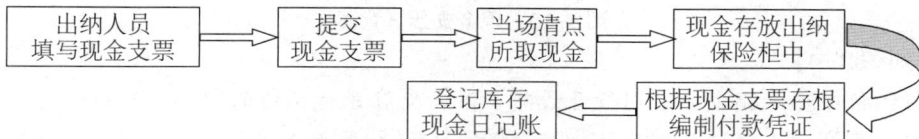

图2-14　从银行提取现金的流程

【例2-1】长沙含光服饰有限公司是以生产和销售衬衣与休闲裤为主要业务的生产型小企业，2024年4月5日，因需要现金，经领导批准，出纳员陈兰英持现金支票到银行提现5 000元备用。

其具体操作过程如下：

第一步：签发现金支票，并由印鉴保管人加盖预留银行印鉴。

支票一般由出纳人员填写，会计人员审核。现金支票的正面（如图2-15所示）和背面（如图2-16所示）都要加盖本企业预留开户银行的财务专用章和法人印章，支票中的空白框为密码框。

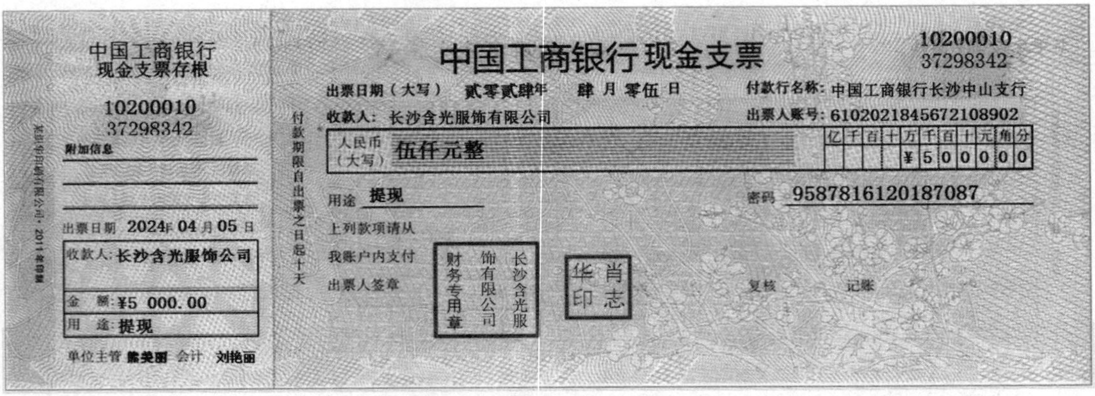
中国工商银行
现金支票存根
10200010
37298342
附加信息
出票日期 2024年04月05日
收款人：长沙含光服饰公司
金 额：¥5 000.00
用 途：提现
单位主管 熊美丽 会计 刘艳丽

中国工商银行现金支票 10200010 37298342
出票日期（大写） 贰零贰肆年 肆月 零伍日 付款行名称：中国工商银行长沙中山支行
收款人：长沙含光服饰有限公司 出票人账号：6102021845672108902
付款期限自出票之日起十天
人民币（大写） 伍仟元整 亿 千 百 十 万 千 百 十 元 角 分 ¥ 5 0 0 0 0 0
用途 提现 密码 9587816120187087
上列款项请从
我账户内支付
出票人签章 财务专用章 长沙含光服饰有限公司 肖志华印 复核 记账

图2-15 现金支票（正面）

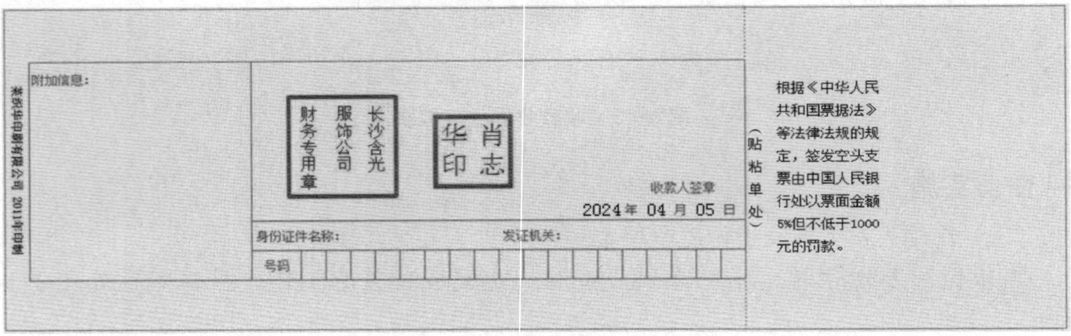
附加信息：
长沙含光服饰有限公司财务专用章 肖志华印
收款人签章
2024年04月05日
身份证件名称： 发证机关：
号码
（贴粘单处）
根据《中华人民共和国票据法》等法律法规的规定，签发空头支票由中国人民银行处以票面金额5%但不低于1000元的罚款。

图2-16 现金支票（背面）

【小知识2-4】

预留银行印鉴是指企业在银行开设账户时需要在银行预留的印鉴，预留银行印鉴包括企业的财务专用章和法人印章（如图2-17所示）。印鉴要盖在一张卡片纸上，留在银行。当企业需要通过银行支付款项时，先填写对外支付申请，申请上必须有预留印鉴。银行经过核对，确认支付申请上的印鉴与预留印鉴相符，才可代企业进行支付。

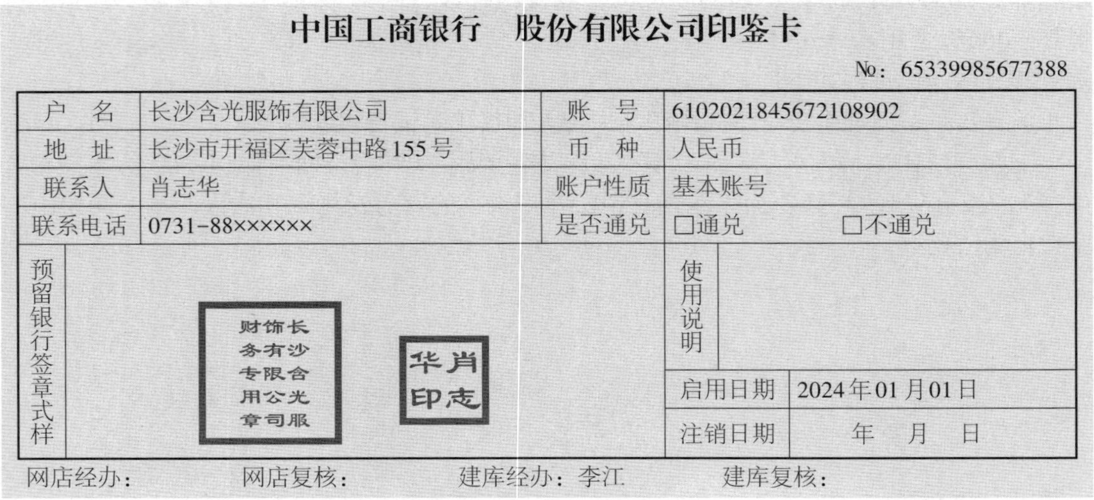
中国工商银行 股份有限公司印鉴卡

№：65339985677388

户 名	长沙含光服饰有限公司	账 号	6102021845672108902
地 址	长沙市开福区芙蓉中路155号	币 种	人民币
联系人	肖志华	账户性质	基本账号
联系电话	0731-88××××××	是否通兑	□通兑 □不通兑
预留银行签章式样	财务专用章 长沙含光服饰有限公司 肖志华印	使用说明	
		启用日期	2024年01月01日
		注销日期	年 月 日

网店经办： 网店复核： 建库经办：李江 建库复核：

图2-17 银行印鉴卡

第二步：提交现金支票给开户银行，提取现金。

出纳人员将支票沿虚线剪下，将签发的现金支票正本交银行工作人员审查，银行经办人员对支票进行审核，核对密码或预留印鉴后，办理规定的付款手续。

第三步：提取现金后当场清点，确认准确无误后才能离开柜台。

收到现金时，出纳人员应当面清点现金数量。清点现金时应逐捆、逐把、逐张进行，清点中发现有残缺、损伤的票币及假币时，应要求银行调换。

第四步：回单位后立即将现金存放到出纳专用保险柜中。

第五步：根据现金支票存根编制记账凭证（如图2-18所示）。采用专用记账凭证的单位编制银行存款付款凭证。

记账凭证

2024 年 04 月 05 日　　　　　　　记字第××号

摘要	总账科目	明细科目	记账√	借方金额 千	百	十	万	千	百	十	元	角	分	记账√	贷方金额 千	百	十	万	千	百	十	元	角	分	
提现	库存现金						5	0	0	0	0	0														附件1张
	银行存款																5	0	0	0	0	0			
	合计					¥	5	0	0	0	0	0					¥	5	0	0	0	0	0			

会计主管：　　记账：　　出纳：陈兰英　　审核：熊美丽　　制单：刘艳丽

图2-18　记账凭证

【小练习2-1】

采用收款、付款、转账专用记账凭证的单位，从银行提取现金后，出纳人员根据现金支票存根编制银行存款付款凭证，为什么不编制库存现金收款凭证？

第六步：根据审核无误的付款凭证，登记库存现金日记账（因涉及银行存款，还应登记银行存款日记账。库存现金日记账的登记在项目三库存现金序时核算中操作，银行存款日记账的登记在项目十二银行存款序时核算中操作）。

【小练习2-2】

根据下列资料回答相关问题：

含光百货超市（开户行：中国工商银行长沙长丰支行；账号：23467597721232）于2024年1月8日从银行提取现金7 450元备用。请回答：应由谁填写现金支票？支票上出票日期（大写）怎样写？收款人、付款行名称、出票人账号怎样写？金额大写和小写怎样写？该现金支票的正面和背面要加盖哪些印章？

（二）出纳人员如何处理日常业务收入的现金

企业发生有关现金收入业务时，持款人直接把现金交到财务部门，出纳人员根据收款凭证办理现金收入事宜。

1.收取现金

收取现金的流程如图2-19所示。

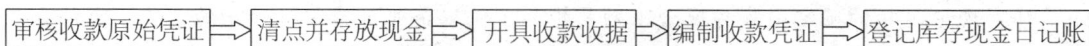

审核收款原始凭证 ➡ 清点并存放现金 ➡ 开具收款收据 ➡ 编制收款凭证 ➡ 登记库存现金日记账

图2-19　收取现金的流程

【例2-2】2024年4月2日，长沙含光服饰有限公司收到长沙金苹果市场个体工商户杨光荣交来的包装物押金800元，出纳人员陈兰英进行了如下操作：

第一步：审核收款的原始凭证，审查现金来源的合法性。

第二步：当面清点现金，确认准确无误后将其存放到出纳专用保险柜中。清点时，除清点现金数量外，还要检查货币的真伪。

第三步：开具收款收据（如图2-20所示）或普通发票，并加盖"现金收讫"章。

收 款 收 据　　No00001
日期：2024年04月02日

交款单位　杨光荣	收款方式　现金	
人民币（大写）捌佰元整　　现金收讫	¥800.00	第二联　记账联
收款事由　包装物押金		
	2024年4月2日	

| 单位盖章 | 财会主管　熊美丽 | 记账 | 出纳　陈兰英 | 审核 | 经办　李硕 |

图2-20　收款收据

第四步：根据收款收据等原始凭证，编制记账凭证（如图2-21所示）。

记 账 凭 证
2024年04月02日　　　　　记字第××号

摘要	总账科目	明细科目	记账√	借方金额 千百十万千百十元角分	记账√	贷方金额 千百十万千百十元角分	
收到押金	库存现金			8 0 0 0 0			附件1张
	其他应付款	包装物押金				8 0 0 0 0	
	合计			¥ 8 0 0 0 0		¥ 8 0 0 0 0	

会计主管：　　记账：　　出纳：陈兰英　　审核：熊美丽　　制单：刘艳丽

图2-21　记账凭证

第五步：根据审核无误的收款凭证登记库存现金日记账。

【小练习2-3】

如果长沙含光服饰有限公司编制的是专用凭证，请编制下列专用记账凭证（如图2-22所示）。

【小知识2-5】

库存现金限额的确定：库存现金限额是指为了保证企业日常零星开支的需要，允许企业留存现金的最高限额。库存现金限额是由企业的开户银行核定的，其核定原则为：既要保证日常零星现金支付的合理需要，又要尽量减少现金的使用。开户银行应根据企业（开户单位）的实际需要，核定其3天至5天的日常零星开支所需的库存现金限额。边远地区和交通不便地区的开户单位的库存现金限额，可以多于五天，但不得超过十五天的日常零星开支。

收款凭证

借方科目：　　　　　　　年　　月　　日　　　　　　　字第　　　号

摘要	贷方总账科目	明细科目	金额											记账√
			亿	千	百	十	万	千	百	十	元	角	分	
	合计													

附单据　张

财务主管：　　记账：　　出纳：　　审核：　　制单：

图2-22　收款凭证

2.职工报销差旅费，交回余款

差旅费报销的流程如图2-23所示：

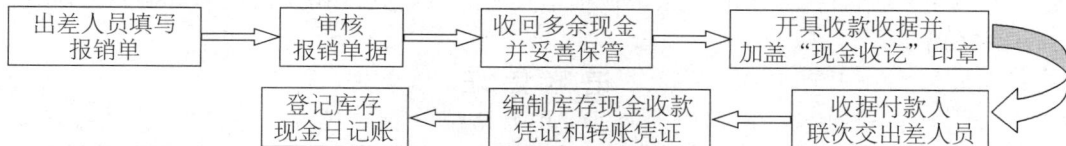

图2-23　差旅费报销的流程

【例2-3】4月10日，长沙含光服饰有限公司业务部采购员高强出差回来，报销差旅费2 780元，收回余款220元，结清原预借款3 000元（暂不考虑抵扣增值税）。

第一步：审核高强填写的差旅费报销单（如图2-24所示），并附有关原始凭证（略）。

差旅费报销单

姓名：高强　　部门：业务部　　日期：2024年04月10日　　出差事由：采购

出发地			到达地			公出补助			车船飞机费	卧铺	住宿费	市内车费	邮电费	其他	合计
月	日	地点	月	日	地点	天数	标准	金额							
4	6	长沙	4	6	上海	5	80.00	400.00	330.00		1 200.00	120.00		400.00	2 450.00
4	10	上海	4	10	长沙				330.00						330.00

总计人民币（大写）：贰仟柒佰捌拾元整　　小写合计：¥2 780.00　现金收讫
预支　¥3 000.00　　核销　¥2 780.00　　退补　¥220.00

主管：熊美丽　　部门：　　报销人：高强　　审核人：刘艳丽

图2-24　差旅费报销单

【小知识2-6】

出差天数的计算方法：既算头，又算尾。在【例2-3】中，高强出差天数为5天。

出差补助的计算方法：出差补助=出差天数×每天补助标准。在【例2-3】中，出差补助=出差天数×每天补助标准=5×80=400（元）。

第二步：收回高强交来的多余现金220元，手工清点后再用验钞机复点，无误后收进保险柜中。

第三步：开具收款收据（如图2-25所示）并加盖"现金收讫"印章，收据联交高强持有。

收　款　收　据　　№00002

日期：**2024年04月10日**

交款单位　业务部高强	收款方式　现金
人民币（大写）贰佰贰拾元整	¥220.00

现金收讫

收款事由 报销差旅费，原借支3 000元，报销单据2 780元，交回现金220元。

2024年4月10日

第二联　记账联

单位盖章　　财会主管　熊美丽　　记账　　出纳　陈兰英　　审核　　经办　高强

图2-25　收款收据

第四步：根据审核无误的差旅费报销单及所附原始凭证和收款收据，编制记账凭证（如图2-26所示）。

记　账　凭　证

2024年04月10日　　　　　　　记字第××号

摘要	总账科目	明细科目	记账√	借方金额 千百十万千百十元角分	记账√	贷方金额 千百十万千百十元角分	
报销差旅费	管理费用			2 7 8 0 0 0			附件2张
	库存现金			2 2 0 0 0			
	其他应收款	高强				3 0 0 0 0 0	
	合计			¥3 0 0 0 0 0		¥3 0 0 0 0 0	

会计主管：　　记账：　　出纳：陈兰英　　审核：熊美丽　　制单：刘艳丽

图2-26　记账凭证

【小知识2-7】

由于出差报销的单据往往较多，出纳人员应指导出差人员将报销单据呈阶梯式粘贴在单据（报销）粘贴单上。粘贴的单据不要越出粘贴单和装订线，然后将差旅费报销单贴在已粘好报销单据的粘贴单上。

第五步：根据审核无误的收款凭证登记库存现金日记账。

【小练习2-4】

其他应收款是指企业除应收票据、应收账款、预付账款等以外的其他各种应收及暂付款项。请说出不少于三项的属于其他应收款的内容。

3.销售产品，收到现金

企业销售产品取得现金的流程如图2-27所示。

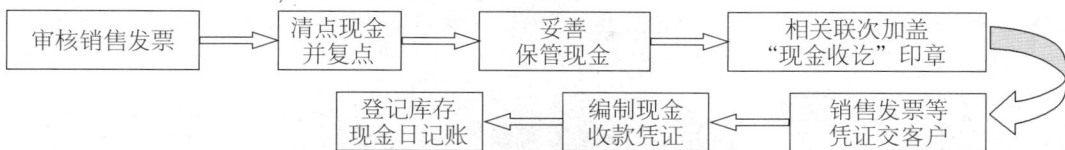

审核销售发票 → 清点现金并复点 → 妥善保管现金 → 相关联次加盖"现金收讫"印章

登记库存现金日记账 ← 编制现金收款凭证 ← 销售发票等凭证交客户 ←

图2-27 销售产品取得现金的流程

【例2-4】2024年4月2日，长沙含光服饰有限公司销售男式衬衣给长沙金苹果市场个体工商户杨光荣，取得现金收入791元（其中增值税91元），开出增值税普通发票（如图2-28所示）。

湖南增值税普通发票　№1829212

04300200010

机器编码：982888812388

湖南

国家税务总局监制

04300200010
1829212

开票日期：2024年04月02日

购买方		
名　称：	杨光荣	
纳税人识别号：	914300007894561236	
地址、电话：	长沙金苹果市场132号 0731-88437256	
开户行及账号：	中国工商银行长沙中山支行11030587894312	

密码区：67/* +3*0611* ++0/+0*/* +3+2/9* 11* +66666**066611* +666666* 1** +216**6000*261*2*4/*547 203994+142*64151*6915361/3*

货物或应税劳务、服务名称	规格型号	单位	数量	单价	金额	税率	税额
男式衬衣	L号	件	7	100.00	700.00	13%	91.00
合　计					¥700.00		¥91.00

价税合计（大写）　⊗柒佰玖拾壹元整　　（小写）¥791.00

销售方		
名　称：	长沙含光服饰有限公司	
纳税人识别号：	914301113446737191	
地址、电话：	长沙市开福区芙蓉中路155号 0731-88746532	
开户行及账号：	中国工商银行长沙中山支行6102021845672108902	

长沙含光服饰有限公司
914301113446737191
发票专用章

收款人：陈兰英　　复核：　　开票人：杨平　　销售方：（章）

图2-28 增值税普通发票

根据发票销售方记账联，编制记账凭证（如图2-29所示）。

记账凭证

2024年04月02日　　　　记字第××号

摘要	总账科目	明细科目	记账√	借方金额										记账√	贷方金额									
				千	百	十	万	千	百	十	元	角	分		千	百	十	万	千	百	十	元	角	分
销售商品	库存现金							7	9	1	0	0												
	主营业务收入																		7	0	0	0	0	
	应交税费	应交增值税（销项税额）																		9	1	0	0	
	合计							¥	7	9	1	0	0						¥	7	9	1	0	0

会计主管：　记账：　出纳：陈兰英　审核：熊美丽　制单：刘艳丽

图2-29 记账凭证

【小练习2-5】

长沙含光食品有限公司为一生产性小企业，2024年2月25日从银行（开户行：长沙工商银行星沙支行，账号：1002245372890513）提取现金4 500元备用。

1. 填写现金支票（如图2-30、图2-31所示）。

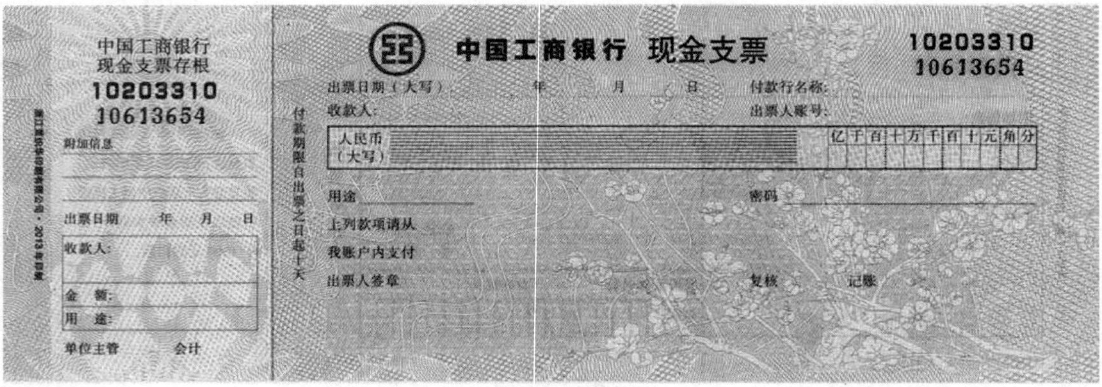

图2-30 现金支票（正面）

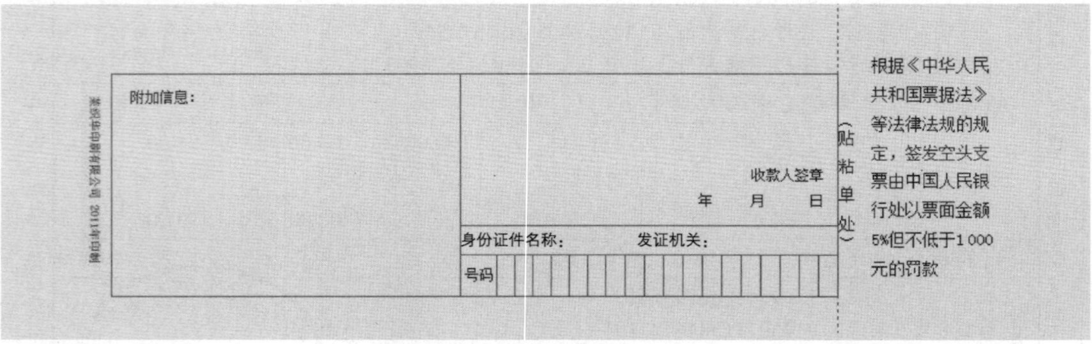

图2-31 现金支票（背面）

2. 根据现金支票存根，编制该业务的记账凭证（如图2-32所示）。

记 账 凭 证

年　月　日　　　　　　　　　　　　　　　　　记字第××号

摘要	总账科目	明细科目	记账√	借方金额										记账√	贷方金额										
				千	百	十	万	千	百	十	元	角	分		千	百	十	万	千	百	十	元	角	分
	合计																							

会计主管：　　　记账：　　　出纳：　　　审核：　　　制单：

图2-32 记账凭证

【小知识2-8】

与库存现金和银行存款有关的记账凭证可以由出纳人员编制，也可以由会计人员编制，具体视企业的岗位设置要求而定。

【小练习2-6】

图2-33为某企业库存现金日记账（已知库存现金限额为3 000元），如果你是该企业的出纳人员，请指出企业在库存现金管理中存在的问题，并说明应该如何处理存在的问题？

库 存 现 金 日 记 账

2020年 月	日	凭证编号	摘要	对应科目	√	余额 (百十万千百十元角分)	√	余额 (百十万千百十元角分)	√	余额 (百十万千百十元角分)
			承前页							3 0 0 0 0 0
4	5	2	收回前欠货款			1 2 5 0 0 0 0 0				1 5 5 0 0 0 0
	5	3	收到押金			5 0 0 0 0				1 6 0 0 0 0 0
	5	4	支付租金					3 0 0 0 0 0		1 3 0 0 0 0 0

图2-33　库存现金日记账

任务二　　库存现金支出的管理及核算

任务描述

库存现金支出是指企业在各项经营活动中向外支付现金的业务。那么，企业一般有哪些业务能直接支付现金？企业应如何加强现金支出的管理呢？

知识储备

（一）现金支出的范围

开户单位可以在下列范围内使用现金：

1.职工工资、津贴，包括工资、奖金、年终加薪、津贴、补贴等。

2.个人劳务报酬，包括个人从事设计、装潢、安装、制图、化验、咨询等劳务所得。

3.根据国家规定颁发给个人的科学技术、文化艺术、体育比赛等各种奖金。

4.各种劳保、福利费用以及国家规定的对个人的其他支出。

5.向个人收购农副产品和其他物资的价款。

6.出差人员必须随身携带的差旅费。

7.结算起点（1 000元）以下的零星支出。

8.中国人民银行确定需要支付现金的其他支出。

（二）现金支出的管理

现金支出应符合以下规定：

1.明确支出的金额和用途。出纳人员支出的每一笔资金，不仅要有准确的金额，还要有合理的用途。支出现金时，收款人要明确，要按凭据上记载的收款人付款。如果是代收款，则应出具原收款人的证明材料，并与原收款人核实后，才能办理现金支出手续。同时，如果支付用途不明确、不合理或不合法，出纳人员则应予以拒付。

2.付款审批要完备。首先，每笔现金支出都应由经办人填制现金付款凭证，注明付款金额和用途。如果付款用途涉及实物，则应由仓库保管员签收。然后，经办人持有关凭据，报相关领导审阅并签字。最后，经办人持内容完整的凭据，报会计审核后，由出纳人员办理付款。

3.办理付款要谨慎。出纳人员应仔细核实付款金额、用途及有关的审批手续，支出现金时，双方应当面点清。

【小知识2-9】

根据《现金管理暂行条例》的规定，企业的现金收支应当依照下列规定办理：

1.企业的现金收入应当于当日送存开户银行。当日送存确有困难的，由开户银行确定送存时间。

2.不得未经批准坐支现金。企业支出现金可以从本单位库存现金限额中支出或者从开户银行提取，不得从本单位的现金收入中直接支出（即坐支）。因特殊情况需要坐支现金的，应当事先报经开户银行审查批准，由开户银行核定坐支的范围和限额。

3.不得谎报用途套取现金。企业从开户银行提取现金，应当在现金支票上写明用途，由本单位财会部门负责人签字盖章，经开户银行审核后，予以支付现金。

4.因采购地点不固定、交通不便、生产或者市场急需、抢险救灾以及其他特殊情况必须使用现金的，企业应当向开户银行提出申请，由本单位财会部门负责人签字盖章，经开户银行审核后，予以支付现金。

5.不得违规留存现金。各企业不准将本单位收入的现金以个人名义存入银行，即不得"公款私存"；不准保留账外公款，即不得私设"小金库"等。

6.不得用不符合财务制度的凭证顶替库存现金，即不得"白条"抵库。

（三）现金支出的原始凭证

现金支出业务依据的原始凭证既有外来原始凭证，又有自制原始凭证。外来原始凭证由提供货物或提供劳务的单位填写，如购货发票、车船票、住宿发票等。自制原始凭证由本单位在发生付款业务时自行制作，如现金缴款单（如图2-34所示）、工资结算表（如图2-35所示）、借款单（如图2-36所示）、差旅费报销单（如图2-37所示）。

中国工商银行现金缴款单

年　　月　　日

收款单位名称													
收款单位账号			开户行										
缴款人姓名			款项来源										
金额（大写）				千	百	十	万	千	百	十	元	角	分
类别													
张数													
业务员		审核			银行（章）								

图2-34　现金缴款单

工资结算表

年　　月　　日

编号	姓名	部门	基本工资	津贴	奖金	缺勤应扣		应付工资	代扣款项		实发工资	签收
						事假	迟到早退		代扣税款	其他代扣		
		部门										

批准：　　　　审核：　　　　部门负责人：　　　　制表：

图2-35　工资结算表

借　款　单

年　　月　　日

借款部门		职别		出差人姓名	
借款事由					
借款金额人民币（大写）：					
批准人		部门负责人		财务负责人	

收款人：

图2-36　借款单

差旅费报销单

出发地			到达地			公出补助			车船飞机费	卧铺	住宿费	市内车费	邮电费	其他	合计
月	日	地点	月	日	地点	天数	标准	金额							

姓名：　　　部门：　　　日期：　　　出差事由：

总计人民币（大写）：

预支		核销		退补	

主管：　　　部门：　　　报销人：　　　审核人：

图2-37　差旅费报销单

（四）账户设置

企业的现金支出业务可以通过"库存现金"账户的贷方进行核算，另外，根据现金支出的用途，还会涉及"其他应收款""管理费用""销售费用""财务费用"等账户。

任务实施

（一）出纳人员如何将现金送存银行

如果当日收入的现金超过核定的库存现金限额，出纳人员则应按规定于下班前将超额部分送存开户银行。现金存入银行的流程如图2-38所示。

图2-38　现金存入银行的流程

【例2-5】2024年4月6日，下班前，出纳人员陈兰英将当日超出库存现金限额的4 000元送存银行。其具体操作过程如下：

第一步：整理现金。出纳人员将现金按不同的面额、币种分别清点整理。纸币平铺整齐，将同面额的纸币按每100张为一把进行清点扎把，不够整把的，按照从大额到小额的顺序整理，并且应当单独挑出残缺破损的纸币。

第二步：填写现金缴款单。出纳人员根据清点情况填写现金缴款单（如图2-39所示）。

中国工商银行现金缴款单
2024年04月06日

收款单位名称	长沙含光服饰有限公司					开户行	中国工商银行长沙中山支行								
收款单位账号	6102021845672108902					款项来源	超限预存现金								
缴款人姓名	陈兰英						千	百	十	万	千	百	十	元	角	分
金额（大写）	人民币肆仟元整										¥4	0	0	0	0	0
类别	壹佰	伍拾	贰拾	拾	伍										
张数	35	4	10	7	6										
业务员　陈兰英		审核　熊美丽				银行（章）									

图2-39　现金缴款单

第三步：出纳人员将现金和现金缴款单交存银行，银行柜台人员当面清点无误后，将现金缴款单回单盖章后退给企业出纳人员，出纳人员检查完毕，带回单位。

第四步：根据现金缴款单回单，编制记账凭证（如图2-40所示）。

记账凭证

2024年04月06日   记字第××号

摘要	总账科目	明细科目	记账√	借方金额										记账√	贷方金额										附件1张
				千	百	十	万	千	百	十	元	角	分		千	百	十	万	千	百	十	元	角	分	
存现	银行存款							4	0	0	0	0	0												
		库存现金																	4	0	0	0	0	0	
	合计					¥	4	0	0	0	0	0					¥	4	0	0	0	0	0		

会计主管：　　记账：　　出纳：陈兰英　　审核：熊美丽　　制单：刘艳丽

图2-40　记账凭证

【小练习2-7】

如果公司采用的是专用记账凭证，试根据上述现金缴款单回单编制付款凭证（如图2-41所示）。

付款凭证

贷方科目：　　　　　年　　月　　日　　　　字第　　号

摘要	借方总账科目	明细科目	金额										记账√	附单据张
			亿	千	百	十	万	千	百	十	元	角	分		
	合计														

财务主管：　　记账：　　出纳：　　审核：　　制单：

图2-41　付款凭证

第五步：根据审核无误的记账凭证，登记库存现金日记账（因涉及银行存款，还应登记银行存款日记账。库存现金日记账的登记在项目三库存现金的序时核算中操作，银行存款日记账的登记在项目十二银行存款的序时核算中操作）。

【小练习2-8】

2024年1月12日，宁阳机电有限公司出纳员张文娟将超过库存现金限额的6 000元送存银行（开户行：上海浦东发展银行长沙井湾子支行，账号：66090153700000615），面额分别为53张100元、10张50元、5张20元、10张10元。要求填写现金缴款单（如图2-42所示），并根据现金缴款单回单编制记账凭证（如图2-43所示）。

中国工商银行现金缴款单
年　月　日

收款单位名称															
收款单位账号			开户行												
缴款人姓名			款项来源												
金额（大写）					千	百	十	万	千	百	十	元	角	分	
券别															
张数															
业务员		审核				银行（章）									

图2-42　现金缴款单

记 账 凭 证
年　月　日　　　　　　　记字第××号

摘要	总账科目	明细科目	记账√	借方金额											记账√	贷方金额											
				千	百	十	万	千	百	十	元	角	分			千	百	十	万	千	百	十	元	角	分	
																										附件 张
合计																										

会计主管：　　记账：　　出纳：　　审核：　　制单：

图2-43　记账凭证

（二）出纳人员如何处理日常现金支出业务

企业发生的现金支出业务一般分两种情况：一是财务部门主动把现金支付给收款单位或个人，如发放工资、奖金等；二是由收款单位或个人持相关凭据到财务部门领报现金，如零星购物报销、借支和报销差旅费等。

第一种情况：主动支出现金的处理。

以工资发放为例，说明企业主动支出现金的流程（如图2-44所示）。

审核工资结算表 ⟹ 提取现金 ⟹ 分装现金 ⟹ 发放工资并签收 ⟹ 编制付款凭证 ⟹ 登记库存现金日记账

图2-44　现金发放工资的流程

【例2-6】2024年4月30日，长沙含光服饰有限公司的出纳员经批准以现金形式发放工资48 700元。出纳员的工作流程如下：

1.出纳人员复核工资结算表，核对应发金额和实发金额是否准确，以确保工资发放工作正确无误，检查审批手续是否完善。根据工资结算表编制工资结算汇总表（如图2-45所示）。

工资结算汇总表

填制日期2024年04月30日

编号	部门	基本工资		津贴	奖金	缺勤应扣		应付工资	代扣款项		实发工资
		计时工资	计件工资			事假	迟到早退		个人所得税	其他代扣款	
01	生产车间	6 205.00	4 992.00	803.00	1 000.00	500.00	50.00	12 450.00	350.00	150.00	11 950.00
02	行政管理	20 350.00		3 650.00	2 900.00	750.00	150.00	26 000.00	900.00	500.00	24 600.00
03	业务部门	8 945.00		2 796.00	708.00		54.00	12 395.00	150.00	95.00	12 150.00
	合计	35 500.00	4 992.00	7 249.00	4 608.00	1 250.00	254.00	50 845.00	1 400.00	745.00	48 700.00

审核：熊美丽　　　　审核：　　　　　　制表：刘艳丽

图2-45　工资结算汇总表

2.清点现金，若库存现金不足应从银行提取现金，以确保工资发放工作的顺利进行。该公司当日的库存现金不足，出纳员持现金支票（如图2-46所示）到银行提现48 700元。

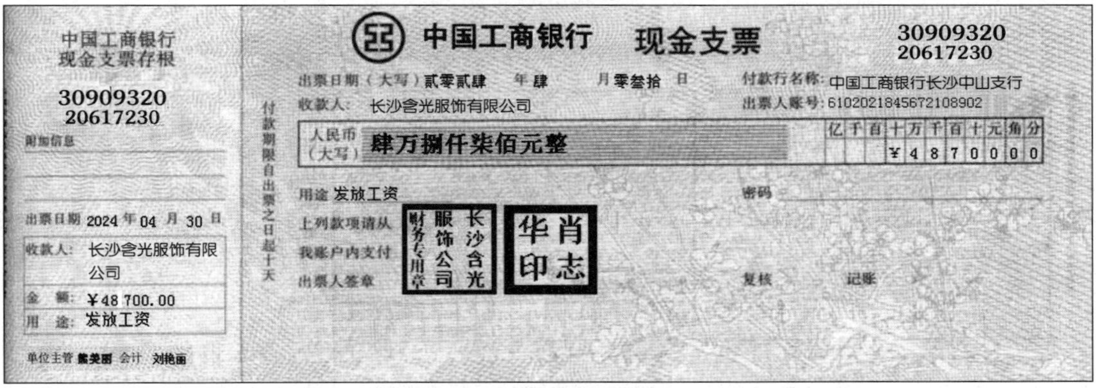

图2-46　现金支票

根据现金支票存根编制记账凭证（如图2-47所示）。

图2-47　记账凭证

3.将全部工资分装好，进行复核检查，避免差错。

4.出纳人员在职工签字后发放工资，职工当面点清、核对。工资全部发放完毕后，审核工资结算表，加盖"现金付讫"印章。

5.根据工资结算表填制记账凭证（如图2-48所示）。

记 账 凭 证

2024 年 04 月 30 日   记字第××号

摘要	总账科目	明细科目	记账√	借方金额 千 百 十 万 千 百 十 元 角 分	记账√	贷方金额 千 百 十 万 千 百 十 元 角 分	
发放工资	应付职工薪酬	工资		4 8 7 0 0 0 0			附件1张
	库存现金					4 8 7 0 0 0 0	
	合计			¥ 4 8 7 0 0 0 0		¥ 4 8 7 0 0 0 0	

会计主管：   记账：   出纳：陈兰英   审核：熊美丽   制单：刘艳丽

图2-48 记账凭证

6.根据审核无误的记账凭证登记库存现金日记账。

【小练习2-9】

目前，不少企业都是通过委托银行从企业基本存款账户直接划转工资、奖金等到职工个人账户，这样做有什么好处？

提示：减少了出纳人员清点、分装、发放现金等烦琐的工作量，降低了每月固定时间提取大量现金的不安全性。银行转账支付职工工资时，原始凭证除了工资结算表（职工无须签字），还有银行向职工转账的支付凭证。

第二种情况：单位或个人领报现金。

以出差人员借支差旅费为例，单位或个人领报现金的流程如图2-49所示。

图2-49 领报现金的流程

【例2-7】2024 年 4 月 15 日长沙含光服饰有限公司销售科周丽出差预借差旅费 4 000元。

1.根据要求，出差人员周丽填写借款单（如图2-50所示），并取得主管领导的批准。

借 款 单

日期：2024 年 04 月 15 日

部门	销售科		姓名	周丽	借款事由	出差
借款金额（大写）	人民币肆仟元整					
部门负责人签章：	黄佳			领款人签章	周丽	
备注		现金付讫		预计结报日期	5天	
单位负责人意见						
会计主管核批	熊美丽		付款方式		出纳	陈兰英

图2-50 借款单

2.出纳人员审核借款单，并在审核无误的借款单上加盖"现金付讫"印章。

3.出纳人员根据借款单上的借款金额复点后支付现金。

4.出纳人员根据审核无误的借款单编制记账凭证（如图2-51所示）。

记 账 凭 证
2024年04月15日　　　　　　　　　　　　　　　　　记字第××号

摘要	总账科目	明细科目	记账√	借方金额 千 百 十 万 千 百 十 元 角 分	记账√	贷方金额 千 百 十 万 千 百 十 元 角 分	
预借差旅费	其他应收款	周丽		4 0 0 0 0 0			附件1张
	库存现金					4 0 0 0 0 0	
合计				¥ 4 0 0 0 0 0		¥ 4 0 0 0 0 0	

会计主管：　　记账：　　出纳：陈兰英　　审核：熊美丽　　制单：刘艳丽

图2-51　记账凭证

5.出纳人员根据审核无误的付款凭证登记库存现金日记账。

【例2-8】4月20日，周丽出差回来报销差旅费4 300元，差旅费报销单如图2-52所示。

差旅费报销单
姓名：周丽　　　部门：销售科　　　日期：2024年04月20日　　　出差事由：销售

出发地			到达地			公出补助			车船飞机费	卧铺	住宿费	市内车费	邮电费	其他	合计
月	日	地点	月	日	地点	天数	标准	金额							
4	15	长沙	4	15	上海	5	80	400.00		500.00	2 500.00	400.00	0.00	0.00	3 800.00
4	19	上海	4	19	长沙					500.00					500.00

总计人民币（大写）：肆仟叁佰元整

预支	¥4 000.00	核销	¥4 300.00	退补	¥300.00	现金收讫

主管：熊美丽　　　部门：销售科　　　报销人：周丽　　　审核人：刘艳丽

图2-52　差旅费报销单

财会部门对不足部分以现金补付，并根据差旅费报销单及所附原始凭证编制记账凭证（如图2-53所示）。暂不考虑抵扣增值税。

记 账 凭 证
2024年04月20日　　　　　　　　　　　　　　　　　记字第××号

摘要	总账科目	明细科目	记账√	借方金额 千 百 十 万 千 百 十 元 角 分	记账√	贷方金额 千 百 十 万 千 百 十 元 角 分	
报销差旅费	销售费用			4 3 0 0 0 0			附件2张
	其他应收款	周丽				4 0 0 0 0 0	
	库存现金					3 0 0 0 0	
合计				¥ 4 3 0 0 0 0		¥ 4 3 0 0 0 0	

会计主管：　　记账：　　出纳：陈兰英　　审核：熊美丽　　制单：刘艳丽

图2-53　记账凭证

项目小结

本项目介绍了小企业现金收入和现金支出的范围、现金收入和现金支出相关管理的规定、在现金收入和现金支出过程中填制和取得的有关原始凭证，以及如何根据原始凭证编制收付款记账凭证等内容。学生通过该项目的学习，不仅能正确地管理库存现金收支，还能对库存现金收支进行正确核算。

项目训练

一、单选题

1.下列情况中，不能直接使用现金结算的是（　　）。

A.缴纳的增值税　　　　　　　　　B.职工的奖金、津贴

C.向个人收购农副产品的价款　　　D.900元的零星开支

2.企业一般不能从现金收入中直接支付现金，因特殊情况需要坐支现金的，应当事先报经（　　）审查批准。

A.上级主管部门　　　　　　　　　B.税务机关

C.开户银行　　　　　　　　　　　D.市场监督管理部门

3.库存现金限额由开户银行根据开户单位（　　）日常零星开支所需要的现金核定。

A.3~5天　　　　　　　　　　　　B.5~7天

C.1~2天　　　　　　　　　　　　D.1个星期

4.结算起点在（　　）以下的零星支出，开户单位可以使用现金。

A.1 000元　　　　　　　　　　　B.2 000元

C.3 000元　　　　　　　　　　　D.4 000元

5.采购人员预借差旅费，以现金支付，应借记"（　　）"账户核算。

A.库存现金　　　　　　　　　　　B.管理费用

C.其他应收款　　　　　　　　　　D.其他应付款

6.张元出差预借了差旅费2 000元，返回时报销1 500元，交回现金500元，并结清原借款，则企业出纳人员应按（　　）开具收款收据。

A.1 000元　　　　　　　　　　　B.2 000元

C.1 500元　　　　　　　　　　　D.500元

7.以现金方式收取包装物押金时，收款方的会计分录为（　　）。

A.借：库存现金　　　　　　　　　B.借：库存现金

　　贷：其他业务收入　　　　　　　　贷：其他应付款

C.借：库存现金　　　　　　　　　D.借：库存现金

　　贷：主营业务收入　　　　　　　　贷：应付账款

8.《现金管理暂行条例》由（　　）发布。

A.财政部门　　　　　　　　　　　B.国务院

C.中国人民银行　　　　　　　　　D.全国人民代表大会

9.开户单位现金收入应于当日送存银行，当日送存确有困难的，由（　　）确定送存

时间。

　　A.人民银行　　　　　　　　　　　B.单位负责人

　　C.开户银行　　　　　　　　　　　D.会计机构负责人

　　10.对于边远地区和交通不便地区的开户单位，其库存现金限额可多于5天，但不得超过（　　）天的日常零星开支。

　　A.15　　　　　　　　　　　　　　B.10

　　C.20　　　　　　　　　　　　　　D.25

　　11.将现金存入银行时，一般应编制（　　　）。

　　A.现金收款凭证　　　　　　　　　B.银行收款凭证

　　C.现金付款凭证　　　　　　　　　D.银行付款凭证

　　12.企业在经营活动中发生的现金收入直接用于支付自己的支出，这种行为称为（　　　）。

　　A."白条抵库"　　　　　　　　　　B."坐支"

　　C."小金库"　　　　　　　　　　　D."公款私存"

二、多选题

　　1.下列支出中可使用现金的有（　　　）。

　　A.购买办公用品500元　　　　　　B.业务员出差借款10 000元

　　C.购入设备一台50 000元　　　　　D.向农户收购农副产品10 000元

　　2.下列业务可以收入现金的有（　　　）。

　　A.销售商品收入　　　　　　　　　B.提供劳务收入

　　C.提供非经营性服务收入　　　　　D.单位内部往来收入

　　3.下列各项中，属于现金收入原始凭证的有（　　　）。

　　A.发票　　　　　　　　　　　　　B.现金支票存根

　　C.收款收据　　　　　　　　　　　D.非经营性收据

　　4.报销差旅费收回多余款涉及的原始凭证可能会有（　　　）。

　　A.收据　　　　　　　　　　　　　B.差旅费报销单

　　C.进账单　　　　　　　　　　　　D.付款凭单

　　5.现金支出业务内容主要包括（　　　）。

　　A.发放工资　　　　　　　　　　　B.向外单位购买货物支付现金

　　C.费用报销　　　　　　　　　　　D.现金存入银行

　　6.关于单位现金库存限额，下列说法中不正确的有（　　　）。

　　A.单位现金库存限额由单位负责人决定

　　B.库存限额一经确定，单位必须严格遵守，不得改变

　　C.库存限额一般是单位3~5天的日常零星开支

　　D.对于边远地区和交通不便地区的开户单位，其库存现金限额可多于3天，但不得超过15天的日常零星开支

　　7.下列说法中正确的有（　　　）。

　　A.企业现金收入应于当日送存银行，当日送存困难的，由开户银行确定送存时间

B. 不论什么情况，开户单位均不得坐支现金

C. 职工工资、津贴可以以现金支付

D. 出差人员随身携带的差旅费可以现金支付

8. 下列各项中，属于现金支出原始凭证的有（　　　）。

A. 医药费收据　　　　　　　　　B. 差旅费报销单

C. 现金缴款单　　　　　　　　　D. 现金支票存根

三、判断题

1. 企业日常零星开支所需现金由开户银行根据企业的实际需要核定最高限额，一般为 1~3 天的日常零星开支所需的库存现金限额。（　　　）

2. 经办企业的货币资金收付、稽核及会计档案的保管必须由两人以上负责。（　　　）

3. 任何情况下开户单位不得从本单位的现金收入中直接支付。（　　　）

4. 出差人员预借差旅费，1 000 元以下可以预付现金，超过部分应携带现金支票。（　　　）

5. 限额内的库存现金当日核对清楚后，可以放在办公桌内存放。（　　　）

6. 我国会计上所说的现金是指企业库存的人民币。（　　　）

7. 现金收入业务是各企业在其生产经营和非生产经营活动中取得现金的业务。（　　　）

8. 收款收据一般用于单位内部职能部门或职工之间的现金往来，由各单位根据自己的需要设计印刷或购买。（　　　）

9. 企业收取包装物押金时的会计分录是："借：库存现金，贷：其他业务收入"。（　　　）

10. "现金缴款单"一式两联，应用双面复写纸填写，用圆珠笔书写，交款日期必须填写交款当日，交款单位名称应当填写全称，款项来源如实填写。（　　　）

11. 开户单位支付现金，可以从本单位库存现金中支付或者从开户银行提取，也可以从本单位的现金收入中直接支付。（　　　）

12. 财会人员以库存现金支付预支差旅费后，根据借支单进行账务处理，借记"其他应收款"，贷记"库存现金"账户。（　　　）

四、案例分析题

长沙食品有限公司为生产型小企业，出纳员张阳正在处理业务，其好友周峰急匆匆来到财务科，要借公款 5 000 元急用，承诺一周之后归还。张阳有些犹豫，但考虑到朋友有困难不能袖手旁观，于是从公司保险柜中取出现金 5 000 元交给周峰，周峰写了一张金额 5 000 元的收条就匆匆离去，张阳将收条存放在保险柜中。

请分析：张阳这种做法存在的问题及危害。

五、实训题

1. 2024 年 7 月 1 日，长沙天山有限公司出纳员李一凡签发现金支票一张，用于提取备用金，金额 2 000 元（开户行：建设银行长沙中山亭支行，账号：11020587359601080122，单位会计主管：王华，出纳：李一凡）。

要求：（1）填写现金支票（如图 2-54 所示）。

（2）出纳人员持签发的现金支票到银行提取现金，并根据现金支票存根（如图 2-55 所示），编制记账凭证（如图 2-56 所示）。

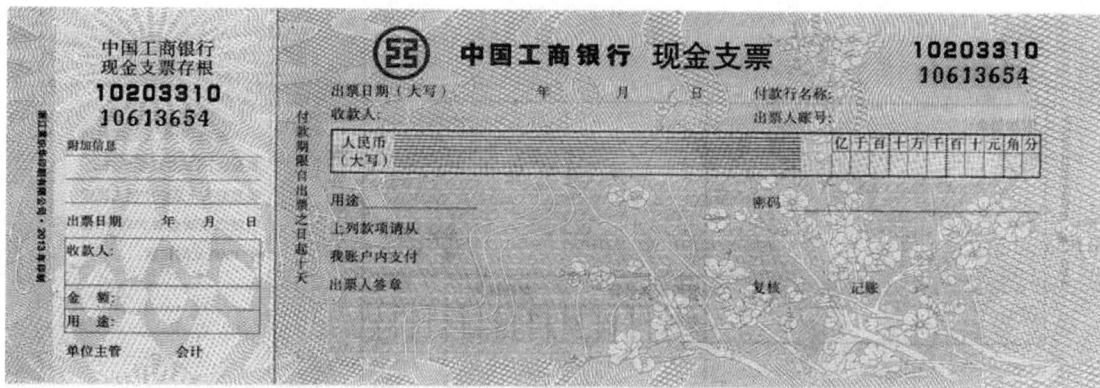

图2-54　现金支票

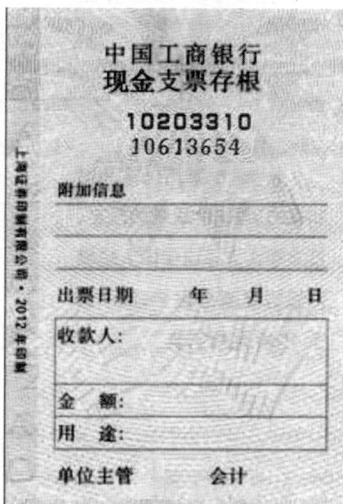

图2-55　现金支票存根

图2-56　记账凭证

2.2024年4月3日，营业部王亮出售废旧物资（不考虑税费问题），收到现金120元交财会室。

要求：填写收款收据（如图2-57所示），并根据收款收据编制记账凭证（如图2-58所示）。

3.2024年4月17日，长沙雷奥经贸有限公司办公室文员文芳持发票报销购买零星办公用品款。

收款收据　No

日期：　　年　　月　　日

交款单位＿＿＿＿＿＿＿＿　　　收款方式＿＿＿＿＿＿＿

人民币（大写）＿＿＿＿＿＿＿　　　　¥

收款事由＿＿＿＿＿＿＿＿＿

　　　　　　　　　　　年　　月　　日

单位盖章　　财会主管　　　记账　　　出纳　　　审核　　　经办

第二联 记账联

图2-57　收款收据

记账凭证

年　　月　　日

记字第××号

摘要	总账科目	明细科目	记账√	借方金额										记账√	贷方金额								
				千	百	十	万	千	百	十	元	角	分		千	百	十	万	千	百	十	元	角	分
	合计																							

会计主管：　　　记账：　　　出纳：　　　审核：　　　制单：

附件　张

图2-58　记账凭证

要求：根据审核无误的增值税普通发票（如图2-59所示）编制记账凭证（如图2-60所示）。

湖南增值税普通发票　No 0987832341

43002067674

发 湖票南 联 国家税务总局监制

43002067674
0987932341

机器编码：982888813142

开票日期：2024年04月17日

购买方	名　　称：长沙雷奥经贸有限公司 纳税人识别号：9413011309086556122 地址、电话：长沙市望岳路105号0731-84674109 开户行及账号：中国工商银行长沙复园路支行010005674392208	密码区	67/* +3*0611* ++0/+0*/* +3+2/9* 11* +66666**066611* +666666* 1** +216*6000*261*2*4/*547 203994+142*64151*6915361/3*

货物或应税劳务、服务名称	规格型号	单位	数量	单价	金额	税率	税额
文化办公用品设备*订书机	得力	个	2	30.00	60.00	3%	1.8
纸制品*打印纸	A4	箱	5	100.00	500.00	3%	15
文具*中性笔	得力	盒	2	20.00	40.00	3%	1.20
合　计					¥600.00		¥18

价税合计（大写）	⊗陆佰壹拾捌元整	¥618.00

销售方	名　　称：长沙爱乐生活超市有限公司 纳税人识别号：914301055689000019 地址、电话：长沙市潇湘中路32号院0731-84763551 开户行及账号：中国工商银行长沙潇湘中路支行6223687345231008	长沙爱乐生活超市有限公司 9143010556869000019 发票专用章

国税函〔2014〕257号浙江印钞厂

第二联 发票联 购买方记账凭证

收款人：　　　复核：刘少林　　　开票人：王丽丽　　　销售方：（章）

图2-59　增值税普通发票

记 账 凭 证

年　月　日

记字第××号

摘 要	总账科目	明细科目	记账√	借方金额										记账√	贷方金额										
				千	百	十	万	千	百	十	元	角	分		千	百	十	万	千	百	十	元	角	分
合计																								

会计主管：　　记账：　　出纳：　　审核：　　制单：

图2-60　记账凭证

4.2024年4月7日，公司派销售部刘瑾到上海出差，为期5天。其中：飞机票单程330元，往返路程的交通工具均为飞机；住宿费1 200元；市内交通费120元；其他费用400元；出差补助每日80元。共计2 780元。原预借差旅费3 000元，退还财会部门220元（出纳员：李一凡；部门主管：李立；审核人：王华）。

要求：（1）根据各种发票凭证填制差旅费报销单（如图2-61所示）。

（2）经主管领导签字，且符合财政部发布的相关差旅费管理办法。根据差旅费报销单收到退款220元，填制收款收据（如图2-62所示）。

（3）根据差旅费报销单以及收款收据编制记账凭证（如图2-63所示）。

差旅费报销单

姓名：　　　部门：　　　日期：　　　出差事由：

出发地			到达地			公出补助			车船飞机费	卧铺	住宿费	市内车费	邮电费	其他	合计
月	日	地点	月	日	地点	天数	标准	金额							

总计人民币（大写）：

预支		核销		退补	

主管：　　　部门：　　　报销人：　　　审核人：

图2-61　差旅费报销单

收 款 收 据　　　No

日期：　　　年　月　日

交款单位＿＿＿＿＿＿＿＿＿＿　收款方式＿＿＿＿＿＿＿＿＿

人民币（大写）＿＿＿＿＿＿＿＿＿＿＿＿＿＿＿　¥＿＿＿＿＿＿

收款事由＿＿＿＿＿＿＿＿＿＿＿＿＿＿＿＿＿＿＿＿＿＿

年　　　月　　　日

第二联　记账联

单位盖章　　财会主管　　记账　　出纳　　审核　　经办

图2-62　收款收据

记 账 凭 证

年　月　日　　　　　　　　　　　　　　　　记字第××号

摘 要	总账科目	明细科目	记账√	借方金额										记账√	贷方金额										附件 张
				千	百	十	万	千	百	十	元	角	分		千	百	十	万	千	百	十	元	角	分	
	合计																								

会计主管：　　记账：　　出纳：　　审核：　　制单：

图2-63　记账凭证

项目评价

内 容			评 价		
学习目标		评价项目	3	2	1
职业能力	库存现金的收入管理及核算	1.根据相关经济业务判断哪些现金可以收入			
		2.现金收入的范围及相关原始凭证的填制			
		3.与现金收入有关的账务处理的核算			
	库存现金的支出管理及核算	1.根据相关经济业务判断哪些现金可以支出			
		2.现金支出的范围及相关原始凭证的填制			
		3.与现金支出有关的账务处理的核算			
通用能力	组织与沟通能力				
	学习与创新能力				
	应变能力				
	信息搜集能力				
综合评价					
改进建议					

等级说明：

3——能高质、高效地完成此学习目标的全部内容，并能解决遇到的特殊问题；

2——能高质、高效地完成此学习目标的全部内容；

1——能圆满完成此学习目标的全部内容，无须任何帮助和指导。

评价说明：

优秀——达到3级水平；

良好——达到2级水平；

合格——全部任务都达到1级水平；

不合格——不能达到1级水平。

项目三　库存现金的序时核算及清查

学习目标

知识目标

通过本项目的教学，使学生掌握库存现金日记账的设置方法、登记方法、清查方法及库存现金清查发生长款和短款的会计处理。

能力目标

能准确登记库存现金日记账，能根据库存现金盘点表等原始凭证编制库存现金发生长款和短款业务的记账凭证。

任务一　　库存现金的序时核算

任务描述

库存现金的序时核算是指根据现金收支业务逐日逐笔地记录现金的增减及结存情况。它的方法是设置库存现金日记账，根据收付款凭证按业务发生顺序逐笔登记，每日终了，计算当日现金收入、支出的合计额和结余金额，并将结余金额和实际库存额核对，做到账实相符。

知识储备

（一）库存现金日记账的设置方法

库存现金日记账是核算和监督现金日常收付结存情况的序时账簿。通过它可以全面、连续地了解和掌握企业每日现金的收支动态和库存余额，为日常分析、检查企业的现金收支活动提供资料。

手工记账单位的库存现金日记账（如图3-1所示）必须采用订本式账簿，一般采用三栏式账页。

为清楚地表明账户之间的对应关系，了解现金的增减变化，库存现金日记账的格式还可以采用多栏式账页，如在"借方""贷方"栏下，按对应会计科目设立专栏。

有外币现金业务的企业，应分别按人民币现金、各种外币现金设置"库存现金日记账"进行序时核算。

（二）库存现金日记账的登记方法

"库存现金日记账"由出纳人员根据审核签字后的收付款凭证，按照业务发生顺序逐日逐笔登记。为了简化库存现金日记账的登记手续，对同一天发生的相同经济业务也可以汇总一笔登记。

库 存 现 金 日 记 账

年		凭证编号	对方科目	摘 要	√	收入（借方）金额										付出（贷方）金额										结存金额									
月	日					亿	千	百	十	万	千	百	十	元	角	分	亿	千	百	十	万	千	百	十	元	角	分	亿	千	百	十	万	千	百	十	元	角	分

图3-1　库存现金日记账

库存现金日记账的登记规则：

1.认真审核收、付款记账凭证的内容。登记库存现金日记账的依据有审核无误的现金收款凭证、现金付款凭证和从银行提取现金时的银行存款凭证与付款凭证。

2.逐项填写"日期""凭证编号""摘要""金额"各栏。"金额"栏与记账凭证中库存现金的金额方向一致，现金增加记借方，现金减少记贷方。

3."对方科目"栏应填入凭证中对应账户的名称，以表示业务的来龙去脉。

4.库存现金日记账应结出"本日收入"合计和"本日支出"合计，然后计算出本日余额，填入"结存"栏。"结存"栏中本日余额的计算公式为：

本日余额=本日日初余额+本日收入发生额合计-本日支出发生额合计

（三）对账和结账

1.库存现金日记账的本日余额与库存现金的实有额核对，两者应一致，若不一致，应及时查明原因进行调整，做到账实相符。

2.库存现金日记账的本日余额与库存现金的限额核对，超过限额的部分，要及时送存银行；不足限额的部分，应向银行提取，以保证日常开支的需要。在每月终了时，还应在库存现金日记账上结出月末余额，并同现金总账科目的月末余额核对，保证账账相符。

3.库存现金日记账要做到日清月结，每日结出余额，月末要结出本月发生额及月末余额，并在"发生额"栏及"余额"栏下方画一条单红线，表示结账。每年年末需要计算本年度借方发生额合计、贷方发生额合计及年末余额，并将年末余额结转到下一年度的库存现金日记账的年初余额中。

任务实施

【例3-1】根据长沙含光服饰有限公司2024年6月份发生的部分与现金相关的业务，编制收付款凭证（以会计分录代替），再根据收付款凭证登记库存现金日记账（6月1日库存现金的余额为2 284元）。

（1）6月3日，销售男休闲裤，收到现金920元。

（2）6月5日，李明预借差旅费1 200元，以现金支付。

（3）6月8日，以现金收回春兰服装店的货款980元。

（4）6月10日，提取现金1 850元备用。

（5）6月15日，以现金支付销售费用715元。

（6）6月20日，以现金支付前欠荷花布市货款950元。

（7）6月25日，以现金购买办公用品590元。

1.根据上述业务，编制记账凭证（以会计分录代替）：

借：库存现金 920

　　贷：主营业务收入 814.16

　　　　应交税费——应交增值税（销项税额） 105.84

记字3号

借：其他应收款——李明 1 200

　　贷：库存现金 1 200

记字7号

借：库存现金 980

　　贷：应收账款——春兰服装店 980

记字9号

借：库存现金 1 850

　　贷：银行存款 1 850

记字12号

借：销售费用 715

　　贷：库存现金 715

记字18号

借：应付账款——荷花布市 950

　　贷：库存现金 950

记字23号

借：管理费用 590

　　贷：库存现金 590

记字28号

2.根据记账凭证登记库存现金日记账（如图3-2所示）。

【小练习3-1】

长沙星城玩具有限公司2024年5月1日库存现金日记账余额为6 000元，2024年5月1日—5日发生出纳业务如下：

（1）5月1日，开出现金支票（记字1号），提取现金1 000元备用。

（2）5月2日，收回滨海有限公司欠款500元，收到现金（记字5号）。

（3）5月3日，将现金400元存入银行（记字8号）。

（4）5月3日，职工刘为借支差旅费800元，支付现金（记字10号）。

库 存 现 金 日 记 账

年 月	日	凭证编号	对方科目	摘 要	√	收入(借方)金额 亿千百十万千百十元角分	付出(贷方)金额 亿千百十万千百十元角分	结存金额 亿千百十万千百十元角分
6	1		略	承前页				2 2 8 4 0 0
	3	3		销售产品收到现金		9 2 0 0 0		3 2 0 4 0 0
	5	7		预借差旅费			1 2 0 0 0 0	2 0 0 4 0 0
	8	9		收到货款		9 8 0 0 0		2 9 8 4 0 0
	10	12		提取现金		1 8 5 0 0 0		4 8 3 4 0 0
	15	18		支付销售费用			7 1 5 0 0	4 1 1 9 0 0
	20	23		支付货款			9 5 0 0 0	3 1 6 9 0 0
	25	28		购买办公用品			5 9 0 0 0	2 5 7 9 0 0
	30			本月合计		3 7 5 0 0 0	3 4 5 5 0 0	2 5 7 9 0 0

图3-2　库存现金日记账

（5）5月4日，以现金购买印花税票500元（记字11号）。

（6）5月4日，开出支票（记字15号），提取现金2 000元备用。

（7）5月5日，以现金支付职工张莹生活困难补助费1 000元（记字19号）。

（8）5月5日，职工王伟报销差旅费1 000元，原预借差旅费800元，补付现金200元（记字20号）。

要求：（1）根据上述业务编制记账凭证（以会计分录代替）。

（2）根据记账凭证（以会计分录代替）登记库存现金日记账（如图3-3所示）。

库 存 现 金 日 记 账

年 月	日	凭证编号	对方科目	摘 要	√	收入(借方)金额 亿千百十万千百十元角分	付出(贷方)金额 亿千百十万千百十元角分	结存金额 亿千百十万千百十元角分

图3-3　库存现金日记账

【小练习3-2】

日记账是资金类账簿，非常重要，年度结账后，应按照规定更换新的账簿。请问，新的会计年度更换新账时，出纳人员如何登记日记账的期初余额？如果是新建企业，出纳人员是否登记库存现金日记账的期初余额？

任务二　　　　库存现金的清查

任务描述

为加强对库存现金的管理，保证账实相符，防止发生差错，企业应对库存现金进行清查。现金清查是指对库存现金的盘点与核对，包括出纳人员每日终了清点现金和清查小组进行的定期或不定期的盘点核对。

知识储备

（一）现金清查的方法

对现金进行清查一般采用实地盘点法。如果是清查小组清查，一般不预先通知出纳人员，以防预先作弊。盘点时间最好在一天业务没有开始之前或一天业务结束之后，由出纳人员将截止清查时现金收付账项全部登记入账，并结出账面余额，这样可以避免干扰正常的业务。清查现金时出纳人员必须在场，并给予积极的配合。清查的内容主要是检查是否有挪用现金、白条抵库、超限额留存现金的现象以及账实是否相符等。

（二）现金清查的流程

现金清查的流程如图3-4所示。

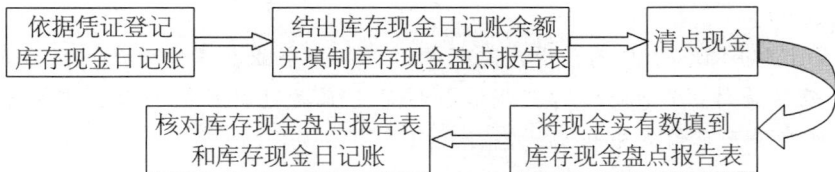

图3-4　现金清查的流程

流程说明：

1.出纳人员将所有跟现金有关的业务登记到库存现金日记账中。

2.出纳人员结出日记账余额并填制库存现金盘点报告表。

3.盘点人员对保险柜中的现金进行清点。

4.将盘点结果填到库存现金盘点报告表中，由出纳人员、盘点人员、财务主管确认签字。

5.将库存现金盘点报告表和库存现金日记账进行核对。

（三）现金清查的原始凭证

清查结束后，清查人员填制"库存现金盘点报告表"（如图3-5所示），填列账存、实存以及溢余或短缺金额，并说明原因，上报有关部门或负责人处理。

库存现金盘点报告表

单位名称：　　　　　　　　　　　　　　　　　　　　年　　月　　日

账面金额	实存金额	清查结果		备注	
		长款	短款		记账联
现金使用情况					
处理决定					

会计机构负责人：　　　　盘点人员签字：　　　　出纳人员签字：

图3-5　库存现金盘点报告表

（四）账户设置

现金清查中发现有现金溢余（也称长款）或短缺（也称短款）时，应通过"待处理财产损溢"账户核算，以保证账实相符，待查明原因并经批准后再根据不同原因转入相关账户。

"待处理财产损溢"账户属于资产类账户，核算企业在清查财产过程中查明的各种财产盘盈、盘亏和毁损的价值。"待处理财产损溢"账户的借方登记现金短款数、贷方登记现金溢余数。现金的溢余或短款应查明原因，在期末结账前处理完毕，期末处理后本账户应无余额。

【小知识3-1】

"待处理财产损溢"账户属于资产类账户，但不是企业真正的资产，因为其不符合资产的定义和确认条件。"待处理财产损溢"科目也只是过渡性的科目，在期末不能有余额，因此不能在资产负债表中列示。

🎖 **任务实施**

（一）现金溢余的会计处理

现金溢余在查明原因后，若属于应支付给有关人员或单位的，则转入"其他应付款"账户；若属于无法查明原因的，经批准后则转入"营业外收入——现金溢余"账户。

【例3-2】长沙含光服饰有限公司2024年3月31日的现金清查中，库存现金日记账余额为9 044元，盘点现金数额为9 068元，编制库存现金盘点报告表（如图3-6所示）。

盘盈的库存现金无法查明原因的，经批准后作为企业的利得处理，编制发生盘盈和批准转销盘盈的记账凭证（如图3-7、图3-8所示）。

库存现金盘点报告表

单位名称：长沙含光服饰有限公司　　　　　　　　　　　　2024年03月31日

账面金额	实存金额	清查结果		备注	
		长款	短款		记账联
9 044.00	9 068.00	24.00			
现金使用情况					
处理决定	无法查明原因，转作营业外收入				

会计机构负责人：熊美丽　　　　盘点人员签字：严　敏　　　　出纳人员签字：陈兰英

图3-6　库存现金盘点报告表

记 账 凭 证

2024年03月31日　　　　　　　　　　　　记字第××号

摘要	总账科目	明细科目	记账√	借方金额 千百十万千百十元角分	记账√	贷方金额 千百十万千百十元角分
发生现金盘盈	库存现金			2 4 0 0		
	待处理财产损溢	待处理流动资产损溢				2 4 0 0
	合计			￥2 4 0 0		￥2 4 0 0

会计主管：　　　记账：　　　出纳：陈兰英　　　审核：熊美丽　　　制单：刘艳丽

附件1张

图3-7　记账凭证

记 账 凭 证

2024年03月31日　　　　　　　　　　　　记字第××号

摘要	总账科目	明细科目	记账√	借方金额 千百十万千百十元角分	记账√	贷方金额 千百十万千百十元角分
转销现金盘盈	待处理财产损溢	待处理流动资产损溢		2 4 0 0		
	营业外收入					2 4 0 0
	合计			￥2 4 0 0		￥2 4 0 0

会计主管：　　　记账：　　　出纳：陈兰英　　　审核：熊美丽　　　制单：刘艳丽

附件1张

图3-8　记账凭证

【小知识3-2】

假设上述盘盈现金是少付给职工高强的，则会计处理应为：

借：待处理财产损溢——待处理流动资产损溢 24

贷：其他应付款——高强 24

将多余现金退还高强时，会计处理应为：

借：其他应付款——高强 24

贷：库存现金 24

（二）现金短款的会计处理

现金短款在查明原因后，属于应由责任人赔偿的部分，转入"其他应收款"或"库存现金"等账户；属于应由保险公司赔偿的部分，转入"其他应收款——应收保险赔款"账户；属于无法查明原因的，经批准后转入"管理费用"账户。

【例3-3】2024年4月30日，长沙含光服饰有限公司对库存现金进行盘点，库存现金实存数为4 379.10元，库存现金日记账账面余额为5 728.10元。根据上述情况，编制库存现金盘点报告表（如图3-9所示）。

库存现金盘点报告表

单位名称：长沙含光服饰有限公司 2024年04月30日

账面金额	实存金额	清查结果		备注	记账联
		长款	短款		
5 728.10	4 379.10		1 349.00		
现金使用情况					
处理决定	短款部分由出纳人员赔偿				

会计机构负责人：熊美丽　　盘点人员签字：严　敏　　出纳人员签字：陈兰英

图3-9　库存现金盘点报告表

经查现金短款的原因是出纳人员的责任，由陈兰英负责赔偿。根据公司批准的处理决定编制记账凭证（如图3-10、图3-11所示）。

记 账 凭 证

2024年04月30日　　　　　　　　　　　记字第××号

摘要	总账科目	明细科目	记账√	借方金额 千百十万千百十元角分	记账√	贷方金额 千百十万千百十元角分	
发生现金盘亏	待处理财产损溢	待处理流动资产损溢		1 3 4 9 0 0			附件1张
	库存现金					1 3 4 9 0 0	
合计				￥1 3 4 9 0 0		￥1 3 4 9 0 0	

会计主管：　　记账：　　出纳：陈兰英　　审核：熊美丽　　制单：刘艳丽

图3-10　记账凭证

记 账 凭 证

2024 年 04 月 30 日　　　　　　　　　　　　　　　　　　记字第××号

摘要	总账科目	明细科目	记账√	借方金额									记账√	贷方金额									
				千	百	十	万	千	百	十	元	角	分		千	百	十	万	千	百	十	元	角	分
转销现金盘亏	其他应收款	陈兰英						1	3	4	9	0	0											
	待处理财产损溢	待处理流动资产损溢																	1	3	4	9	0	0
合计					¥	1	3	4	9	0	0				¥	1	3	4	9	0	0			

附件1张

会计主管：　　　记账：　　　出纳：*陈兰英*　　　审核：*熊美丽*　　　制单：*刘艳丽*

图3-11　记 账 凭 证

【小知识3-3】

假设上述盘亏现金无法查明原因，则会计处理应为：

借：管理费用　　　　　　　　　　　　　　　　　　　　　　　1 349

　　贷：待处理财产损溢　　　　　　　　　　　　　　　　　　　　　　1 349

项目小结

本项目介绍了库存现金如何通过设置日记账的方式进行序时核算，明确了库存现金清查采用的方法和清查的流程。学生通过该项目的学习，能根据库存现金的收支业务及其凭证正确登记库存现金日记账，能掌握出纳人员在库存现金清查中应做的工作及清查后的会计处理。

项目训练

一、单选题

1.企业出纳人员清点现金时发现长款，处理后无法查明原因的，应当（　　　）。

A.不做账务处理，继续查找　　　　　　　B.经批准转作营业外收入

C.经批准抵减营业外支出　　　　　　　　D.经批准抵减现金存款

2.库存现金日记账应做到日清月结，如发现现金短缺，应记入"（　　　）"账户。

A.管理费用　　　　　　　　　　　　　　B.其他应收款

C.待处理财产损溢　　　　　　　　　　　D.营业外支出

3.清查库存现金时应采用的方法是（　　　）。

A.核对账目　　　　　　　　　　　　　　B.核对凭证

C.实地盘点　　　　　　　　　　　　　　D.技术推算

4.库存现金日记账的每一账页登记完毕并结转下页时，结计"过次页"的本页合计数应当是（　　　）的发生额合计数。

A.本页　　　　　　　　　　　　　　　　B.自本月初起至本页末止

C.本月　　　　　　　　　　　　　　　　D.自本年初起至本页末止

5.下列关于库存现金日记账的说法中，不正确的是（　　　）。

A.库存现金日记账的格式有两栏式、三栏式和多栏式三种

B.三栏式库存现金日记账的基本结构为收入（借方）、支出（贷方）、结余（余额）三栏

C.多栏式库存现金日记账是将"收入（借方）"栏和"支出（贷方）"栏分别按照对方科目设置若干专栏

D.库存现金本日余额的计算公式为：上日余额+本日收入−本日支出=本日余额

6.库存现金日记账应采用的账簿格式是（　　　）。

A.活页式　　　　　　B.备查式　　　　　　C.卡片式　　　　　　D.订本式

7.库存现金日记账的账页格式为（　　　）。

A.卡片式　　　　　　B.三栏式　　　　　　C.数量金额式　　　　D.横线登记式

8.现金短款在查明原因后，属于由责任人或保险公司赔偿的部分，应转入"（　　　）"账户。

A.其他应付款　　　　B.其他应收款　　　　C.应收账款　　　　　D.预收账款

二、多选题

1.下列说法中，正确的有（　　　）。

A.库存现金日记账应由出纳人员根据审核后的收付款凭证登记

B.从银行提取现金时，应根据相关库存现金收款凭证登记库存现金日记账中的现金收入数

C.库存现金日记账应逐日逐笔序时登记

D.每日经济业务登记完毕后，应结计库存现金日记账的当日余额，并与库存现金实存额进行核对

2.出纳人员每日清点现金，属于（　　　）。

A.定期清查　　　　　　　　　　　B.全面清查

C.局部清查　　　　　　　　　　　D.不定期清查

3.现金付款凭证可以作为出纳人员（　　　）的依据。

A.收入现金　　　　　　　　　　　B.支付现金

C.登记库存现金日记账　　　　　　D.登记银行存款日记账

4.在现金清查的过程中，发现库存现金较账面余额短缺500元，在未查明原因之前涉及的会计账户有"（　　　）"账户。

A.待处理财产损溢　　　　　　　　B.营业外支出

C.其他应收款　　　　　　　　　　D.库存现金

5.关于现金清查，下列说法中正确的有（　　　）。

A.现金清查一般采用实地盘点法

B.现金溢余属于无法查明原因的部分，贷记"营业外收入"账户

C.现金溢余或短款在未查明原因前，出纳人员不做任何会计处理

D.现金短款在查明原因后，属于由责任人或保险公司赔偿的部分，记入"其他应收款"账户

6.在现金清查的过程中，对无法查明原因的现金溢余，经批准后处理时，可能涉及的账户有"（　　　）"账户。

A.其他应收款　　　　B.管理费用　　　　C.待处理财产损溢　　D.营业外收入

三、判断题

1.属于无法查明原因造成的现金短款，应记入"营业外支出"账户。　　　（　）

2.库存现金的清查包括出纳人员每日的清点核对和清查小组定期清查与不定期清查。　　　（　）

3."库存现金"账户反映企业的库存现金，包括企业内部各部门周转使用的、由各部门保管的定额备用金。　　　（　）

4.当库存现金日记账结账时，应在"月结"和"年结余额"下方画通栏单道红线。　　（　）

5.库存现金日记账应采用订本式账簿。　　　（　）

6.如果出纳人员具有较高的业务水平，那么库存现金无须日清月结。　　　（　）

四、实训题

1.根据长沙雷奥经贸有限公司2024年1月份的经济业务，编制会计分录并登记库存现金日记账（如图3-12所示）。假定银行存款期初余额为200 000元，库存现金期初余额为2 000元（凭证字号：略）。

库 存 现 金 日 记 账

年		凭证编号	摘要	对方科目	√	借　方	√	贷　方	√	余　额
月	日					百十万千百十元角分		十万千百十元角分		十万千百十元角分

图3-12　库存现金日记账

（1）1月1日，从银行提取现金2 000元备用。

（2）1月3日，业务部门李海去黑龙江出差，预借差旅费3 000元，以现金付讫。

（3）1月5日，采购部门购买办公用品120元，以现金付讫。

（4）1月8日，以银行存款缴纳上月的增值税税款3 870元。

（5）1月12日，以银行存款支付红天有限公司的广告费15 000元。

（6）1月13日，以银行存款支付财会人员的继续教育培训费600元。

（7）1月15日，办公室用现金300元购买办公用品。

（8）1月16日，销售商品一批，价款20 000元，增值税2 600元，款项未收。

（9）1月20日，用银行存款购入甲材料，已取得增值税普通发票，价款1 130元。

（10）1月30日，业务部门李海报销差旅费2 550元，退回现金余款。

2.2024年1月31日，上级主管部门进行现金清查，清查结果见"库存现金盘点报告表"（如图3-13所示）。

库存现金盘点报告表

单位名称：长沙雷奥经贸有限公司　　　　　　　　　　　　　　　2024年01月31日

账面金额	实存金额	清查结果		备注
		长款	短款	
1 030.00	1 130.00	100.00		
现金使用情况				
处理决定	无法查明原因，转作营业外收入			

会计机构负责人：王 五　　　　　盘点人员签字：龙 庭　　　　　出纳人员签字：王 奇

图3-13　库存现金盘点报告表

要求：根据库存现金盘点报告表填制记账凭证（如图3-14、图3-15所示）。

记 账 凭 证

年　月　日　　　　　　　　　　　　　　　记字第××号

摘要	总账科目	明细科目	记账√	借方金额										记账√	贷方金额									
				千	百	十	万	千	百	十	元	角	分		千	百	十	万	千	百	十	元	角	分
合计																								

会计主管：　　　记账：　　　出纳：　　　审核：　　　制单：

图3-14　记账凭证

记 账 凭 证

年 月 日　　　　　　　　　　　　　　　记字第××号

摘 要	总账科目	明细科目	记账√	借方金额										记账√	贷方金额									
				千	百	十	万	千	百	十	元	角	分		千	百	十	万	千	百	十	元	角	分
合计																								

附件 张

会计主管：　　记账：　　出纳：　　审核：　　制单：

图3-15 记账凭证

项目评价

内　　容		评　价			
学习目标	评价项目	3	2	1	
职业能力	库存现金的序时核算	1.库存现金日记账的设置方法			
		2.根据经济业务填制库存现金日记账			
		3.库存现金的对账和结账			
	库存现金的清查	1.现金清查的方法			
		2.现金溢余和短款的原因			
		3.与现金清查相关的账务处理的核算			
通用能力	组织与沟通能力				
	学习与创新能力				
	应变能力				
	信息搜集能力				
综合评价					
改进建议					

等级说明：

3——能高质、高效地完成此学习目标的全部内容，并能解决遇到的特殊问题；

2——能高质、高效地完成此学习目标的全部内容；

1——能圆满完成此学习目标的全部内容，无须任何帮助和指导。

评价说明：

优秀——达到3级水平；

良好——达到2级水平；

合格——全部任务都达到1级水平；

不合格——不能达到1级水平。

项目四 支票结算的管理及核算

学习目标

知识目标

通过本项目的教学，使学生了解支票的含义、分类及适应范围，熟悉支票结算的基本流程，掌握使用支票的相关规定。

能力目标

能准确签发现金支票和转账支票，能根据支票结算业务的有关原始凭证编制记账凭证。

任务一　支票结算业务的管理

任务描述

支票是企业与银行票据往来结算业务中的一种，保管空白支票、正确签发支票是出纳工作的重要内容。出纳人员如何取得、签发和使用支票呢？

知识储备

结算是指各单位之间因商品交易、劳务供应及其他款项往来所发生的货币收付行为。单位之间直接以现金收付的，称为现金结算；通过银行转账的，称为非现金结算或转账结算。转账结算是单位之间通过银行将款项从付款单位账户划转到收款单位账户的货币收付行为。转账结算按收付双方的地点不同分为同城结算和异地结算，同城结算的收付双方在同一城市，异地结算的收付双方不在同一城市。

票据和结算凭证是银行、单位和个人凭以记载账务的会计凭证，是记载经济业务和明确经济责任的一种书面证明。它涉及客户和银行、银行和银行之间的资金往来，是银行、单位和个人据以办理资金收付的书面凭证。现由中国人民银行统一规范管理的票证有：银行汇票、商业承兑汇票、银行承兑汇票、银行本票、转账支票、现金支票、进账单、信汇凭证、电汇凭证、托收凭证。

（一）支票的适用范围及分类

支票是出票人签发的，委托办理支票存款业务的银行在见票时无条件支付确定的金额给收款人或者持票人的票据。支票的基本当事人包括出票人、付款人和收款人。支票的出票人就是存款人，即签发或填写支票并将支票交付给收款人的单位和个人；支票的付款人是出票人的开户银行；支票的收款人是持票人，即票面上填明的收款人，也可以是经背书转让后的被背书人。支票是应用范围较广的一种结算方式，单位和个人在同一票据交换区域的各种款项结算均可以使用支票。使用支票影像交换系统，实现支票全国通用。

支票由银行统一印制，可分为普通支票、现金支票和转账支票三种。普通支票可以支取现金，也可以转账。在普通支票左上角划两条平行线的为划线支票，划线支票只能用于转账，不能支取现金。支票上印有"现金"字样的为现金支票，只能提取现金。支票上印有"转账"字样的为转账支票，只能用于转账。

（二）支票结算的有关规定

1.申领支票的规定

领购支票时，出纳人员必须填写"票据和结算凭证领用单"，并在第二联加盖预留银行的印鉴，同时交纳一定的手续费和工本费。存款账户结清时，必须将全部剩余空白支票交回银行注销。

2.支票上必须记载事项的规定

出纳人员签发支票时，必须将支票上的内容填写齐全，否则银行不予受理。签发支票必须记载的事项有：

（1）表明"支票"的字样。

（2）无条件支付的委托。支票的付款人为支票上记载的出票人开户银行。

（3）确定的金额。支票的出票人签发支票的金额不得超过付款时在付款人处实有的存款金额。出票人在付款人处的存款不足以支付支票金额时，则属于签发空头支票行为，应承担法律责任。

（4）付款人名称。

（5）出票日期。

（6）出票人签章。出票人为单位的，为与该单位在银行预留签章一致的公章或财务专用章，加其法定代表人或者其授权的代理人的签名或盖章。出票人为个人的，为与该个人在银行预留签章一致的签名或盖章。

根据《票据法》的规定：支票上未记载规定事项之一的，支票无效。支票的出票日期、出票金额和收款人名称不得更改，更改的支票无效。其他记载事项若有更改的，必须加盖预留银行印鉴证明。

【小知识4-1】

支票的金额、收款人名称，可以由出票人授权补记，未补记前不得背书转让和提示付款。

3.支票有效期的规定

支票的提示付款期限自出票日起10天。持票人应在提示付款期内委托开户银行收款或直接向付款人（开户银行）提示付款。用于支取现金的支票仅限于收款人向付款人提示付款。

4.支票书写的规定

填写支票时，出票日期必须使用规范的中文大写，出票日期使用小写填写的，银行不予受理。

年：要写全，如贰零贰肆年，不能简写成贰肆年。

月：月为壹、贰和壹拾的，应在其前加"零"，如零壹月。

日：日为壹至玖和壹拾、贰拾和叁拾的，应在其前加"零"，如1月9日应写成零壹月零玖日，10月20日，应写成零壹拾月零贰拾日。日为拾壹至拾玖的，应在其前面加"壹"，如3月15日应写成叁月壹拾伍日。

【小知识4-2】

支票金额数字人民币大写写法为：零、壹、贰、叁、肆、伍、陆、柒、捌、玖、亿、万、仟、佰、拾。中文大写金额数字到"元"为止的，在"元"之后应写"整"（或"正"字，下同）字；到"角"为止的，在"角"之后可以不写"整"字；大写金额数字有"分"的，"分"后面不写"整"字。如金额32 850元的中文大写是人民币叁万贰仟捌佰伍拾元整。

【小练习4-1】

1.支票出票日期分别是2024年2月19日、2024年5月6日、2024年10月10日，出纳员如何书写出票日期？

2.2024年4月13日，味正食品有限公司向本市荷花超市出售了一批饼干，货款总额为8 000元。味正食品有限公司财务人员李成接收超市财务人员孙和签发的支票时，发现支票的出票日期为2024年4月15日，遂向孙和询问为什么出票日期不是2024年4月13日。孙和接过李成手中的支票，没说二话就在支票上将"伍"字划掉，改为"叁"字。请分析孙和的做法是否妥当，李成能否接受该修改后的支票？

5.支票签发的规定。

（1）签发支票时应使用碳素墨水笔填写。

（2）支票的出票人签发支票的金额不得超过付款时实有的存款金额，即出票人不得签发空头支票。

（3）不得签发与其预留银行签章不符的支票。使用支付密码的，出票人不得签发支付密码错误的支票。

（4）出票人签发空头支票、签发与其预留银行签章不符的支票、使用支付密码但支付密码错误的支票，银行应予以退票，并由中国人民银行处以票面金额5%但不低于1 000元的罚款，持票人有权要求出票人赔偿支票金额2%的赔偿金。

【小练习4-2】

A公司向B公司签发了一张金额为15 000元的支票。5天后，B公司提示付款时，A公司银行存款余额仅为12 000元，经查，出现银行存款余额不足的原因是A公司预计该日应存入该账户内的一笔销货款未按时入账。对A公司签发空头支票的行为，应给予的罚款是多少？B公司有权取得多少赔偿金？（1 000元，300元）

请问：如果签发的支票票面金额为35 000元，则应给予A公司的罚款是多少？B公司有权取得多少赔偿金？（1 750元，700元）

任务实施

（一）现金支票的签发

现金支票只能用于支取现金，它可以由存款人签发用以到银行为本单位提取现金，也可以签发给其他单位和个人用来办理结算或者委托银行代为支付现金给收款人。收款人（取款人）还要在现金支票背面填写身份证件名称和号码。

【例4-1】南京新兴兴印务有限公司于2024年1月21日开出现金支票（如图4-1、图4-2所示），提取现金30 000元备用。

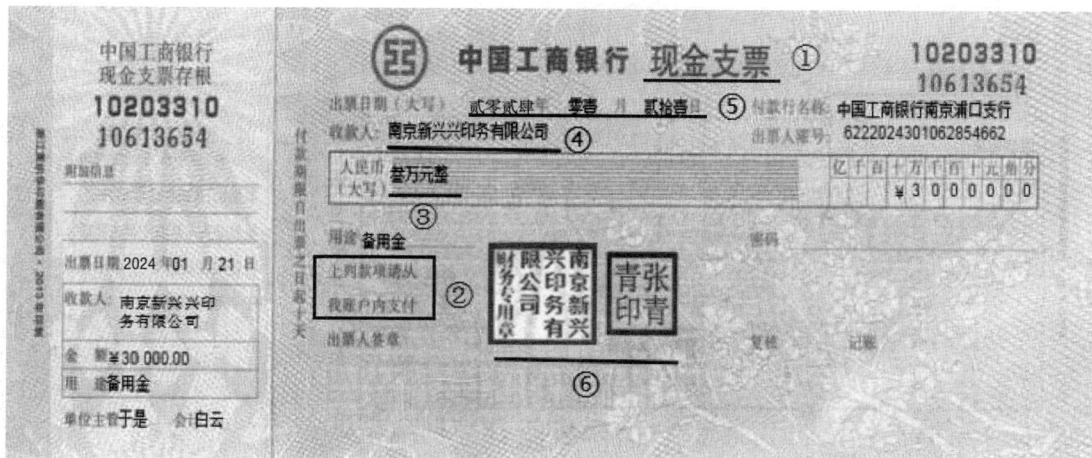

图4-1　现金支票（正面）

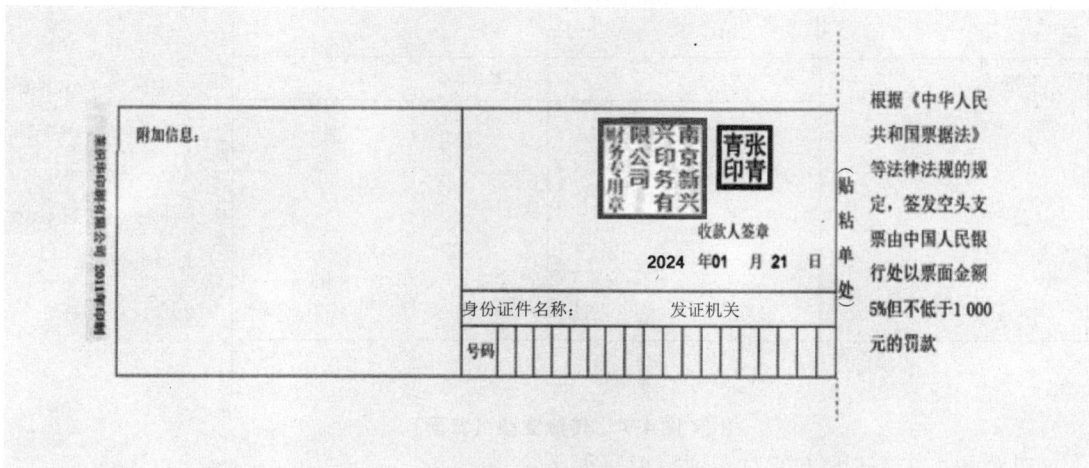

图4-2　现金支票（背面）

对照图4-1，现金支票对应项目填写如下：

①现金支票——表明"现金支票"的字样；

②上列款项请从我账户内支付——无条件支付的委托；

③叁万元整——确定的金额（大写金额需顶格填写）；

④南京新兴兴印务有限公司——收款人名称；

⑤贰零贰肆年零壹月贰拾壹日——出票日期；

⑥公司财务专用章、法人章——出票人签章。

未记载以上规定事项之一的，支票无效。支票上的金额、出票日期（或者签发日期）、收款人名称不得更改，更改的支票无效。

【小知识4-3】

单位从银行提取现金备用时，现金支票上"收款人"栏可以写本单位的名称，也可以只写"本单位"三个字。

（二）转账支票的签发

转账支票只能用于转账，不能提取现金。

【例4-2】南京新兴兴印务有限公司于2024年2月21日开出转账支票（如图4-3、图4-4所示），支付给南京千雨印刷有限公司38 000元货款。

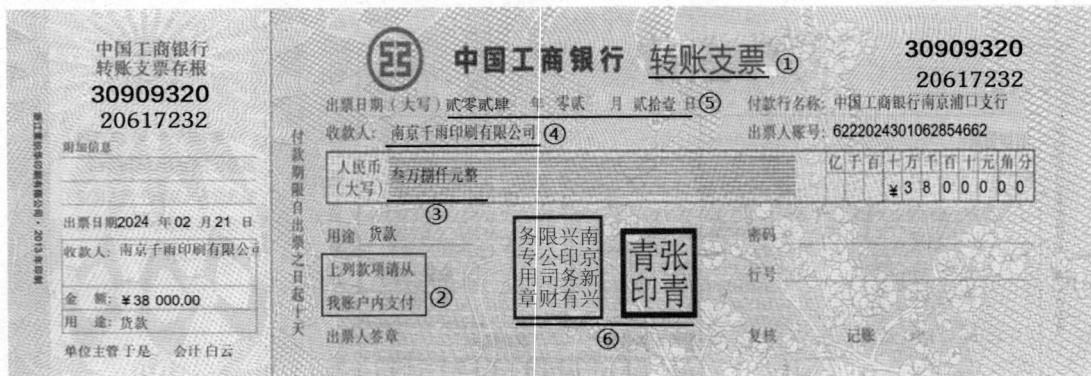

图4-3　转账支票（正面）

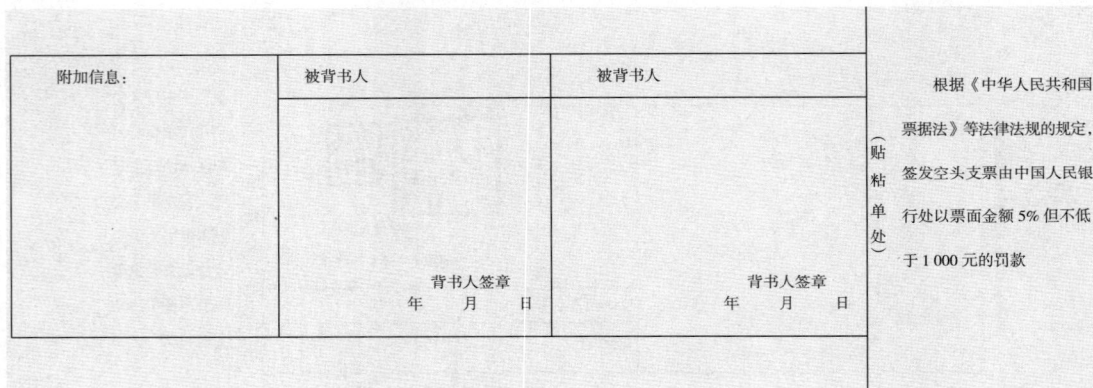

图4-4　转账支票（背面）

对照图4-3，转账支票对应项目填写如下：

①转账支票——表明"转账支票"的字样；

②上列款项请从我账户内支付——无条件支付的委托；

③叁万捌仟元整——确定的金额（大写金额需顶格填写）；

④南京千雨印刷有限公司——收款人名称；

⑤贰零贰肆年零贰月贰拾壹日——出票日期；

⑥公司财务章、法人章——出票人签章。

未记载以上事项之一的，支票无效。票据上的金额、出票日期（或者签发日期）、收款人名称不得更改，更改的票据无效。

【小知识4-4】

背书转让是指支票持有人将支票权利转让给他人的一种票据行为。持票人将支票背书转让时，应在支票背面"背书人签章"栏签章、记载背书日期，在"被背书人"栏记载收款单位名称。背书转让的支票，背书应当连续。现金支票只能提现，不得背书转让。

任务二　　支票结算业务的核算

任务描述

在支票结算方式下，小企业可以通过签发支票支付各种款项，也可以通过收取付款方签发的支票来办理进账手续，收取各种款项。那么支票付款业务和支票收款业务分别是怎样的结算程序，如何根据相关原始凭证进行会计处理呢？

知识储备

（一）现金支票的结算程序

1.提现备用或用于发放工资时，出纳人员签发现金支票，并加盖预留银行印鉴，持票至开户银行提现，取得现金后当面点清。

2.签发现金支票交付收款人时，收款人为企业的，取得现金支票后，加盖预留银行印鉴，到付款人开户银行提交现金支票，取得现金交收款企业的财务部门；收款人为个人的，取得现金支票后，支票背面填写身份证号码和发证机关名称，凭身份证和签章的现金支票提取现金。

（二）转账支票的结算程序

转账支票时结算程序分两种情况：

第一种：由出票人签发后直接交给出票人开户银行，委托开户银行将款项划给收款人，这种支票称为贷记支票。贷记支票的结算程序如图4-5所示。

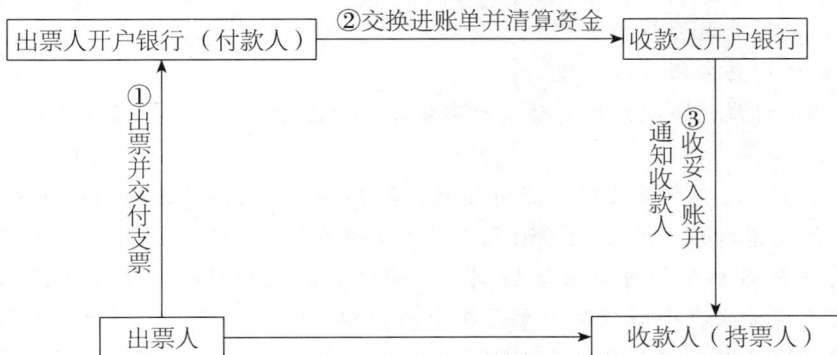

图4-5　贷记支票的结算程序

1.出票人（存款人）签发转账支票并填写进账单，一并交给出票人开户银行。

2.银行间交换进账单并办理资金划拨。

3.收款人开户银行收妥款项后通知收款人。

第二种：由出票人签发后，直接交给收款人，由收款人委托其开户银行代收，这种支票称为借记支票。借记支票的结算程序如图4-6所示。

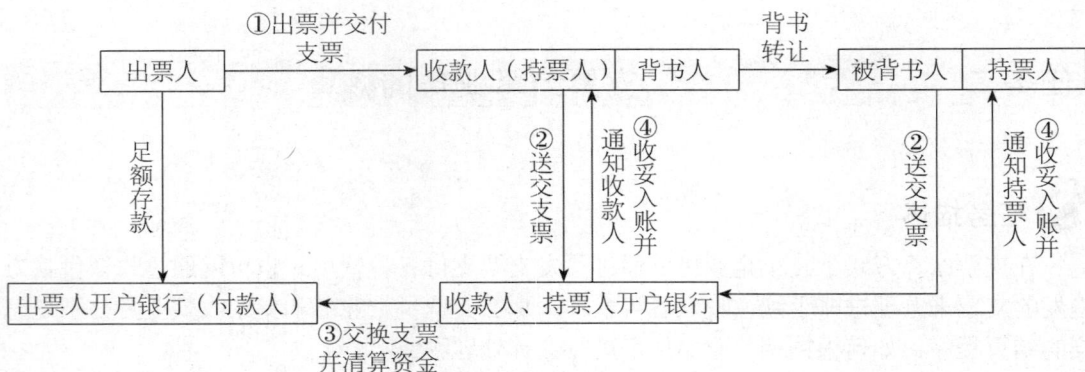

图4-6 借记支票的结算程序

1.出票人（存款人）签发转账支票并交给收款人。

2.收款人持转账支票并填写进账单一并送交开户行办理入账。

3.银行间交换支票并办理资金划拨。

4.收款人开户银行收妥款项后通知收款人。

【小练习4-3】

收款人对持有的转账支票背书转让给他人时，谁是背书人？谁是被背书人？

原收款人为背书人，新的持票人为被背书人，即做成背书的人是"背书人"，重新取得票据权利的人是"被背书人"。转账支票不转让的，背面不需要填写。

【小知识4-5】

收款人对收到的支票应认真审查，审查的内容有：

1.支票是否真实，提示付款期限是否超过。

2.支票填明的收款人名称是否为本收款人。

3.出票人的签章是否符合规定。

4.支票的大小写金额是否一致。

5.支票必须记载的事项是否齐全，出票金额、出票日期、收款人名称是否更改。

【小练习4-4】

2024年5月，宏发有限公司查账时发现，2024年4月付给圣达有限公司的一张5 050元的支票，该支票却被提走了45 050元。经过调查发现，2024年4月，圣达有限公司陈某为宏发有限公司办公楼进行墙壁粉刷，工程结束时发现财务室桌子上有一张现金支票。陈某见支票上只有小写金额，于是在小写金额前加个数字"4"，自己再填上大写金额，从而顺利地从银行取得现金45 050元。你知道陈某为什么能得逞吗？出纳人员填写支票时应注意哪些问题？

任务实施

（一）现金支票结算的账务处理

1.提现备用或用于发放工资。

以现金支票存根为原始凭证，编制记账凭证：

借：库存现金

　贷：银行存款

2.签发现金支票交付收款人。

以现金支票存根及其他有关凭证为原始凭证，编制记账凭证：

借：管理费用

  营业外支出等

 贷：银行存款

（二）转账支票结算的账务处理

1.签发转账支票的企业，以支票存根及其他有关凭证为原始凭证，编制记账凭证。

借：原材料

  库存商品等

 贷：银行存款

【例4-3】长沙含光服饰有限公司于2024年5月2日从长沙圣林有限公司购买棉布，已取得增值税专用发票（如图4-7所示），棉布验收入库，已由保管员填写好收料单（如图4-8所示），出纳人员开出转账支票（如图4-9所示）支付购买材料的价税款。

湖南增值税专用发票 No 08202020

4300203130　　　　　　　　　　　　　　　　　　　4300203130
　　　　　　　　　　　　　　　　　　　　　　　　08202020

开票日期：2024年05月02日

购买方	名　　　　称：长沙含光服饰有限公司 纳税人识别号：914301113446737191 地址、电话：长沙市开福区芙蓉中路155号 0731-88746532 开户行及账号：中国工商银行长沙中山支行6102021845672108902	密码区	67/* +3*0611* ++0/+0*/* +3+2/9* 11* +66666**066611* +666666* 1** +216***6000*261*2*4/*547 203994+142*64151*6915361/3*

货物或应税劳务、服务名称	规格型号	单位	数量	单价	金额	税率	税额
棉布	50*40	米	200	60.00	12 000.00	13%	1 560.00
合　计					¥12 000.00		¥1 560.00

价税合计（大写）	⊗壹万叁仟伍佰陆拾元整	¥13 560.00

销售方	名　　　　称：长沙圣林有限公司 纳税人识别号：914109845687421756 地址、电话：长沙市开福区芙蓉中路158号 0731-84905718 开户行及账号：中国工商银行长沙五一路支行610484930036789090	备注	914109845687421756 发票专用章

收款人：王丽民　　复核：刘芝　　开票人：李小梅　　销售方：（章）

图4-7 增值税专用发票

收 料 单

2024年05月02日

单位：元

名称	规格	计量单位	数量		实际成本			
			应收	实收	单价	金额	运杂费	其他	合计
棉布	50*40	米	200.00	200.00	60.00	12 000.00	0.00	0.00	12 000.00
合计						12 000.00			12 000.00

主管　　　验收 王小明　　　采购 李晓明　　　制单 王军

图4-8 收料单

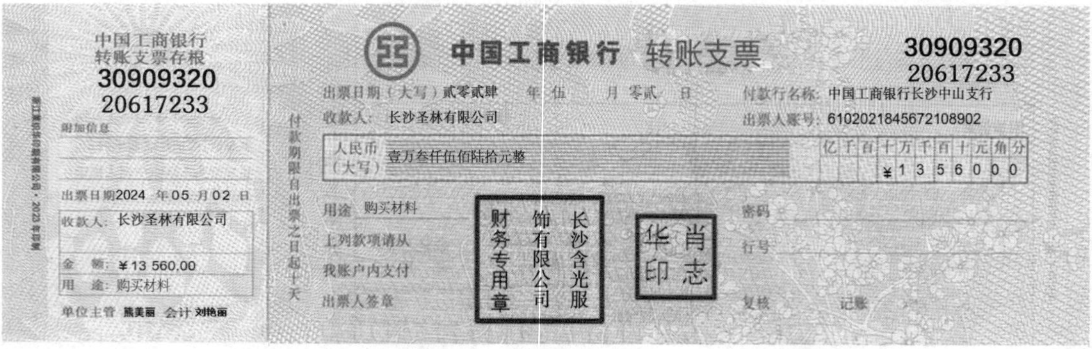

图 4-9　转账支票

根据上述原始凭证，编制记账凭证（如图 4-10 所示）。

记 账 凭 证

2024 年 05 月 02 日　　　　　　　　　　记字第××号

摘要	总账科目	明细科目	记账√	借方金额									记账√	贷方金额								
				千	百	十	万	千	百	十	元	角	分		千	百	十	万	千	百	十	元	角	分
购买材料	原材料	棉布				1	2	0	0	0	0	0												
	应交税费	应交增值税（进项税额）					1	5	6	0	0	0												
	银行存款															1	3	5	6	0	0	0	0
		合计				¥	1	3	5	6	0	0	0			¥	1	3	5	6	0	0	0	0

会计主管：　　记账：　　出纳：陈兰英　　审核：熊美丽　　制单：刘艳丽

附件 3 张

图 4-10　记账凭证

【小练习 4-5】

若长沙圣林有限公司收到支票后，在 5 月 5 日将上述支票背书转让给长沙红星布料有限公司用于结算前欠购货款，请指出背书人和被背书人分别是谁？支票背面如何处理？

提示：背书人为长沙圣林有限公司；被背书人为长沙红星布料有限公司。转账支票在背书时，转账支票（背面）如图 4-11 所示。

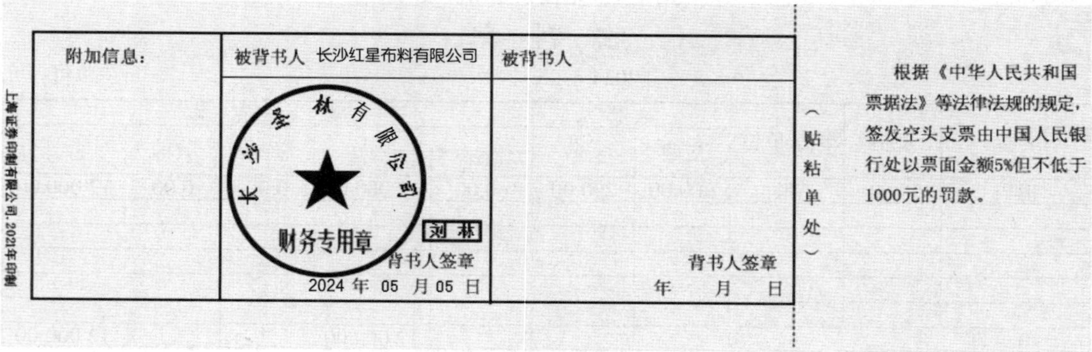

图 4-11　转账支票（背面）

长沙圣林有限公司背书转让转账支票，用于支付前欠长沙红星布料有限公司货款，编制记账凭证（如图4-12所示）。

记 账 凭 证

2024年05月05日　　　　　　　　　　　记字第××号

摘 要	总账科目	明细科目	记账√	借方金额 千百十万千百十元角分	记账√	贷方金额 千百十万千百十元角分	
支付货款	应付账款	长沙红星布料有限公司		1 3 5 6 0 0 0			附件3张
	银行存款					1 3 5 6 0 0 0	
合计				￥1 3 5 6 0 0 0		￥1 3 5 6 0 0 0	

会计主管：　　　记账：　　　出纳：黄华　　　审核：刘艺　　　制单：李小梅

图4-12　记账凭证

2.收到转账支票的企业以银行进账单及其他有关凭证为原始凭证，编制记账凭证。

借：银行存款

　贷：主营业务收入

　　　应交税费——应交增值税（销项税额）

【小练习4-6】

长沙乐福超市（开户行：中国工商银行长沙伍家岭支行；账号：62202539983321 2789）于2024年2月10日从长沙兴旺食品有限公司（开户行：中国工商银行长沙五一路支行，账号：62104665239636 6589）购买商品，采用转账支票结算货款13 275元。

请回答：转账支票应由谁填写？转账支票的出票日期（大写）怎样填写？收款人、付款行名称、出票人账号分别怎样填写？金额的大写和小写分别怎样填写？若该支票由长沙乐福超市直接交给长沙兴旺食品有限公司，则银行进账单应由谁填写？支票进账时，收款单位在支票背面应做何处理？

【例4-4】承接【例4-3】，长沙圣林有限公司销售棉布后，开具的增值税专用发票（如图4-13所示），同时，将收到的转账支票送存银行，取回银行进账单回单（如图4-14所示）。

根据增值税专用发票和银行进账单回单编制记账凭证（如图4-15所示）。

湖南增值税专用发票　　No 08202020

4300203130

湖南

此联不作抵扣税款凭证使用

4300203130
08202020
开票日期：2024 年 05 月 02 日

购买方	名　　　称：长沙含光服饰有限公司 纳税人识别号：91430111344673719l 地址、电话：长沙市开福区芙蓉中路 155 号 0731-88746532 开户行及账号：中国工商银行长沙中山支行6102021845672108902						密码区	67/* +3*0611* ++0/+0*/* +3+2/9* 11* +66666**066611* +666666* 1** +216***6000*261*2*4/*547 203994*142*64151*6915361/3*
货物或应税劳务、服务名称	规格型号	单位	数量	单价	金额	税率	税额
棉布	50*40	米	200	60.00	12 000.00	13%	1 560.00
合　计					¥12 000.00		¥1 560.00
价税合计（大写）	⊗壹万叁仟伍佰陆拾元整						¥13 560.00
销售方	名　　　称：长沙圣林有限公司 纳税人识别号：91410984568742l756 地址、电话：长沙市开福区芙蓉中路 158 号 0731-84905718 开户行及账号：中国工商银行长沙五一路支行610484930036789090						备注	长沙圣林有限公司 91410984568742l756 发票专用章

收款人：王丽民　　　复核：刘芝　　　开票人：李小梅　　　销售方：（章）

图 4-13　增值税专用发票

第一联 记账联 销售方记账凭证

中国工商银行　进账单　（回单）　1

2024 年 05 月 02 日

出票人	全称	长沙含光服饰有限公司	收款人	全称	长沙圣林有限公司
	账号	6102021845672108902		账号	610484930036789090
	开户银行	中国工商银行长沙中山支行		开户银行	中国工商银行长沙五一路支行

余额	人民币 （大写）	壹万叁仟伍佰陆拾元整	亿	千	百	十	万	千	百	十	元	角	分
						¥	1	3	5	6	0	0

票据种类	转账支票	票据张数	壹张
票据号码	3090932020617233		

复核　　记账

中国工商银行
长沙五一路支行
20240502
办讫章

受理银行签字

此联是受理银行交给持（出）票人的回单

注意：本回单不作进账提货的证明，不作账务处理的依据，仅供查询用。

图 4-14　银行进账单回单

深圳光华印刷有限公司印制　中国人民银行杭州科中心支行监制

记 账 凭 证

2024年05月02日   记字第××号

摘要	总账科目	明细科目	记账√	借方金额										记账√	贷方金额									
				千	百	十	万	千	百	十	元	角	分		千	百	十	万	千	百	十	元	角	分
销售材料	银行存款				1	3	5	6	0	0	0													
	主营业务收入	棉布														1	2	0	0	0	0	0		
	应交税费	应交增值税（销项税额）															1	5	6	0	0	0		
合计					¥	1	3	5	6	0	0	0				¥	1	3	5	6	0	0	0	

附件2张

会计主管：   记账：   出纳：黄华   审核：刘艺   制单：李小梅

图4-15 记账凭证

【小练习4-7】

银行进账单一式三联：第一联回单，是开户银行交给持（出）票人的回单；第二联贷方凭证，是收款人开户银行的贷方凭证；第三联收账通知，是收款人开户银行交给收款人的收账通知。银行进账单是销货单位增加银行存款的原始凭证。

项目小结

本项目介绍了支票的相关知识、支票签发使用的有关规定、支票结算的业务流程，以及支票结算方式下的会计处理。学生通过该项目的学习，不仅能正确地签发现金支票和转账支票，还能对支票结算业务进行正确的核算。

项目训练

一、单选题

1.票据的出票日期为10月20日，则票据上出票日期的大写是（   ）。

A.10月20日   B.零壹拾月零贰拾日

C.零壹拾月贰拾日   D.壹拾月零贰拾日

2.某人签发一张10万元的空头支票，持票人有权要求出票人赔偿的金额是（   ）。

A.5 000元   B.1 000元   C.500元   D.2 000元

3.支票的提示付款期限为（   ）。

A.到期日起10天   B.到期日起60天

C.出票日起10天   D.出票日起60天

4.出票人签发空头支票，银行应予退票，并处以罚款，其罚款的最低限额是（   ）。

A.票面金额的5%   B.100元   C.1 000元   D.5 000元

5.A公司发现由B公司签发的销售金额为40万元的转账支票为空头支票后，可向B公司要求赔偿的金额是（   ）。

A.20 000元   B.12 000元   C.8 000元   D.2 000元

6.票据的金额和收款人名称可由出票人授权补记的是（   ）。

A.银行汇票   B.商业汇票   C.银行本票   D.支票

7.支票的基本当事人不包括（   ）。

A.出票人   B.付款人   C.收款人   D.承兑人

8.开票日期为2024年10月20日，其大写日期写法正确是（   ）。

A.贰零贰肆年零壹拾月零贰拾日   B.贰零贰肆年壹拾月贰拾日

C.贰零贰肆年零壹拾月贰拾日   D.贰零贰肆年壹拾月零贰拾日

9.某公司出纳人员肖某于2024年10月12日开具一张现金支票，对出票日期正确的填写方法是（   ）。

A.贰零贰肆年壹拾月拾贰日   B.贰零贰肆年零壹拾月壹拾贰日

C.贰零贰肆年拾月壹拾贰日   D.贰零贰肆年零拾月拾贰日

10.小写金额￥25 008.66，其大写金额写法正确的是（   ）。

A.人民币贰万伍仟零捌元陆角陆分整   B.人民币贰万伍仟零捌元陆角陆分

C.人民币两万伍仟零捌元陆角陆分   D.人民币贰万伍仟捌元陆角陆分

11."进账单"一式（   ）联，企业收妥款项的标志是收到（   ）。

A.二   B.三

C.第一联（回单）   D.第三联（收账通知）

12.下列各项中，不符合票据和结算凭证填写要求的是（   ）。

A.中文大写金额数字到"角"为止的，在"角"之后不写"整"字

B.票据的出票日期使用阿拉伯数字填写

C.阿拉伯小写金额数字前填写人民币符号

D.1月15日出票的票据，"出票日期"栏填写为"零壹月壹拾伍日"

13.在我国，票据金额以中文大写数字和阿拉伯小写数字同时记载，若两者不一致，则（   ）。

A.票据无效   B.银行不予受理

C.以中文大写数字为准   D.以阿拉伯小写数字为准

14.支票由银行统一印制，其种类不包括（   ）。

A.普通支票   B.现金支票   C.转账支票   D.银行支票

15.张某持有一张出票日为2024年12月14日的现金支票。下列日期中，张某提示付款时银行有权拒绝付款的是（   ）。

A.2024年12月23日   B.2024年12月18日

C.2024年12月14日   D.2024年1月14日

二、多选题

1.票据的出票日期必须使用中文大写，在填写月、日时，（   ）。

A.月为壹、贰和壹拾的，应在其前加"零"

B.日为壹至玖和壹拾、贰拾和叁拾的，应在其前加"零"

C.日为拾壹至拾玖的，应在其前面加"壹"

D.日为壹拾、贰拾和叁拾的，应在其前加"壹"

2.下列有关支票的说法中，不正确的有（　　　）。

A.支票是出票银行签发的

B.支票的提示付款期限自出票日起10天

C.支票只可以用于提取现金

D.支票的提示付款期限自出票日起1个月

3.签发支票必须记载的事项有（　　　）。

A.表明"支票"的字样　　　　　　　　B.无条件支付的委托

C.确定的金额　　　　　　　　　　　　D.出票日期

4.票据和结算凭证上的（　　　）不得更改。

A.金额　　　　　　　　　　　　　　　B.付款人名称

C.出票或者签发日期　　　　　　　　　D.收款人名称

5.出票人签发空头支票，应当承担的责任有（　　　）。

A.银行按票面金额处以5%但不低于1 000元的罚款

B.银行按票面金额处以10%但不低于800元的罚款

C.持票人有权要求出票人赔偿支票金额2%的赔偿金

D.银行按票面金额处以5%的罚款

6.可支取现金的支票有（　　　）。

A.现金支票　　　　B.转账支票　　　　C.普通支票　　　　D.划线支票

三、判断题

1.填写支票时，若出票日期为2月15日，则应写成零贰月壹拾伍日；若出票日期为10月30日，则应写成零壹拾月零叁拾日。　　　　　　　　　　　　　　　　　　（　　　）

2.票据出票日期使用小写填写的，银行不予受理。　　　　　　　　　　　（　　　）

3.支票分为现金支票、转账支票、普通支票和空头支票四种。　　　　　　（　　　）

4.支票上的金额、收款人名称可由出票人授权补记，未补记前不得背书转让和提示付款。　　　　　　　　　　　　　　　　　　　　　　　　　　　　　　　　　（　　　）

5.出票人签发空头支票，银行应予以退票，并按票面金额处以5%但不低于1 000元的罚款。　　　　　　　　　　　　　　　　　　　　　　　　　　　　　　　　　（　　　）

6.支票在其票据交换区域内可以背书转让，但用于支取现金的支票不能背书转让。　（　　　）

四、案例分析题

2024年7月3日，长沙正林食品有限公司应支付长沙宁远有限公司货款200 000元，当天银行存款余额不足以支付该笔货款，但估计半个月之后可能收回一笔应收货款，金额足以支付这笔货款。因此，出纳员傅丽签发转账支票支付了该笔货款，支票日期栏填写的是2024年7月18日。

请分析：该业务的处理是否正确？为什么？

五、实训题

1.2024年4月1日，湘华有限责任公司出纳员开出现金支票以提现备用，填制记账凭证。

要求：根据现金支票（如图4-16所示），编制记账凭证（如图4-17所示）。

图 4-16　现金支票

记 账 凭 证

年　月　日

<table>
<tr><td rowspan="2">摘　要</td><td rowspan="2">总账科目</td><td rowspan="2">明细科目</td><td rowspan="2">记账√</td><td colspan="9">借方金额</td><td rowspan="2">记账√</td><td colspan="9">贷方金额</td><td rowspan="2">附件</td></tr>
<tr><td>千</td><td>百</td><td>十</td><td>万</td><td>千</td><td>百</td><td>十</td><td>元</td><td>角</td><td>分</td><td>千</td><td>百</td><td>十</td><td>万</td><td>千</td><td>百</td><td>十</td><td>元</td><td>角</td><td>分</td></tr>
<tr><td></td><td></td><td></td><td></td><td></td><td></td><td></td><td></td><td></td><td></td><td></td><td></td><td></td><td></td><td></td><td></td><td></td><td></td><td></td><td></td><td></td><td></td><td></td><td rowspan="4">张</td></tr>
<tr><td></td><td></td><td></td><td></td><td></td><td></td><td></td><td></td><td></td><td></td><td></td><td></td><td></td><td></td><td></td><td></td><td></td><td></td><td></td><td></td><td></td><td></td><td></td></tr>
<tr><td></td><td></td><td></td><td></td><td></td><td></td><td></td><td></td><td></td><td></td><td></td><td></td><td></td><td></td><td></td><td></td><td></td><td></td><td></td><td></td><td></td><td></td><td></td></tr>
<tr><td></td><td></td><td></td><td></td><td></td><td></td><td></td><td></td><td></td><td></td><td></td><td></td><td></td><td></td><td></td><td></td><td></td><td></td><td></td><td></td><td></td><td></td><td></td></tr>
<tr><td colspan="3">合计</td><td></td><td></td><td></td><td></td><td></td><td></td><td></td><td></td><td></td><td></td><td></td><td></td><td></td><td></td><td></td><td></td><td></td><td></td><td></td><td></td><td></td></tr>
</table>

会计主管：　　　记账：　　　出纳：　　　审核：　　　制单：

图 4-17　记账凭证

2.2024 年 4 月 1 日长沙含光服饰有限公司从长沙宁阳有限公司购买 A 材料，采用转账支票结算方式支付货款，取得增值税专用发票（如图 4-18 所示）。

图 4-18　增值税专用发票

要求：（1）以长沙含光服饰有限公司出纳员身份填制转账支票（如图4-19所示）。

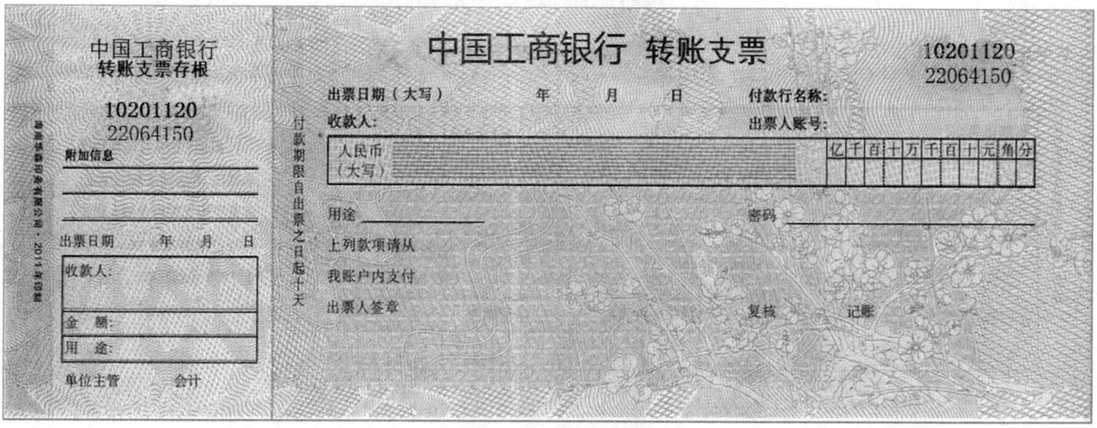

图4-19　转账支票

（2）根据增值税专用发票和转账支票存根编制记账凭证（如图4-20所示）。

图4-20　记账凭证

3.2024年4月17日，长沙圣林有限公司销售部销售一批产品给长沙天鹏有限公司，交来已经开好的增值税专用发票（如图4-21所示），并将收到的买方签发的转账支票交存银行进账，转账支票号码1030125600561269，要求填写银行进账单收账通知（如图4-22所示），并编制销售产品的记账凭证（如图4-23所示）。

湖南增值税专用发票　№ 08202025

4300203130　　　　　　　　　　　　　　　　4300203130
　　　　　　　　　　　　　　　　　　　　　0820202025

此联不作报销　扣税凭证使用　　　开票日期：2024年04月17日

购买方	名　　称：长沙天鹏有限公司 纳税人识别号：914108832083112882 地 址、电 话：长沙市开福区芙蓉中路256号0731-88746536 开户行及账号：中国工商银行中山支行6102021845672108902	密码区	67/* +3*0611* ++0/+0*/* +3+2/9* 11* +66666**066611* +666666* 1** +216***6000*261*2*4/*547 203994+142*64151*6915361/3*

货物或应税劳务、服务名称	规格型号	单位	数量	单价	金额	税率	税额
棉布	50*40	米	200	60.00	12 000.00	13%	1 560.00
合　计					¥12 000.00		¥1 560.00
价税合计（大写）	⊗壹万叁仟伍佰陆拾元整					（小写）	¥13 560.00

销售方	名　　称：长沙圣林有限公司 纳税人识别号：914109845687421756 地 址、电 话：长沙市开福区芙蓉中路158号0731-84905718 开户行及账号：中国工商银行长沙五一路支行610484930036789090	备注	长沙圣林有限公司 914109845687421756 发票专用章

收款人：陈兰英　　复核：刘芝　　开票人：李小梅　　销售方：（章）

第一联　记账联　销售方记账凭证

图4-21　增值税专用发票

中国工商银行进账单　（收账通知）　3

年　月　日

出票人	全称		收款人	全称	
	账号			账号	
	开户银行			开户银行	

金额	人民币（大写）	亿	千	百	十	万	千	百	十	元	角	分

票据种类			
票据号码			
复核　　记账			受理银行签字

收款人开户银行交给收款人的收账通知

图4-22　银行进账单收账通知

记 账 凭 证

年　月　日　　　　　　　　　　　　　　　　　　记字第××号

摘 要	总账科目	明细科目	记账√	借方金额									记账√	贷方金额								
				千	百	十	万	千	百	十	元	角	分		千	百	十	万	千	百	十	元	角	分
合 计																						

附件　张

会计主管：　　　记账：　　　出纳：　　　审核：　　　制单：

图4-23　记账凭证

项目评价

内　容			评　价		
学习目标		评价项目	3	2	1
职业能力	支票结算业务的管理	1.支票结算的有关规定			
		2.支票的签发和填制			
		3.填制支票的注意事项			
	支票结算业务的核算	1.支票的结算程序			
		2.支票的审核			
		3.与支票业务相关的账务处理的核算			
通用能力	组织与沟通能力				
	学习与创新能力				
	应变能力				
	信息搜集能力				
综合评价					
改进建议					

等级说明：

3——能高质、高效地完成此学习目标的全部内容，并能解决遇到的特殊问题；

2——能高质、高效地完成此学习目标的全部内容；

1——能圆满完成此学习目标的全部内容，无须任何帮助和指导。

评价说明：

优秀——达到3级水平；

良好——达到2级水平；

合格——全部任务都达到1级水平；

不合格——不能达到1级水平。

项目五　银行本票结算的管理及核算

学习目标

知识目标

通过本项目的教学，使学生了解银行本票的含义及适应范围，熟悉银行本票结算的基本流程，掌握使用银行本票的相关规定。

能力目标

能够正确填写"银行本票申请书"，能根据银行本票结算业务的有关原始凭证编制付款方和收款方相应的记账凭证。

任务一　银行本票结算业务的管理

任务描述

银行本票适用于同城范围内的所有商品交易、劳务供应以及其他款项的结算。收款单位和个人持银行本票可以办理转账结算、支取现金以及背书转让业务。银行本票见票即付，结算迅速。小企业如何申请取得银行本票，采用银行本票结算有哪些基本规定和要求呢？

知识储备

（一）银行本票的含义、种类及适用范围

1.银行本票的含义

银行本票是申请人将款项交存银行，由银行签发的承诺自己在见票时无条件支付确定的金额给收款人或者持票人的票据。银行见票即付，信誉高，支付功能强，通常不存在收不回款项的风险。

2.银行本票的种类

根据《支付结算办法》的规定，我国银行本票一般分为定额本票和不定额本票。定额本票的面额一般为1 000元、5 000元、10 000元和50 000元。定额本票规定格式为单联次，由中国人民银行总行统一规定票面规格、颜色和格式，并统一印制。

3.银行本票的适用范围

银行本票适用于同城或同一票据交换区内的结算业务。银行本票主要用于转账，注明"现金"字样的银行本票也可以支取现金。

（二）银行本票结算的基本规定

1.申领银行本票的规定

企业申请银行本票时，应到银行填写"银行本票申请书"。申请人或收款人为单位的，不能申请使用现金银行本票。

2.银行本票上必须记载事项的规定

（1）表明"银行本票"的字样。

（2）无条件支付的承诺。

（3）确定的金额。

（4）收款人名称。

（5）出票日期。

（6）出票人签章。

银行本票上未记载规定事项之一的，本票无效。

3.银行本票有效期的规定

银行本票的提示付款期限自出票日起最长不超过2个月，不分大月、小月，统一按次月对日计算，到期日遇到节假日顺延。逾期的银行本票，兑付银行不予受理，但可以在签发银行办理退款。

4.银行本票挂失的规定

银行本票见票即付，不予挂失。遗失的不定额银行本票在付款期满后一个月确认未被冒领，可以办理退付手续。

5.银行本票背书转让的规定

银行本票一律记名，允许背书转让，但填明"现金"字样的银行本票不得背书转让。

（三）银行本票的受理与退款

1.银行本票的受理

受理银行本票指的是接受银行本票付款。银行受理时应审查以下事项：

（1）收款人或被背书人是否是本收款人。

（2）背书是否连续。

（3）银行本票付款期是否在规定的付款期内。

（4）签发的内容是否符合规定、有无涂改，印章是否清晰、有效。

（5）不定额本票是否有压数机压印的金额。

（6）持票人身份查验。

2.银行本票的退款

持票人因银行本票超过付款期或其他原因未使用，可要求退款。要求退款时，持票人可持银行本票到签发银行办理退款手续。在银行开立存款账户的持票人，还应填写一式两联的进账单，一并交给银行，待银行办妥退款手续后，凭银行退回的进账单进行账务处理；未在银行开立账户的持票人，应在未用的银行本票背面签章，并提交有关证件，经银行审核没有问题后方予退款。

任务实施

（一）银行本票申请书

银行本票申请书一式三联，如图5-1、图5-2和图5-3所示。

（二）银行本票的填写

出纳人员填写"银行本票申请书"时，应填明收款人名称、申请金额、申请日期和用途等。申请人如在签发银行开立账户的，应在银行本票申请书的第二联上加盖预留银行印鉴。若交现金办理的，应注销第二联。签发银行受理"银行本票申请书"，审查无误，收妥票款和手续费后，即签发银行本票交申请企业的出纳人员。

银行本票申请书（存根）

第　号
申请日期　年　月　日　No:

申请人		收款人											
账号		账号											
用途		代理付款行											
申请金额	人民币（大写）			千	百	十	万	千	百	十	元	角	分
备注：		科目（借）_____											

对方科目（贷）_____

财务主管　　复核　　记账

此联申请人留存

图5-1　银行本票申请书第一联

银行本票申请书（借方凭证）

第　号
申请日期　年　月　日　No:

申请人		收款人											
账号		账号											
用途		代理付款行											
申请金额	人民币（大写）			千	百	十	万	千	百	十	元	角	分

上列款项请从我账户内支付　　科目（借）_____

对方科目（贷）_____

转账日期　年　月　日

申请人盖章　　复核　　记账

此联出票行作借方凭证

图5-2　银行本票申请书第二联

银行本票申请书（贷方凭证）

第　号

申请日期　年　月　日　　No:

申请人		收款人												
账号		账号												
用途		代理付款行												
申请金额	人民币（大写）				千	百	十	万	千	百	十	元	角	分

上列款项请从我账户内支付　　　　　　科目（借）＿＿＿＿＿＿＿＿＿

对方科目（贷）＿＿＿＿＿＿＿＿＿

转账日期　年　月　日

申请人盖章　　　　复核　　　　记账

此联出票行作支付款项贷方凭证

图5-3　银行本票申请书第三联

　　不定额银行本票一式两联：第一联由出票银行留存；第二联交给银行本票申请人。银行在签发不定额银行本票时，应按银行本票申请书的内容填写收款人名称，并用中文大写数字填写签发日期，用于转账的本票在本票上划去"现金"字样，用于提现的本票在本票上划去"转账"字样，将本票第二联连同"银行本票申请书"存根联一并交给申请人。

　　【例5-1】2024年4月20日，长沙含光服饰有限公司向开户银行申请银行本票，用于支付长沙天阳娱乐有限公司广告费21 200元（含税），由出纳员填制银行本票申请书（如图5-4所示）。

银行本票申请书（存根）

第　1　号

申请日期　2024年04月20日　　No: 0001

申请人	长沙含光服饰有限公司	收款人	长沙天阳娱乐有限公司											
账号	6102021845672108902	账号	1102021234566789442											
用途	支付广告费	代理付款行												
申请金额	人民币（大写）	贰万壹仟贰佰元整		千	百	十	万	千	百	十	元	角	分	
						¥	2	1	2	0	0	0	0	

备注：　　　　　　　　　　　科目（借）＿＿＿＿＿＿＿＿＿

对方科目（贷）＿＿＿＿＿＿＿＿＿

财务主管　　　　复核　　　　记账

此联申请人留存

图5-4　银行本票申请书

　　银行受理后签发银行本票（如图5-5所示），出纳员取回银行本票。

中国工商银行
本 票

2　地 EB 0000000
名 03

付款期限 贰 个 月		

出票日期 贰零贰肆 年肆 月零贰拾 日
（大写）

收款人：长沙天阳娱乐有限公司　　　申请人：长沙含光服饰有限公司

凭票即付 人民币（大写）　贰万壹仟贰佰元整　　　¥21 200.00

转账√　现金

备注：

中国工商银行
长沙中山支行
20240420
办讫章

出票行签章　出纳　　　复核　　　经办

此联出票行结清本票时作借方凭证

图5-5　银行本票

出纳员办理银行本票时，开户银行收取手续费10元，并取得收费回单（如图5-6所示）。

收费回单

时期：2024年04月20日　　业务类型：办理银行本票　　业务流水号：350093297970
扣费账号：6102021845672108902
户名：长沙含光服饰有限公司
开户行：中国工商银行长沙中山支行
实收金额：10.00
摘要：办理银行本票手续费
凭证行张：20240420

中国工商银行长沙中山支行
电子回单专用章

回单编号：4171343036　　回单验证码：830336110578
提示：1.电子回单验证相同表示同一笔业务回单，请勿重复记账使用。
　　　2.已在银行柜台领用业务回单的单位，请注意核对，勿重复记账使用。
打印时间：　　　　2024年04月20日

图5-6　收费回单

任务二	银行本票结算业务的核算

📖 任务描述

　　在银行本票结算方式下，小企业可以通过银行签发银行本票支付各种款项，也可以通过收取付款方签发的银行本票来办理进账手续，收取各种款项。那么银行本票付款业务和银行本票收款业务分别是怎样的结算程序，如何根据相关原始凭证进行会计处理呢？

知识储备

（一）银行本票的结算程序

1.申请企业（付款企业）的出纳人员向开户银行填写"银行本票申请书"。

2.银行审核后签发银行本票，签章后交给付款企业出纳人员。

3.付款企业的出纳人员把银行本票交给采购部门业务员，业务员再交给本票上记载的收款人办理结算。

4.收款人（持票人）到本企业开户银行提示付款。

5.收款人开户银行审核无误后划账付款。

6.申请人开户银行与收款人开户银行结算资金。

银行本票的结算程序如图5-7所示。

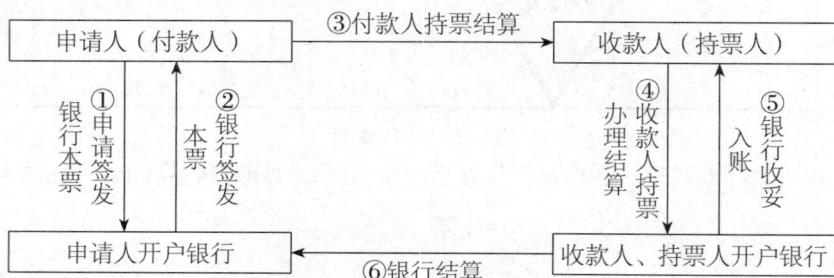

图5-7　银行本票的结算程序

（二）账户设置

付款方办理银行本票结算时应通过"其他货币资金"账户核算。该账户是资产类账户，核算企业银行本票存款、银行汇票存款、信用卡存款、信用证保证金存款、存出投资款、外埠存款等其他货币资金，借方记增加额，贷方记减少额，期末借方余额反映企业持有的其他货币资金。

"其他货币资金"账户按"银行本票""银行汇票""信用卡存款"等设置明细账进行明细核算。

任务实施

（一）银行本票付款方（申请方）的账务处理

银行本票付款方的核算流程如图5-8所示。

图5-8　银行本票付款方的核算流程

付款单位从结算账户划款申请并取得银行本票后，根据银行盖章退回的"银行本票申请书"回单联编制付款凭证，其会计分录为：

借：其他货币资金——银行本票存款

贷：银行存款或库存现金

对于银行按规定收取的办理银行本票手续费，付款单位应根据银行的相应收费单据，编制银行存款或现金付款凭证，其会计分录为：

借：财务费用——银行手续费

　贷：银行存款或库存现金

接【例5-1】出纳人员根据银行本票申请书回单及手续费凭证等，编制记账凭证（如图5-9所示）。

记账凭证

2024年04月20日　　　　记字第××号

摘要	总账科目	明细科目	记账√	借方金额										记账√	贷方金额									
				千	百	十	万	千	百	十	元	角	分		千	百	十	万	千	百	十	元	角	分
申请银行本票	其他货币资金	银行本票存款					2	1	2	0	0	0	0											
	财务费用	手续费								1	0	0	0											
	银行存款																	2	1	2	1	0	0	0
合计						¥	2	1	2	1	0	0	0				¥	2	1	2	1	0	0	0

附件2张

会计主管：　记账：　出纳：陈兰英　审核：熊美丽　制单：刘艳丽

图5-9　记账凭证

采购部门用银行本票办理结算后，取得收款人的发票等凭证并交给财务部门，相关人员根据发票等有关单据进行会计处理：

借：原材料等

　　应交税费——应交增值税（进项税额）

　贷：其他货币资金——银行本票存款

【例5-2】2024年4月20日，长沙含光服饰有限公司持银行本票支付广告费，取得长沙天阳娱乐有限公司开具的增值税专用发票（如图5-10所示）。

湖南增值税专用发票　№ 08202041

4300205132　　发票联　　4300203132 0820202041

开票日期：2024年04月20日

购买方	名　称：长沙含光服饰有限公司 纳税人识别号：914301113446737191 地址、电话：长沙市开福区芙蓉中路155号0731-88746532 开户行及账号：中国工商银行长沙中山支行6102021845672108902	密码区	67/* +3*0611* ++0/+0*/* +3+2/9* 11* +66666**066611* +666666* 1** +216***6000*261*2*4/*547 203994+142*64151*6915361/3*

货物或应税劳务、服务名称	规格型号	单位	数量	单价	金额	税率	税额
广告费		次	1	20 000.00	20 000.00	6%	1 200.00
合　计					¥20 000.00		¥1 200.00
价税合计（大写）	⊗贰万壹仟贰佰元整						（小写）¥21 200.00

销售方	名　称：长沙天阳娱乐有限公司 纳税人识别号：914301113236950881 地址、电话：长沙市雨花区时代阳光大道69号0731-88863251 开户行及账号：中国工商银行长沙雨花支行6102020945672088831	备注	长沙天阳娱乐有限公司 914301113236950881 发票专用章

收款人：李宇　复核：王明文　开票人：张依依　销售方：（章）

第三联　发票联　购买方记账凭证

图5-10　增值税专用发票

根据增值税专用发票编制记账凭证（如图5-11所示）。

记 账 凭 证

2024年04月20日 　　　　　　　　　　　　　　　　记字第××号

摘要	总账科目	明细科目	记账√	借方金额 千 百 十 万 千 百 十 元 角 分	记账√	贷方金额 千 百 十 万 千 百 十 元 角 分	
支付广告费	销售费用	广告费		2 0 0 0 0 0 0			附件2张
	应交税费	应交增值税（进项税额）		1 2 0 0 0 0			
	其他货币资金	银行本票存款				2 1 2 0 0 0 0	
合计				¥2 1 2 0 0 0 0		¥2 1 2 0 0 0 0	

会计主管：　　　记账：　　　出纳：陈兰英　　　审核：熊美丽　　　制单：刘艳丽

图5-11　记账凭证

（二）银行本票收款方的账务处理

银行本票收款方的核算流程如图5-12所示。

审核银行本票 → 填写银行本票背面信息 → 填写进账单 → 编制记账凭证 → 登记银行存款日记账

图5-12　银行本票收款方的核算流程

收款人收到银行本票，应进行审核，并在银行本票规定的付款期限内，到本单位的开户银行办理相关手续。收款人审核银行本票无误后，要填写银行本票背面信息并盖好预留银行印鉴，同时填写银行进账单。

收款单位根据退回的进账单回单及发票等单据编制记账凭证：

借：银行存款

　　贷：主营业务收入

　　　　应交税费——应交增值税（销项税额）

【小练习5-1】

销售单位（收款单位）根据退回的进账单回单及发票等编制记账凭证时，为什么借记"银行存款"账户而不通过"其他货币资金"账户？

（三）银行本票背书转让的规定及核算

银行本票一律记名，允许背书转让，具体要求如下：

1.银行本票的持有人转让本票，应在本票背面"背书"栏内背书，加盖本单位预留银行印鉴，注明背书日期，在"被背书人"栏内填写受票单位名称，之后将银行本票直接交给被背书单位，同时向被背书单位交验有关证件，以便被背书单位查验。

2.被背书单位对收到的银行本票应认真进行审查，其审查内容与收款单位审查内容相同。

3.银行本票的背书必须连续，即银行本票上的任意一个被背书人紧随其后的背书人要连续不断。

4.如果银行本票的签发人在银行本票的正面注有"不准转让"字样，则该银行本票不得背书转让。

5.背书人也可以在背书时注明"不准转让"字样，以禁止银行本票背书转让后被转让。

银行本票背书转让的会计处理：

1.如果收款单位收到银行本票之后不准备立即到银行办理进账手续，而是准备背书转让，用来支付款项或偿还债务，则应在存款取得银行本票时编制转账凭证，其会计分录为：

借：其他货币资金——银行本票存款

　　贷：主营业务收入

　　　　应交税费——应交增值税（销项税额）

2.收款单位将收到的银行本票背书转让给其他单位时，应根据有关原始凭证编制转账凭证。如果用收到的银行本票购买物资，则按发票、账单等原始凭证编制转账凭证，其会计分录为：

借：原材料等

　　应交税费——应交增值税（进项税额）

　　贷：其他货币资金——银行本票存款

3.用收到的银行本票偿还债务时，其会计分录为：

借：应付账款

　　贷：其他货币资金——银行本票存款

【小练习5-2】

2024年9月6日，长沙乐山副食品有限公司向长沙王府井百货有限公司销售食品一批，长沙王府井百货有限公司采用银行本票结算方式支付款项。

要求：（1）以长沙王府井百货有限公司为会计主体，根据取得的增值税专用发票（如图5-13所示），填写"银行本票申请书"（如图5-14所示）。

湖南增值税专用发票　No 08202040							
4300203134						4300203134 08202040	
						开票日期：2024年09月06日	
购买方	名　　称：长沙王府井百货有限公司 纳税人识别号：914125460854123557 地址、电话：湖南省长沙市蔡锷北路380号 0731-88746521 开户行及账号：中国工商银行长沙蔡锷支行110547893441254653					密码区	67/*+3*0611*++0/+0*/*+3+2/9* 11*+66666*066611*+666666* 1**+216***6000*261*2*4/*547 203994+142*64151*6915361/3*
货物或应税劳务、服务名称	规格型号	单位	数量	单价	金额	税率	税额
礼盒月饼	40*50	盒	100	180.00	18 000.00	13%	2 340.00
合　计					¥18 000.00		¥2 340.00
价税合计（大写）	⊗贰万零叁佰肆拾元整						⊗20 340.00
销售方	名　　称：长沙乐山副食品有限公司 纳税人识别号：914308365564271113 地址、电话：长沙市开福区芙蓉中路210号0731-84905722 开户行及账号：中国工商银行长沙中山支行1102021845162108925					备注	
收款人：李明　　复核：曾希　　开票人：李杰斌　　销售方：（章）							

第三联　发票联　购买方记账凭证

图5-13　增值税专用发票

银行本票申请书（存根）

第　号

申请日期　年　月　日　No:

申请人			收款人		
账号			账号		
用途			代理付款行		
申请金额	人民币（大写）				千百十万千百十元角分
备注：			科目（借）＿＿＿＿＿＿＿＿		
			对方科目（贷）＿＿＿＿＿＿		
			财务主管　　复核　　记账		

此联申请人留存

图5-14　银行本票申请书

（2）编制取得银行本票的记账凭证（如图5-15所示）。

记账凭证

年　月　日

记字第××号

摘要	总账科目	明细科目	记账√	借方金额	记账√	贷方金额
				千百十万千百十元角分		千百十万千百十元角分
	合计					

附件　张

会计主管：　　　记账：　　　出纳：　　　审核：　　　制单：

图5-15　记账凭证

（3）持银行本票购买材料，材料尚未验收入库，根据增值税专用发票、银行本票（如图5-16所示）编制购买材料的记账凭证（如图5-17所示）。

中国工商银行

本　票

2

地名 EB 03 00000000

付款期限 贰个月	出票日期（大写）	贰零贰肆 年玖 月零陆 日		
收款人：长沙乐山副食品有限公司			申请人：长沙王府井百货有限公司	
凭票即付	人民币（大写）	贰万零叁佰肆拾元整	￥20 340.00	
转账√　现金		中国工商银行 长沙中山支行 20240906 办讫章		
备注：				
		出票行签章　出纳　　复核　　经办		

此联出票行结清本票时作借方凭证

图5-16　银行本票

记 账 凭 证

年　月　日　　　　　　　　　　　　　记字第××号

摘要	总账科目	明细科目	记账√	借方金额 千百十万千百十元角分	记账√	贷方金额 亿千百十万千百十元角分
	合计					

会计主管：　　记账：　　出纳：　　审核：　　制单：

附件　张

图5-17　记账凭证

（4）以长沙乐山副食品有限公司为主体，填制收到银行本票时的银行进账单（如图5-18所示）。

中国工商银行进账单　（收账通知）　3

年　月　日

出票人	全称		收款人	全称		亿千百十万千百十元角分
	账号			账号		
	开户银行			开户银行		
余额	人民币（大写）					
票据种类						
票据号码						
复核		记账		开户银行签章		

收款人开户银行交给收款人的收账通知

图5-18　银行进账单

（5）根据增值税专用发票（如图5-19所示）和银行进账单，编制销售产品的记账凭证（如图5-20所示）。

湖南增值税专用发票　№ 08202040

4300203134

湖　南

此联不作报销　扣税凭证使用

开票日期：2020年09月06日

4300203134
08202040

名　　称	长沙王府井百货有限公司
纳税人识别号：	914125460854123557
地址、电话：	湖南省长沙市蔡锷北路380号 0731-88746521
开户行及账号：	中国工商银行长沙蔡锷支行110547893441254653

购买方

密码区：67/* +3*0611* ++0/+0*/* +3+2/9* 11* +66666**066611* +666666* 1** +216***6000*261*2*4/*547 203994+142*64151*6915361/3*

第二联 记账联 销售方记账凭证

货物或应税劳务、服务名称	规格型号	单位	数量	单价	金额	税率	税额
礼盒月饼	40*50	盒	100	180.00	18 000.00	13%	2 340.00
合　计					¥18 000.00		¥2 340.00

价税合计（大写）　⊗贰万零叁佰肆拾元整

名　称	长沙乐山副食品有限公司
纳税人识别号：	91430836556427113
地址、电话：	长沙市开福区芙蓉中路210号0731-84905722
开户行及账号：	中国工商银行长沙中山支行1102021845162108925

销售方

备注：长沙乐山副食品有限公司 91430836556427113 发票专用章

收款人：李明　　复核：曾希　　开票人：李杰斌　　销售方：（章）

图5-19　增值税专用发票

记 账 凭 证

年 月 日　　　　　记字第××号

摘要	总账科目	明细科目	记账√	借方金额 千百十万千百十元角分	记账√	贷方金额 千百十万千百十元角分
合计						

会计主管：　　记账：　　出纳：　　审核：　　制单：

图5-20　记账凭证

【小知识5-1】

银行本票是办理全额结算的，若应付金额小于银行本票票面金额，则由收款方以现金（付款方开出收款收据）或支票（付款方按支票入账方式办理入账手续）的形式退回差额款项；反之，也可用现金或支票补足款项。

项目小结

本项目介绍了银行本票的相关知识，包括如何取得银行本票、银行本票结算的基本规定、银行本票业务的处理程序，以及银行本票结算方式下的会计处理。学生通过该项目的学习，不仅能正确地填写"银行本票申请书"，还能对银行本票结算业务进行正确的核算。

项目训练

一、单选题

1.银行本票申请书一式三联，申请人应在第（　　）联上加盖预留银行印鉴。

A.一　　　　　　　B.二　　　　　　　C.三　　　　　　　D.四

2.银行本票的提示付款期为自出票日起（　　）。

A.5日　　　　　　B.10日　　　　　　C.1个月　　　　　　D.2个月

3.下列关于银行本票性质的表述，不正确的是（　　）。

A.银行本票的付款人见票时必须无条件付款给持票人

B.持票人超过提示付款期限未获付款的，可向出票银行请求付款

C.银行本票不可以背书转让

D.注明"现金"字样的银行本票可以用于支取现金

4.企业申请办理银行本票后，应借记"（　　）"账户。

A.应收账款　　　　　　　　B.库存现金

C.银行存款　　　　　　　　D.其他货币资金

5.下列的支付结算业务中，属于票据结算业务的是（　　）。

A.托收承付　　　　　　　　B.委托收款

C.银行本票　　　　　　　　D.汇兑

6.银行本票由（　　）签发，是承诺自己在见票时无条件支付确定金额给收款人或持票人的票据。

A.银行　　　　　　　　　　B.收款人

C.付款人　　　　　　　　　D.持票人

二、多选题

1.其他货币资金核算企业的（　　）。

A.银行本票存款　　　　　　B.银行汇票存款

C.外埠存款　　　　　　　　D.商业汇票存款

2.下列属于《中华人民共和国票据法》规定的票据有（　　）。

A.发票　　　　　　　　　　B.汇票

C.支票　　　　　　　　　　D.本票

3.根据《中华人民共和国票据法》的规定，下列有关本票的表述符合规定的有（　　）。

A.我国的本票限于银行本票，见票即付

B.银行本票的提示付款期限自出票日起最长不得超过2个月

C.单位和个人在同一票据交换区内需要支付各种款项的，均可以使用银行本票

D.付款人名称是银行本票上必须记载的事项之一

4.银行本票必须记载的事项有（　　）。

A.确定的金额　　　　　　　　　　B.收款人名称

C.出票日期　　　　　　　　　　　D.出票人签章

5.（　　）能在同城或同一票据交换区内进行结算。

A.支票　　　　　　　　　　　　　B.银行汇票

C.商业汇票　　　　　　　　　　　D.银行本票

6.我国的票据包括（　　）。

A.银行本票　　　　　　　　　　　B.支票

C.银行汇票　　　　　　　　　　　D.商业汇票

三、判断题

1.本票上未记载规定事项之一的，本票仍然有效。（　　）

2.支票可以背书转让，而银行本票不可以背书转让。（　　）

3.付款人为个人的，银行可以为其签发现金银行本票。（　　）

4.银行本票不慎遗失，可向银行申请挂失止付。（　　）

5.因超过付款期限或其他原因而未使用的银行本票，兑付银行不予受理，但可以在签发银行办理退款。（　　）

6.银行本票的提示付款期限自出票日起最长不得超过2个月。（　　）

四、实训题

2024年4月19日，长沙红俊有限公司向开户银行申请银行本票，用于支付购买长沙云云有限公司材料的款项20 000元。

要求：（1）申请取得银行本票时，根据银行收费凭证（如图5-21所示）编制记账凭证（如图5-22所示）。

中国工商银行收费凭证

2024 年 04 月 19 日

户名	长沙红俊有限公司		开户银行	中国工商银行长沙圭白路支行			
账号	1100214846821089091		收费种类	手续费			
1.客户购买凭证时在"收费种类"栏填写所购凭证名称。	凭证（结算）种类	单价		数量		万千百十元角分	第一联回单
	银行承兑汇票					￥1000	
2.客户在办理结算业务时，在"收费种类"栏分别填写手续费或邮电费，在"结算种类"栏填写办理的方式。	合计 人民币（大写）	壹拾元整					

（中国工商银行长沙圭白路支行 20240419 办讫章）

复核　　　　　　　　　　记账

图5-21　收费凭证

记 账 凭 证

年 月 日 记字第××号

摘 要	总账科目	明细科目	记账√	借方金额										记账√	贷方金额									
				千	百	十	万	千	百	十	元	角	分		千	百	十	万	千	百	十	元	角	分
	合 计																							

会计主管： 记账： 出纳： 审核： 制单：

附件 张

图5-22 记账凭证

（2）根据银行本票申请书（如图5-23所示）、银行本票复印件（因银行本票要交予对方，所以长沙红俊有限公司只能将本票的复印件作为原始凭证）（如图5-24所示）编制长沙红俊有限公司取得银行本票的记账凭证（如图5-25所示）。

银行本票申请书（存根）

第 1 号

申请日期 2024年04月20日 No：0001

申请人	长沙红俊有限公司		收款人	长沙云云有限公司											
账号	1100214846821089091		账号	11072416827728030776											
用途	购买材料		代理付款行												
申请金额	人民币（大写）	贰万元整			千	百	十	万	千	百	十	元	角	分	
								¥	2	0	0	0	0	0	0
备注		科目（借）＿＿＿＿＿＿＿＿＿＿＿＿＿＿＿＿													
		对方科目（贷）＿＿＿＿＿＿＿＿＿＿＿＿＿＿													
		财务主管 复核 记账													

此联申请人留存

图5-23 银行本票申请书

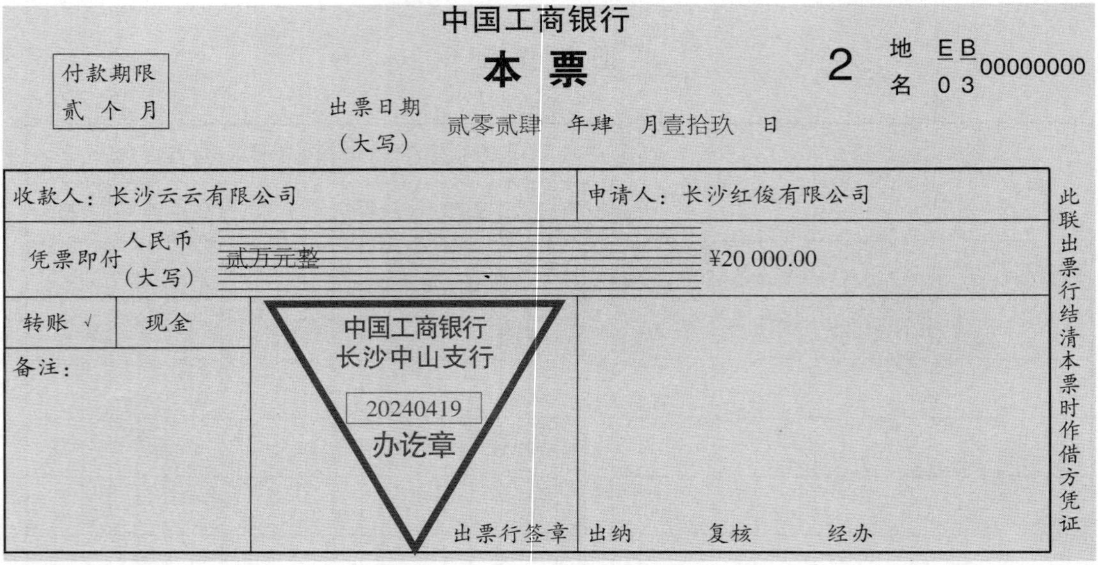
中国工商银行

本 票　2　地名 EB 03 00000000

付款期限 贰 个 月

出票日期（大写） 贰零贰肆 年建 月壹拾玖 日

收款人：长沙云云有限公司　申请人：长沙红俊有限公司

凭票即付 人民币（大写） 贰万元整　¥20 000.00

转账 √　现金

备注：

出票行签章　出纳　复核　经办

此联出票行结清本票时作借方凭证

图5-24　银行本票（复印件）

记账凭证

年　月　日　　记字第××号

摘要	总账科目	明细科目	记账√	借方金额										记账√	贷方金额									
				千	百	十	万	千	百	十	元	角	分		千	百	十	万	千	百	十	元	角	分
合计																								

附件　张

会计主管：　记账：　出纳：　审核：　制单：

图5-25　记账凭证

（3）采购的材料已验收入库，收到增值税普通发票（如图5-26所示）和收料单（如图5-27所示），编制购买材料的记账凭证（如图5-28所示）。

湖南增值税普通发票　№ 08202027

143002000202

机器编码：982888812388

143002000202
08202027

开票日期：2020 年 04 月 19 日

购买方	名　称：长沙红俊有限公司 纳税人识别号：9141030794816224835 地址、电话：长沙市雨花区圭白路 130 号 0731-88484703 开户行及账号：中国工商银行圭白路支行 1100214846821089091	密码区	67/* +3*0611* ++0/+0*/* +3+2/9* 11* +66666**066611* +666666* 1** +216***6000*261*2*4/*547 203994+142*64151*6915361/3*

货物或应税劳务、服务名称	规格型号	单位	数量	单价	金额	税率	税额
一级绿茶		千克	100	194.1748	19 417.48	3%	582.52
合　计					¥19 417.48		¥582.52
价税合计（大写）	⊗贰万元整						¥20 000.00

销售方	名　称：长沙云云有限公司 纳税人识别号：9141037947156647 68 地址、电话：长沙市远大路 214 号 0731-88864021 开户行及账号：中国工商银行远大支行 1107241682728030776	备注	9141037947156647 68 发票专用章

收款人：张斌斌　　　复核：郭雨　　　开票人：彭思叶　　　销售方：（章）

图 5-26　增值税普通发票

收　料　单

2024 年 04 月 19 日

金额单位：元

名称	规格	计量单位	数量		实　际　成　本				
			应收	实收	买　价		运杂费	其他	合计
					单价	金额			
一级绿茶		千克	100.00	100.00	200.00	20 000.00	0		20 000.00
合计						¥20 000.00			¥20 000.00

主管：熊英　　　验收：付有　　　采购：王青　　　制单　李飞

图 5-27　收料单

记 账 凭 证

年　月　日　　　　　　　　　　　　　　　　　　记字第××号

摘　要	总账科目	明细科目	记账√	借方金额									记账√	贷方金额								
				千	百	十	万	千	百	十	元	角	分		千	百	十	万	千	百	十	元	角	分
合计																								

会计主管：　　　记账：　　　　出纳：　　　　审核：　　　制单：

附件　张

图5-28　记账凭证

（4）以长沙云云有限公司为会计主体，取得银行本票将其送存银行时，填写银行进账单（如图5-29所示），根据增值税普通发票（如图5-30所示）和银行进账单，编制记账凭证（如图5-31所示）。

中国工商银行进账单　（收账通知）　3

年　月　日

出票人	全称		收款人	全称		亿	千	百	十	万	千	百	十	元	角	分
	账号			账号												
	开户银行			开户银行												
余额	人民币（大写）															
	票据种类															
	票据号码															
复核　　　　记账					开户银行签章											

收款人开户银行交给收款人的收账通知

图5-29　银行进账单

湖南增值税普通发票 №08202027

143002000202
机器编码：982888812388

143002000202
08202027
开票日期：2024 年 04 月 19 日

购买方	名 称：长沙红俊有限公司 纳税人识别号：9141030794816224835 地 址、电 话：长沙市雨花区圭白路 130 号 0731-88484703 开户行及账号：中国工商银行圭白路支行 1100214846821089091	密码区	67/*+3*0611*++0/+0*/*+3+2/9* 11*+66666**066611*+666666* 1**+216**6000*261*2*4/*547 203994+142*64151*6915361/3*

货物或应税劳务、服务名称	规格型号	单位	数量	单价	金额	税率	税额
一级绿茶		千克	100	194.1748	19 417.48	3%	582.52
合 计					¥19 417.48		¥582.52

价税合计（大写）	⊗贰万元整		¥20 000.00

销售方	名 称：长沙云云有限公司 纳税人识别号：9141037947156647668 地 址、电 话：长沙市远大路 214 号 0731-88864021 开户行及账号：中国工商银行长沙远大支行 1107241682728030776	备注	914103794715664768 发票专用章

收款人：张斌斌　　复核：郭雨　　开票人：彭思叶　　销售方：（章）

第一联 记账联 销售方记账凭证

图 5-30　增值税普通发票

记 账 凭 证

年　月　日

记字第××号

摘 要	总账科目	明细科目	记账√	借方金额										记账√	贷方金额									
				千	百	十	万	千	百	十	元	角	分		千	百	十	万	千	百	十	元	角	分
合 计																								

会计主管：　　记账：　　出纳：　　审核：　　制单：

附件 张

图 5-31　记账凭证

项目评价

内容			评价		
学习目标		评价项目	3	2	1
职业能力	银行本票结算业务的管理	1.银行本票的含义、种类及适用范围			
		2.银行本票结算的基本规定			
		3.银行本票的受理与退款			
	银行本票结算业务的核算	1.银行本票的结算程序			
		2.银行本票的账户设置			
		3.银行本票付款方和收款方的账务处理			
通用能力	组织与沟通能力				
	学习与创新能力				
	应变能力				
	信息搜集能力				
综合评价					
改进建议					

等级说明:

3——能高质、高效地完成此学习目标的全部内容,并能解决遇到的特殊问题;

2——能高质、高效地完成此学习目标的全部内容;

1——能圆满完成此学习目标的全部内容,无须任何帮助和指导。

评价说明:

优秀——达到3级水平;

良好——达到2级水平;

合格——全部任务都达到1级水平;

不合格——不能达到1级水平。

项目六　银行汇票结算的管理及核算

学习目标

知识目标

通过本项目的教学，使学生了解银行汇票的含义及适应范围，熟悉银行汇票结算的基本流程，掌握使用银行汇票的相关规定。

能力目标

能够正确填写"银行汇票委托书"，能根据银行汇票结算业务的有关原始凭证编制付款方和收款方相应的记账凭证。

任务一　银行汇票结算业务的管理

任务描述

银行汇票是一种适用范围广、方便灵活、信用度高、安全可靠、结算准确、兑付性强的结算方法，企业如何申请取得银行汇票，采用银行汇票结算时有哪些基本规定和要求呢？

知识储备

（一）银行汇票的含义及适用范围

1.银行汇票的含义

银行汇票是出票银行签发的，由其在见票时按照实际结算金额无条件支付给收款人或者持票人的票据。

2.银行汇票的适用范围

单位和个人的各种款项结算均可使用银行汇票。凡在银行开立账户的单位、个体经营户和未在银行开立账户的个人，均可向银行申请办理银行汇票，也可受理银行汇票。

银行汇票在同城、异地均可使用，但主要用于异地结算。银行汇票可以用于转账，标明"现金"字样的银行汇票也可以提现。

（二）银行汇票结算的基本规定

1.申领银行汇票的规定

企业申请银行汇票时，只能向参加"全国联行往来"的银行机构申请办理，并填写"银行汇票申请书"。申请人或收款人为单位的，不能申请使用现金银行汇票，即不可在"银行汇票申请书"上填明"现金"字样。

2.银行汇票上必须记载事项的规定

（1）表明"银行汇票"的字样。

（2）无条件支付的承诺。

（3）出票金额。

（4）付款人的名称。

（5）收款人的名称。

（6）出票日期。

（7）出票人签章。

银行汇票上未记载以上规定事项之一的，汇票无效。

3.银行汇票有效期的规定

银行汇票的提示付款期限自出票日起1个月。逾期的银行汇票，代理付款银行不予受理。申请人因超过提示付款期限或其他原因，可向出票银行做出说明并提供有关证件，请求付款或退款。

4.银行汇票挂失止付的规定

遗失填明"现金"字样和代理付款人的银行汇票，可以由失票人通知付款人或代理付款人挂失止付；遗失银行汇票，失票人(付款人或者收款人)可以凭人民法院出具的其享有票据权利的证明，向出票银行请求付款或退款。

5.银行汇票背书转让的规定。

银行汇票可以背书转让，但填写"现金"字样的银行汇票不得背书转让。银行汇票的背书转让以不超过出票金额的实际结算金额为准。未填明实际结算金额或实际结算金额超过出票金额的银行汇票不得背书转让。背书转让必须连续。

6.银行汇票汇款额的规定。、

银行汇票设有票面金额起点，也设有最高限额。

任务实施

（一）银行汇票申请书

银行汇票申请书一式三联，如图6-1、图6-2和图6-3所示。

汇票申请书（存根）															
										第			号		
			申请日期：			年		月		日					
申请人				收款人											
账号				账号											
用途				代理付款行											
申请金额	人民币（大写）					千	百	十	万	千	百	十	元	角	分
备注：				科目（借）_____											
				对方科目（贷）_____											
				财务主管　　　复核　　　记账											

图6-1　银行汇票申请书第一联

第一联存根，由汇款单位办妥银行汇票后，据此联编制记账凭证；第二联借方凭证，是出票银行办理银行汇票从汇款单位的存款账户中付出款项的凭证；第三联贷方凭证，是出票银行办理银行汇票汇出款项的凭证。

汇票申请书（借方凭证）

第　　号

申请日期：　　年　　月　　日

此联出票行作借方凭证

申请人		收款人	
账号		账号	
用途		代理付款行	
申请金额	人民币（大写）		千 百 十 万 千 百 十 元 角 分

上例款项请从我账户内支付

科目（借）＿＿＿＿＿＿＿
对方科目（贷）＿＿＿＿＿＿
转账日期　　年　　月　　日

申请人盖章　　复核　　　　记账

图6-2　银行汇票申请书第二联

汇票申请书（贷方凭证）

第　　号

申请日期：　　年　　月　　日

此联出票行作汇出汇款贷方凭证

申请人		收款人	
账号		账号	
用途		代理付款行	
申请金额	人民币（大写）		千 百 十 万 千 百 十 元 角 分

上例款项请从我账户内支付

科目（借）＿＿＿＿＿＿＿
对方科目（贷）＿＿＿＿＿＿
转账日期　　年　　月　　日

申请人盖章　　复核　　　　记账

图6-3　银行汇票申请书第三联

（二）银行汇票的填写

申请单位的出纳人员应当在申请书第二联"申请人盖章"处加盖预留银行印鉴，并将款项交存银行（汇款单位到本单位开户银行申请办理银行汇票时，其款项由银行凭"银行汇票申请书"从汇款人存款账户中收取）。银行受理"银行汇票申请书"，款项收妥后，据以签发银行汇票。

【例6-1】2024年4月23日，长沙含光服饰有限公司向开户银行申请银行汇票，用于支付前欠武汉三和有限公司货款117 000元，填制"银行汇票申请书"（如图6-4所示）。

出票银行受理银行汇票申请书，收妥款项后签发银行汇票，并用压数机压印出票金额，将银行汇票和解讫通知（二联、三联）一并交给申请人。长沙含光服饰有限公司开户银行签发的银行汇票以第一联（如图6-5所示）和第三联（如图6-6所示）为例。

汇票申请书（存根）

第 1 号

申请日期：2024 年 04 月 23 日

申请人	长沙含光服饰有限公司	收款人	武汉三和有限公司										
账号	6102021845672108902	账号	1103897923649655134										
用途	支付前欠货款	代理付款行	中国工商银行长沙中山支行										
申请金额	人民币（大写）壹拾壹万柒仟元整			千	百	十	万	千	百	十	元	角	分
					¥	1	1	7	0	0	0	0	0

备注：

科目（借）＿＿＿＿＿＿＿＿＿＿＿

对方科目（贷）＿＿＿＿＿＿＿＿＿

财务主管　　　复核　　　记账

此联申请人留存

图 6-4　银行汇票申请书

中国工商银行

付款期限
壹个月

银行汇款

（卡片）

出票日期（大写）　贰零贰肆年肆月贰拾叁日　　代理付款银行：　　　　　行号：

收款人：武汉三和有限公司	账号：1103897923649655134									
出票金额 人民币（大写）壹拾壹万柒仟元整										
实际结算金额 人民币（大写）壹拾壹万柒仟元整	千	百	十	万	千	百	十	元	角	分
		¥	1	1	7	0	0	0	0	0

申请人：长沙含光服饰有限公司　　　　账号：6102021845672108902

出票行：中国工商银行长沙中山支行　　行号：＿＿＿＿＿＿

备注：

代理付款行盖章

复核　　　　经办陈兰英　　　　　　　　复核　　　记账

图 6-5　银行汇票第一联

中国工商银行

付款期限
壹个月

银行汇款

（解讫通知）3　地名 BA 01　00000000

出票日期（大写）　贰零贰肆年肆月贰拾叁日　　代理付款银行：　　　　　行号：

收款人：武汉三和有限公司	账号：1103897923649655134									
出票金额 人民币（大写）壹拾壹万柒仟元整										
实际结算金额 人民币（大写）壹拾壹万柒仟元整	千	百	十	万	千	百	十	元	角	分
		¥	1	1	7	0	0	0	0	0

申请人：长沙含光服饰有限公司　　　　账号：6102021845672108902

出票行：中国工商银行长沙中山支行　　行号：＿＿＿＿

备注：汇票专用章

代理付款行盖章

密押：	
多余金额	
千 百 十 万 千 百 十 元 角 分	

复核　　　　经办陈兰英　　　　　　　　复核　　　记账

此联由出票行作多余款货方凭证兑付后随报单寄出票行

图 6-6　银行汇票第三联

【小知识6-1】

银行汇票一式四联：第一联卡片，由出票银行留存；第二联银行汇票，交汇票申请人；第三联解讫通知，交汇票申请人；第四联多余款项收账通知，收到银行转来的汇票多余款时作为记账原始凭证。

任务二　　银行汇票结算业务的核算

任务描述

在银行汇票结算方式下，小企业可以通过银行签发银行汇票支付各种款项，也可以通过收取付款方签发的银行汇票来办理进账手续收取各种款项。那么银行汇票付款业务和银行汇票收款业务分别是怎样的结算程序，如何根据相关原始凭证进行会计处理呢？

知识储备

（一）银行汇票的结算程序

1.申请企业（付款企业）的出纳人员向开户银行填写"银行汇票申请书"。

2.银行审核后签发银行汇票，签章后交给申请企业出纳人员。

3.付款企业出纳人员把银行汇票交采购部门业务员，业务员再将银行汇票交给汇票上记载的收款人办理结算。

4.收款人（持票人）到本企业开户银行提示付款。

5.收款人开户银行审核无误划账付款。

6.申请人开户银行与收款人开户银行结算资金。

7.申请人开户银行退回多余款项。

银行汇票的结算程序如图6-7所示。

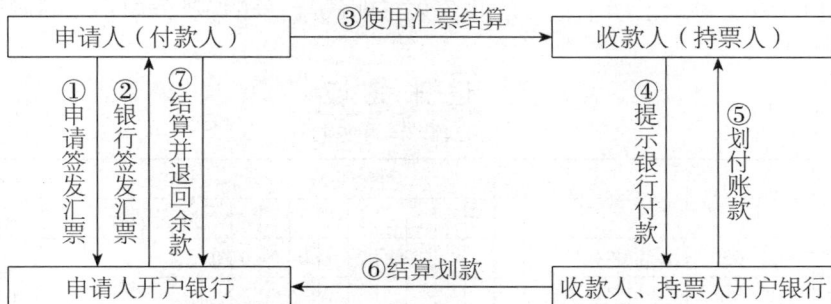

图6-7　银行汇票的结算程序

（二）账户设置

付款方办理银行汇票结算应通过"其他货币资金"账户核算，"其他货币资金"账户下设"银行汇票存款"明细账户核算银行汇票存款。

任务实施

（一）银行汇票付款方（申请方）的账务处理

银行汇票付款方的核算流程如图6-8所示。

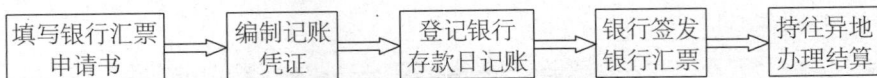

填写银行汇票申请书 → 编制记账凭证 → 登记银行存款日记账 → 银行签发银行汇票 → 持往异地办理结算

图6-8　银行汇票付款方的核算流程

付款方办理银行汇票结算应通过"其他货币资金"账户核算。购货方（汇款人）申请办理银行汇票，根据受理银行退回的银行汇票申请书回单联，编制记账凭证：

借：其他货币资金——银行汇票存款

　贷：银行存款或库存现金

【例6-2】根据【例6-1】资料，长沙含光服饰有限公司向开户银行申请银行汇票，凭银行汇票申请书回单，编制记账凭证（如图6-9所示）。

记 账 凭 证

2024年04月23日　　　记字第××号

摘要	总账科目	明细科目	记账√	借方金额 千百十万千百十元角分	记账√	贷方金额 千百十万千百十元角分	
申请汇票	其他货币资金	银行汇票存款		1 1 7 0 0 0 0 0			附件2张
		银行存款				1 1 7 0 0 0 0 0	
	合计			¥1 1 7 0 0 0 0 0		¥1 1 7 0 0 0 0 0	

会计主管：　记账：　出纳：陈兰英　审核：熊美丽　制单：刘艳丽

图6-9　记账凭证

申请企业可持银行汇票支付前欠销货单位货款，如长沙含光服饰有限公司将银行汇票和解讫通知一并交付给汇票上记载的收款人（即武汉三和有限公司），编制记账凭证（如图6-10所示）。

记 账 凭 证

2024年04月23日　　　记字第××号

摘要	总账科目	明细科目	记账√	借方金额 千百十万千百十元角分	记账√	贷方金额 千百十万千百十元角分	
支付前欠货款	应付账款	武汉三和有限公司		1 1 7 0 0 0 0 0			附件1张
	其他货币资金	银行汇票存款				1 1 7 0 0 0 0 0	
	合计			¥1 1 7 0 0 0 0 0		¥1 1 7 0 0 0 0 0	

会计主管：　记账：　出纳：陈兰英　审核：熊美丽　制单：刘艳丽

图6-10　记账凭证

申请企业的采购部门也可用银行汇票采购货物，将取得的采购发票等凭证交财务部门编制记账凭证（以会计分录代替，后面同理）：

借：在途物资等

　　应交税费——应交增值税（进项税额）

　贷：其他货币资金——银行汇票存款

如果有多余款项或因汇票超过付款期等原因而退款时，出纳人员应根据银行的多余款项收账通知，编制记账凭证：

借：银行存款

　贷：其他货币资金——银行汇票存款

【例6-3】2024年4月20日，北京天申百货商场有限公司申请取得银行汇票一张，票面金额90 000元。2024年4月25日，商场业务员持该汇票从长沙含光服饰有限公司购买休闲裤，取得增值税专用发票（如图6-11所示）。

湖南增值税专用发票　№ 08202033

发票联

4300201130

4300201130
08202033

开票日期：2024年04月25日

购买方	名　　称：北京天申百货商场有限公司 纳税人识别号：320036129659788064 地址、电话：北京市经济技术开发区西环南路26号010-88017421 开户行及账号：北京花旗银行海淀支行6223712573103567427	密码区	67/* +3*0611* ++0/+0*/* +3+2/9* 11* +66666**066611* +666666* 1** +216***6000*261*2*4/*547 203994+142*64151*6915361/3*

货物或应税劳务、服务名称	规格型号	单位	数量	单价	金额	税率	税额
休闲裤	A180	条	500	140.00	70 000.00	13%	9 100.00
合　计					¥70 000.00		¥9 100.00
价税合计（大写）	⊗柒万玖仟壹佰元整						（小写）¥79 100.00

销售方	名　　称：长沙含光服饰有限公司 纳税人识别号：914301113446737191 地址、电话：长沙市开福区芙蓉中路155号0731-88746532 开户行及账号：中国工商银行长沙中山支行6102021845672108902	备注	长沙含光服饰有限公司 914301113446737191 发票专用章

收款人：陈兰英　　复核：李兴致　　开票人：张平　　销售方：（章）

第三联　发票联　购买方记账凭证

图6-11　增值税专用发票

同时，收到休闲裤500条，并已验收入库。商品入库单如图6-12所示。

4月25日，北京天申百货商场取得银行转来的银行汇票多余款收账通知（如图6-13所示）。

北京天申百货商场有限公司会计人员根据增值税专用发票、商品入库单和银行汇票多余款收账通知等原始凭证，编制记账凭证（如图6-14所示）。

【小知识6-2】

银行本票实行全额进账制，即按票面金额进账，票面金额大于实际结算金额部分银行不予受理，结算单位自行办理。银行汇票按实际结算金额进账，开户银行将多余款转回。

商品入库单 字第 号

2024年04月25日 单位:元

发货单位		长沙含光服饰有限公司			供货单位		长沙含光服饰有限公司			
库名	编号	名称	单位	规格	入库			实收		
					数量	单价	金额	数量	单价	金额
长裤		休闲裤	条		500.00	140.00	70 000.00	500.00	140.00	70 000.00

会计：张婷婷 保管：严明涛 采购员：黄 华 制单：黄小英

图6-12 商品入库单

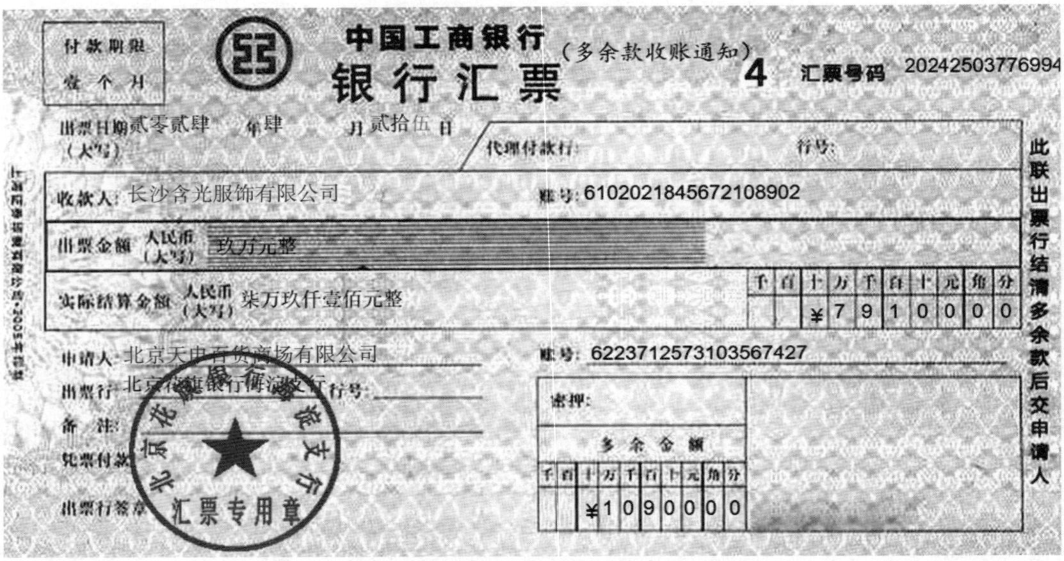
付款期限 壹个月

中国工商银行 银行汇票（多余款收账通知） 4 汇票号码 20242503776994

出票日期（大写）贰零贰肆 年肆 月贰拾伍 日 代理付款行： 行号：

收款人：长沙含光服饰有限公司 账号：6102021845672108902

出票金额 人民币（大写） 玖万元整

实际结算金额 人民币（大写） 柒万玖仟壹佰元整

千	百	十	万	千	百	十	元	角	分
		¥	7	9	1	0	0	0	0

申请人：北京天申百货商场有限公司 账号：6223712573103567427

出票行：北京花旗银行海淀支行 行号：

备注：

凭票付款

出票行签章

密押：

多余金额

千	百	十	万	千	百	十	元	角	分
		¥	1	0	9	0	0	0	0

此联出票行结清多余款后交申请人

图6-13 银行汇票多余款收账通知

记 账 凭 证

2024年04月25日 记字第××号

摘要	总账科目	明细科目	记账√	借方金额 千	百	十	万	千	百	十	元	角	分	记账√	贷方金额 千	百	十	万	千	百	十	元	角	分
购进商品	库存商品	休闲裤					7	0	0	0	0	0	0											
	应交税费	应交增值税（进项税额）						9	1	0	0	0	0											
	银行存款						1	0	9	0	0	0	0											
	其他货币资金	银行汇票存款																9	0	0	0	0	0	0
合计						¥	9	0	0	0	0	0	0				¥	9	0	0	0	0	0	0

附件3张

会计主管： 记账： 出纳：赵小敏 审核：张婷婷 制单：李小平

图6-14 记账凭证

（二）银行汇票收款方的账务处理

银行汇票收款方的核算流程如图6-15所示。

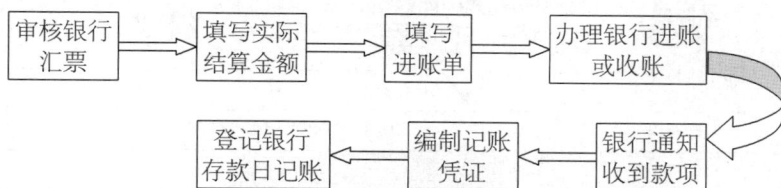

图6-15　银行汇票收款方的核算流程

采用银行汇票结算销售货物时，收款单位收到付款单位银行汇票后，收款单位出纳员审核，审核无误后，将实际结算金额和多余金额准确、清晰地填入银行汇票和解讫通知有关栏内。收款单位出纳人员根据实际结算金额填写进账单，到银行办理银行进账相关手续。收款单位开户行进行结算，通知收款单位收到款项，并退回多余款项。

收款单位根据银行盖章退回的进账单回单及发票等单据，编制记账凭证：

借：银行存款

　　贷：主营业务收入

　　　　应交税费——应交增值税（销项税额）

【例6-4】2024年4月25日，长沙含光服饰有限公司销售休闲裤500条给北京天申百货商场有限公司，开出增值税专用发票（如图6-16所示）。

图6-16　增值税专用发票

长沙含光服饰有限公司收到银行汇票及解讫通知，出纳员在出票金额以内根据实际需要款项办理结算，在解讫通知中准确填写实际结算金额和多余金额，同时填写银行汇票背面信息。持票人提交银行汇票及解讫通知，填写进账单，向银行提示付款。

长沙含光服饰有限公司收到银行汇票（如图6-17所示）和解讫通知（如图6-18所示）。

长沙含光服饰有限公司持银行汇票和解讫通知（二联、三联）到开户银行办理进账，收到银行进账单收账通知（如图6-19所示）。

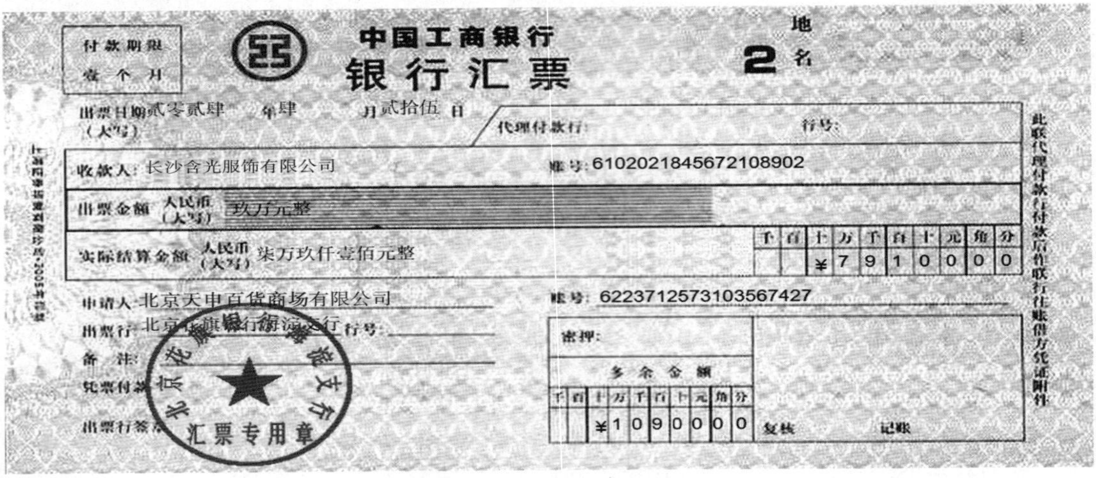

付款期限 壹个月

中国工商银行

银行汇票 2 地名

出票日期（大写）贰零贰肆 年肆 月贰拾伍 日

代理付款行： 行号：

收款人：长沙含光服饰有限公司 账号：6102021845672108902

出票金额 人民币（大写）玖万元整

实际结算金额 人民币（大写）柒万玖仟壹佰元整

千	百	十	万	千	百	十	元	角	分
		¥	7	9	1	0	0	0	0

申请人：北京天申百货商场有限公司 账号：6223712573103567427

出票行：北京花旗银行海淀支行 行号：

备注：

凭票付款

出票行签章

密押：

多余金额

千	百	十	万	千	百	十	元	角	分
		¥	1	0	9	0	0	0	0

复核 记账

此联代理付款行付款后作联行往账借方凭证附件

图6-17 银行汇票

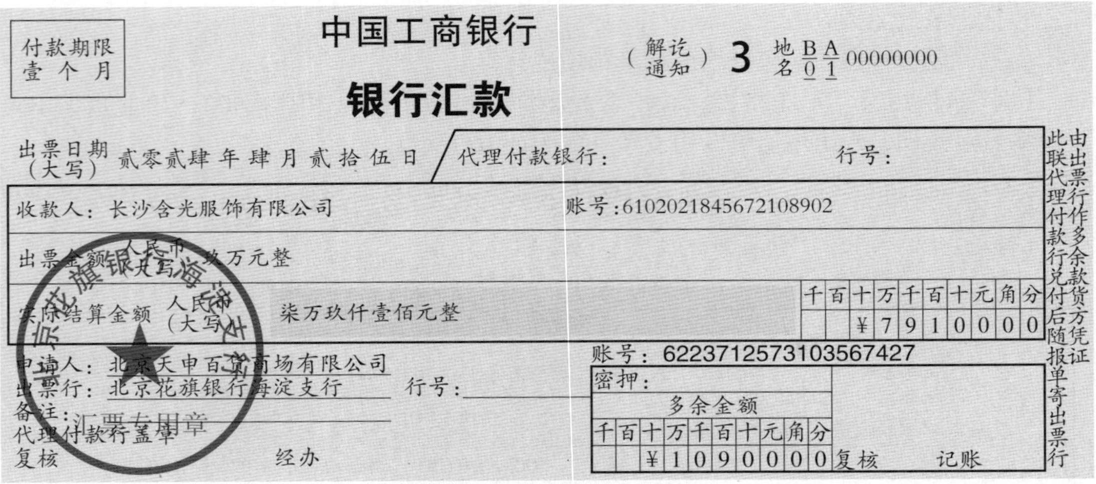

付款期限 壹个月

中国工商银行

银行汇款

（解讫通知） 3 地名 BA 01 00000000

出票日期（大写）贰零贰肆 年 肆 月 贰 拾 伍 日

代理付款银行： 行号：

收款人：长沙含光服饰有限公司 账号：6102021845672108902

出票金额 人民币（大写）玖万元整

实际结算金额 人民币（大写）柒万玖仟壹佰元整

千	百	十	万	千	百	十	元	角	分
		¥	7	9	1	0	0	0	0

申请人：北京天申百货商场有限公司 账号：6223712573103567427

出票行：北京花旗银行海淀支行 行号：

备注：

代理付款行盖章

复核 经办

密押：

多余金额

千	百	十	万	千	百	十	元	角	分
		¥	1	0	9	0	0	0	0

复核 记账

此联由出票行作多余款付后随报单寄出票行

图6-18 银行汇票解讫通知

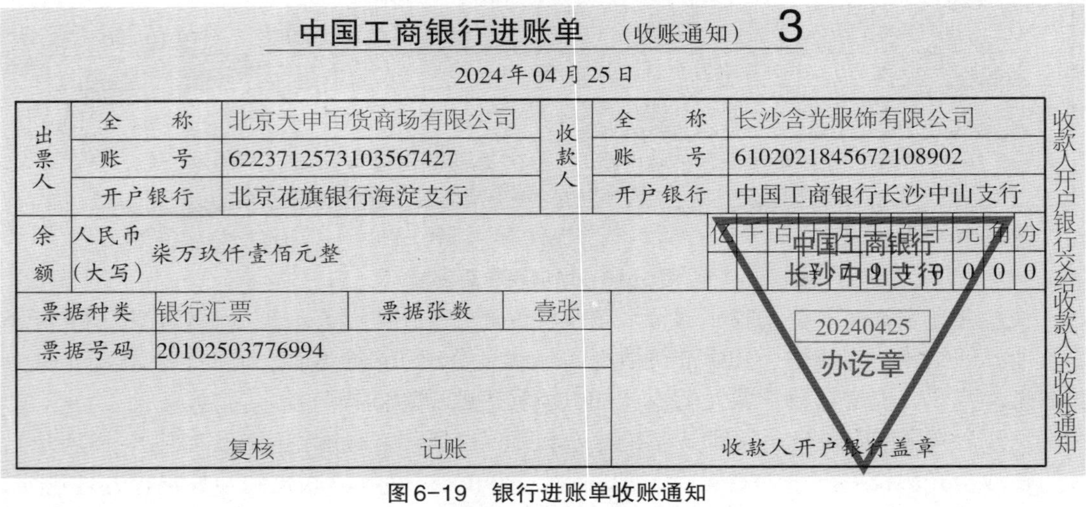

中国工商银行进账单 （收账通知） 3

2024年04月25日

出票人	全称	北京天申百货商场有限公司	收款人	全称	长沙含光服饰有限公司
	账号	6223712573103567427		账号	6102021845672108902
	开户银行	北京花旗银行海淀支行		开户银行	中国工商银行长沙中山支行

余额 人民币（大写）柒万玖仟壹佰元整

亿	千	百	十	万	千	百	十	元	角	分
			¥	7	9	1	0	0	0	0

票据种类	银行汇票	票据张数	壹张
票据号码	20102503776994		

复核 记账

中国工商银行长沙中山支行 20240425 办讫章

收款人开户银行盖章

收款人开户银行交给收款人的收账通知

图6-19 银行进账单收账通知

【小知识6-3】

全额解付的银行汇票应在"多余金额"栏写上"0"字，印鉴管理人员在银行汇票第二联的背面"持票人向银行提示付款签章"处加盖预留银行印鉴。未填明实际结算金额和多余金额，或实际结算金额超过出票金额的，银行不予受理。银行汇票的实际结算金额一经填写不得更改，更改实际结算金额的银行汇票无效。

长沙含光服饰有限公司根据增值税专用发票和银行进账单等原始凭证编制记账凭证（如图6-20所示）。

记 账 凭 证

2024年04月25日　　　　　　　　　　　　　　　　记字第××号

摘要	总账科目	明细科目	记账√	借方金额 千 百 十 万 千 百 十 元 角 分	记账√	贷方金额 千 百 十 万 千 百 十 元 角 分	
销售产品	银行存款			7 9 1 0 0 0 0			
	主营业务收入	休闲裤				7 0 0 0 0 0 0	附件2张
	应交税费	应交增值税（销项税额）				9 1 0 0 0 0	
合计				￥7 9 1 0 0 0 0		￥7 9 1 0 0 0 0	

会计主管：　　　记账：　　　出纳：陈兰英　　　审核：熊美丽　　　制单：刘艳丽

图6-20　记账凭证

【小练习6-1】

2024年10月9日，某小企业向开户银行申请银行汇票70 000元，用于支付江城电子有限责任公司的货款。10月25日，该企业收到从江城电子有限责任公司采购的A材料，增值税专用发票注明价款60 000元、增值税7 800元，还收到银行汇票签发行转来的多余款收账通知。

要求：根据上述业务，编制该企业相关会计分录。

项目小结

本项目介绍了银行汇票的相关知识，包括如何取得银行汇票、银行汇票结算的基本规定、银行汇票业务的处理程序，及银行汇票结算方式下的账务处理。学生通过该项目的学习，不仅能正确地填写银行汇票申请书，还能对银行汇票结算业务进行正确的核算。

项目训练

一、单选题

1.银行汇票的提示付款期限自出票日起（　　　）。

A.5天　　　　　　B.10天　　　　　　C.1个月　　　　　　D.2个月

2.银行汇票持票人向银行提示付款时，必须同时提交（　　　），缺少任何一联，银行不予受理。

A.第一联卡片和第二联银行汇票　　　　B.第二联银行汇票和第三联解讫通知

C.第三联解讫通知　　　　D.第四联多余款收账通知

3.下列项目中，可以向银行申请签发现金银行汇票的是（　　）。

A.申请人为单位和收款人为个人　　　　　B.申请人为个人和收款人为单位

C.申请人和收款人均为个人　　　　　　　D.申请人和收款人均为单位

4.下列银行汇票，银行不予受理的是（　　）。

A.未填明实际结算金额和多余金额的　　　B.实际结算金额小于出票金额的

C.填明实际结算金额但未填明多余金额的　D.填明实际结算金额和多余金额的

5.下列各项中，不符合票据和结算凭证填写要求的是（　　）。

A.中文大写金额数字到"角"为止，在"角"之后没有写"整"字

B.票据的出票日期使用阿拉伯小写数字填写

C.阿拉伯小写金额数字前填入了人民币符号

D."1月15日"出票的票据，票据的出票日期写成"零壹月壹拾伍日"

6.银行汇票的付款人为（　　）。

A.汇票的申请人　　　B.出票银行　　　　C.汇票持有人　　　　D.汇票的背书人

7.银行汇票的付款方式是（　　）。

A.定日付款　　　　　B.出票后定期付款　C.见票即付　　　　　D.见票后定期付款

8.在我国票据种类中，记载出票金额和实际结算金额两种金额的票据是（　　）。

A.银行本票　　　　　B.银行承兑汇票　　C.银行汇票　　　　　D.支票

二、多选题

1.下列银行汇票不得背书转让的有（　　）。

A.未填写实际结算金额　　　　　　　　　B.实际结算金额等于出票金额

C.实际结算金额大于出票金额　　　　　　D.实际结算金额小于出票金额

2.下列关于银行汇票的表述，正确的有（　　）。

A.银行汇票的实际结算金额不得更改，且不得超过出票金额

B.持票人向银行提示付款时，须同时提交银行汇票和解讫通知

C.银行汇票的提示付款期限自出票日起1个月

D.申请人或者收款人为单位的，可以申请使用现金银行汇票

3.下列说法中，正确的有（　　）。

A.银行本票的提示付款期限自出票日起最长不超过2个月

B.支票可以背书转让，而银行汇票不可以背书转让

C.签发现金银行汇票，申请人和收款人必须均为个人

D.银行汇票的实际结算金额可以等于出票金额，也可以小于或大于出票金额

4.下列仅限于异地使用的结算方式有（　　）。

A.托收承付　　　　　B.银行汇票　　　　C.汇兑　　　　　　　D.支票

5.票据包括（　　）。

A.银行汇票　　　　　B.商业汇票　　　　C.本票　　　　　　　D.支票

6.下列关于银行汇票结算方式的表述，正确的有（　　）。

A.银行汇票的提示付款期限自出票日起2个月

B.单位和个人的各种款项结算都可以使用银行汇票

C.银行汇票未填明实际结算金额和多余金额的，银行不予受理

D.实际结算金额超过出票金额的，银行汇票不得背书转让

7.单位和个人均可以使用的结算方式有（　　）。

A.商业汇票　　　　B.银行汇票　　　　C.汇兑　　　　D.托收承付

8.银行汇票必须记载的事项有（　　）。

A.确定的金额　　　B.付款人的名称　　C.收款人的名称　　D.出票日期

三、判断题

1.《支付结算办法》规定，单位、个人和银行办理支付结算未使用按中国人民银行统一规定印制的票据，则票据无效。（　　）

2.单位和个人在同城、异地或者同一票据交换区域的各种款项的结算均可使用银行汇票。（　　）

3.银行汇票可以用于转账，填明"现金"字样的银行汇票也可以用于支取现金。（　　）

4.银行汇票也需要承兑。（　　）

5.填明"现金"字样的银行汇票可以背书转让。（　　）

6.银行汇票的提示付款期限自出票日起最长不得超过1个月。（　　）

四、案例分析题

8月9日，长沙含光服饰有限公司向广东南州有限公司购买一批服装，采用银行汇票方式结算，中国工商银行长沙中山支行为其签发了一张价值20万元、收款人为广东南州有限公司的银行汇票。由于物价上涨，实际结算时服装价值为22万元，广东南州有限公司按照22万元填写了结算金额并在汇票上签章，于8月15日向中国工商银行长沙中山支行提示付款，却被拒绝受理。

请分析：银行拒绝受理广东南州有限公司的提示付款请求是否符合规定？为什么？

五、实训题

按要求完成相关原始凭证和记账凭证的填制：

1.2024年4月12日，长沙俊志百货有限公司向开户银行申请银行汇票，汇票申请书如图6-21所示。

汇票申请书（存根）

第 01 号

申请日期　2024 年 04 月 12 日

申请人	长沙俊志百货有限公司		收款人	长沙新天有限公司										
账号	1102021845672132901		账号	1102011845673327764										
用途	支付购货款		代理付款行	中国工商银行五一支行										
申请金额	人民币（大写）	贰万叁仟肆佰元整			千	百	十	万	千	百	十	元	角	分
							¥	2	3	4	0	0	0	0

备注：

科目（借）_____

对方科目（贷）_____

财务主管　　　复核　　　记账

图6-21　银行汇票申请书

根据银行汇票申请书，填写银行汇票（如图6-22所示，实际工作中由出票银行签发）。

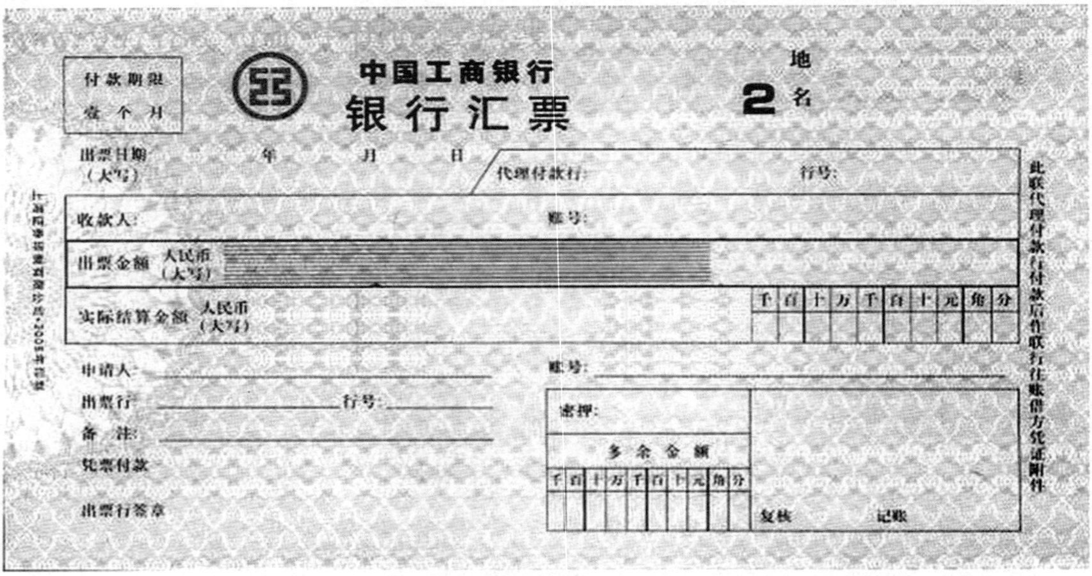

图6-22 银行汇票

根据银行汇票申请书，编制取得银行汇票的记账凭证（如图6-23所示）。

图6-23 记账凭证

2.2024年4月25日，长沙俊志百货有限公司从长沙新天有限公司购买商品，尚未验收入库，取得增值税专用发票（如图6-24所示），填写银行汇票解讫通知（如图6-25所示，在实际工作中，银行汇票解讫通知由银行转来），编制采用银行汇票购买商品的记账凭证（如图6-26所示）。

湖南增值税普通发票 No 08202035

4300205133

发 湖南 票 联

4300205133
08202035
开票日期：2024 年 04 月 25 日

购买方	名　　称：长沙俊志百货有限公司 纳税人识别号：914106946250312439 地址、电话：长沙市芙蓉区车站北路 213 号 0731-82153631 开户行及账号：中国工商银行长沙五一支行 1102021845672132901	密码区	67/* +3*0611* ++0/+0*/* +3+2/9* 11* +66666**066611* +666666* 1** +216**6000*261*2*4/*547 203994+142*64151*6915361/3*	第三联

货物或应税劳务、服务名称	规格型号	单位	数量	单价	金额	税率	税额
高级圣水		千克	200	100.00	20 000.00	13%	2 600.00
合　　计					¥20 000.00		¥2 600.00

价税合计（大写）　⊗贰万贰仟陆佰元整　　　　　（小写）¥22 600.00

销售方	名　　称：长沙新天有限公司 纳税人识别号：914106686826811564 地址、电话：长沙市枫林路 127 号 0731-82603435 开户行及账号：中国工商银行长沙新汉门支行 1102011845673327764	备注	长沙新天有限公司 914106686826811564 发票专用章

收款人：王新　　　　复核：李茜茜　　　　开票人：张飘　　　　销售方：（章）

图6-24　增值税专用发票

中国工商银行

付款期限
壹个月

银行汇款

（解讫通知）3　地名 BA 01 00000000

出票日期 （大写）　　年　月　拾　日	代理付款银行：　　　　行号：

收款人：	账号：

出票金额　人民币
　　　　　（大写）

实际结算金额　人民币
　　　　　　　（大写）　　　　　　　　　千 百 十 万 千 百 十 元 角 分

申请人：
出票行：＿＿＿＿＿＿＿　行号：＿＿＿＿＿　账号：
备注：　　　　　　　　　　　　　　　　密押：
代理付款行盖章　　　　　　　　　　　　多余金额
复核　　　　　经办　　　　千 百 十 万 千 百 十 元 角 分　　复核　记账

此联由出票行代理付款行兑付后随报单寄出票行作多余款货方凭证

图6-25　银行汇票解讫通知

记账凭证

年　月　日　　　　　　　　　　　　　　记字第××号

摘要	总账科目	明细科目	记账√	借方金额 千百十万千百十元角分	记账√	贷方金额 千百十万千百十元角分
合计						

会计主管：　　　记账：　　　出纳：　　　审核：　　　制单：

附件 张

图6-26　记账凭证

项目评价

内　容			评　价		
学习目标		评价项目	3	2	1
职业能力	银行汇票结算业务的管理	1.银行汇票的含义、种类及适用范围			
		2.银行汇票结算的基本规定			
		3.银行汇票的填制			
	银行汇票结算业务的核算	1.银行汇票的结算程序			
		2.银行汇票的账户设置			
		3.银行汇票付款方和收款方的账务处理			
通用能力	组织与沟通能力				
	学习与创新能力				
	应变能力				
	信息搜集能力				
综合评价					
改进建议					

等级说明：

3——能高质、高效地完成此学习目标的全部内容，并能解决遇到的特殊问题；

2——能高质、高效地完成此学习目标的全部内容；

1——能圆满完成此学习目标的全部内容，无须任何帮助和指导。

评价说明：

优秀——达到3级水平；

良好——达到2级水平；

合格——全部任务都达到1级水平；

不合格——不能达到1级水平。

项目七　商业汇票结算的管理及核算

学习目标

知识目标

通过本项目的教学，使学生了解商业汇票的含义、种类及适用范围，熟悉商业汇票结算的基本流程，掌握使用商业汇票的相关规定。

能力目标

能够正确填写"商业承兑汇票"和"银行承兑汇票"，能根据商业汇票结算业务的有关原始凭证编制相应的记账凭证

任务一　商业汇票结算业务的管理

任务描述

信用包括商业信用和银行信用两种最基本的形式，银行汇票属于银行信用，商业汇票属于商业信用，是企业之间在买卖商品时，以商品形式提供的信用。企业如何签发并取得商业汇票，采用商业汇票结算时有哪些基本规定和要求呢？

知识储备

（一）商业汇票的含义、分类及适用范围

1.商业汇票的含义

商业汇票是出票人签发的，委托付款人在指定日期无条件支付确定的金额给收款人或者持票人的票据。

2.商业汇票的分类

商业汇票按是否计息，分为带息商业汇票和不带息商业汇票。带息商业汇票是指在商业汇票到期时，承兑人必须按票面金额加上应计利息向收款人或被背书人支付票款的票据。不带息商业汇票是指在商业汇票到期时，承兑人只按票面金额向收款人或被背书人支付票款的票据。

商业汇票按承兑人不同，可分为银行承兑汇票和商业承兑汇票。由银行承兑的，是银行承兑汇票；由银行以外的付款人承兑的，是商业承兑汇票。

电子商业汇票是指出票人依托上海票据交易所电子商业汇票系统（简称电子商业汇票系统），以数据电文形式制作的，委托付款人在指定日期无条件支付确定的金额给收款人或者持票人的票据。电子银行承兑汇票由银行业金融机构、财务公司承兑；电子商业承兑

汇票由金融机构以外的法人或其他组织承兑。电子商业汇票的出票、承兑、背书、保证、提示付款和追索等业务，必须通过电子商业汇票系统办理。

3.商业汇票的适用范围

在银行开立存款账户的法人以及其他组织之间，具有真实的交易关系或债权债务关系的，可使用商业汇票。商业汇票结算方式既可以用于同城结算，也可以用于异地结算。

出票人办理电子商业汇票业务，还应同时具备签约开办对公业务的企业网银等电子服务渠道、与银行签订《电子商业汇票业务服务协议》。单张出票金额在100万元以上的商业汇票原则上应全部通过电子商业汇票办理；单张出票金额在300万元以上的商业汇票应全部通过电子商业汇票办理。

（二）商业汇票结算的基本规定

1.商业汇票上必须记载事项的规定

（1）标明"商业承兑汇票"或"银行承兑汇票"的字样。

（2）无条件支付的委托。

（3）确定的金额。

（4）付款人的名称。

（5）收款人的名称。

（6）出票日期。

（7）出票人签章。

商业汇票上未记载以上规定事项之一的，汇票无效。

【小知识7-1】

与支票相比，商业汇票的必须记载事项多了"收款人名称"这项内容。

2.商业汇票付款人和付款期限的规定

商业汇票的付款人为承兑人。商业汇票付款期限最长不超过6个月，提示付款期限自汇票到期日起10天。

3.商业汇票背书转让的规定

商业汇票可以背书转让。

任务实施

商业汇票的签发：

（一）银行承兑汇票的签发

银行承兑汇票是指由出票人签发，并由承兑申请人向开户银行申请，经银行审查同意承兑，在指定日期无条件支付确定的金额给收款人或持票人的票据。

银行承兑汇票一式三联，第一联由承兑行留存备查，第二联交收款单位，收款单位到期存入银行，第三联由出票人留存备查，作为记账用原始凭证。

【例7-1】南京新兴兴印务有限公司于2024年2月10日签发银行承兑汇票，向南京三山机床有限公司支付货款30万元，并经开户银行承兑。银行承兑汇票各联次的填写如图7-1、图7-2和图7-3所示。

图7-1　银行承兑汇票第一联

图7-2　银行承兑汇票第二联

注：对照图7-2，银行承兑汇票对应项目填写如下：

①银行承兑汇票——表明"银行承兑汇票"的字样；

②本汇票请你行承兑，到期无条件付款——无条件支付的委托；

③叁拾万元整——确定的金额（大写金额需顶格填写）；

④南京新兴兴印务有限公司——出票人的名称；

⑤南京三山机床有限公司——收款人的名称；

⑥贰零贰肆年零贰月零壹拾日——出票日期；

⑦公司财务专用章、法人章——出票人签章。

银行承兑汇票（卡片）　3

出票日期：贰零贰肆 年 零贰 月 零壹拾 日
（大写）

出票人全称	南京新兴兴印务有限公司	收款人	全 称	南京三山机床有限公司											
出票人账号	4301013000001315211		账 号	4301013000001311121											
付款行全称	中国工商银行江苏省分行浦口营业部		开户银行	中国工商银行江苏省分行浦口营业部											
出票金额	人民币（大写）叁拾万元整				亿	千	百	十	万	千	百	十	元	角	分
							¥	3	0	0	0	0	0	0	0
汇票到期日（大写）	贰零贰肆年零伍月零玖日	付款行	行号	102301000038											
承况协议编号	0023021		地址	南京市浦口区××街道28号											
备注：		复核：		经办： 张 三											

此联由出票人存联

图7-3　银行承兑汇票第三联

（二）商业承兑汇票的签发

商业承兑汇票是指由收款人签发、经付款人承兑，或者由付款人签发并承诺在指定日期无条件支付确定金额给收款人或持票人的票据。

商业承兑汇票一式三联，第一联由承兑人留存备查，第二联交收款单位，收款单位到期存入银行，第三联出票人留存备查，作为记账用原始凭证。

【例7-2】2024年4月25日，长沙含光服饰有限公司销售给武汉汉阳商场有限公司男式休闲裤100条，每条158元，税率为13%，价税合计17 854元。双方采用商业承兑汇票方式结算，武汉汉阳商场有限公司开具的商业承兑汇票如图7-4所示。

商业承兑汇票（存根）　　汇票号码　10202160

出票日期 贰零贰肆 年 肆 月 贰拾伍 日
（大写）

付款人	全 称	武汉汉阳商场有限公司	收款人	全 称	长沙含光服饰有限公司											
	账 号	421865098119914212007		账 号	6102021845672108902											
	开户银行	交通银行武汉汉阳支行		开户银行	中国工商银行长沙中山支行											
出票金额	人民币（大写）壹万柒仟捌佰伍拾肆元整				亿	千	百	十	万	千	百	十	元	角	分
							¥	1	7	8	5	4	0	0
汇票到期日（大写）	贰零贰肆年陆月贰拾伍日	付款人开户行	行号	301521007007											
			地址	武汉市汉阳路78号											
备注：															

此联承兑人留存

长沙含光服饰有限公司财务专用章　华志印　出票人签章

图7-4　商业承兑汇票

长沙含光服饰有限公司收到武汉汉阳商场有限公司开具的商业承兑汇票（如图7-5、图7-6所示）。

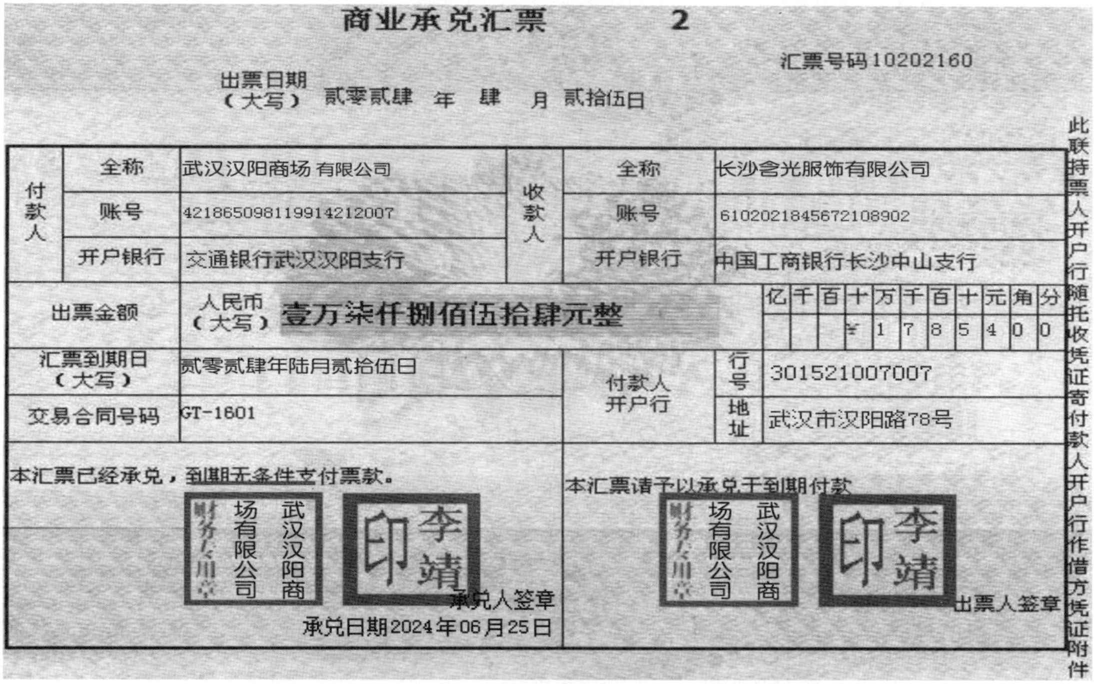

图7-5　商业承兑汇票第二联（正面）

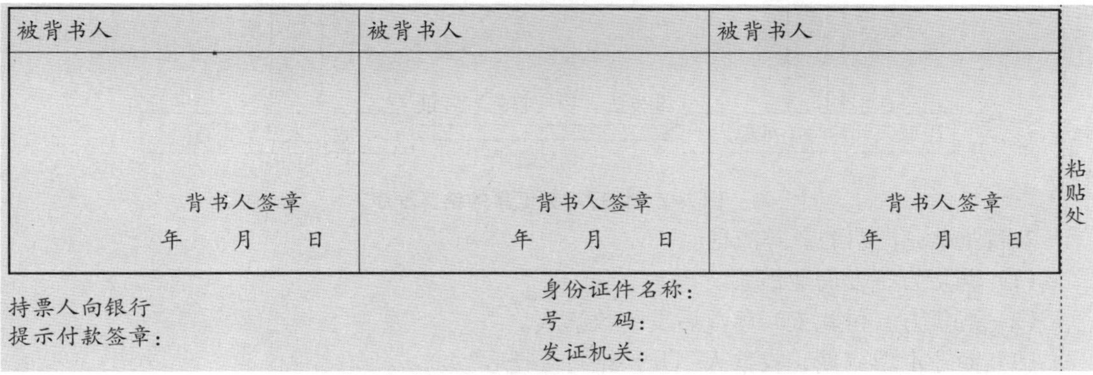

被背书人	被背书人	被背书人	
背书人签章 年　月　日	背书人签章 年　月　日	背书人签章 年　月　日	粘贴处
持票人向银行 提示付款签章：	身份证件名称： 号　　码： 发证机关：		

图7-6　商业承兑汇票第二联（背面）

任务二　　　　商业汇票结算业务的核算

📝 任务描述

在商业汇票结算方式下，企业可以通过签发商业汇票确认应付的购货款或接受的劳务款，也可以通过收取付款方签发的商业汇票确认应收的销货款或提供的劳务款，商业汇票到期时双方结算款项。那么商业汇票结算程序是怎样的，如何根据相关原始凭证进行会计处理呢？

知识储备

（一）商业汇票结算程序

1.银行承兑汇票的业务流程。

（1）付款（购货）企业的出纳人员持签发的商业汇票到开户银行办理申请承兑手续。

（2）银行审核后签订承兑协议，并将承兑后的汇票交给购货企业的出纳人员。

（3）购货方出纳人员将银行承兑汇票交给采购部门的业务人员，采购部门的业务人员将银行承兑汇票交给收款人办理结算。

（4）收款人（持票人）到本企业开户银行委托收款。

（5）收款人开户银行向付款人开户银行发出"委托收款"凭证。

（6）付款人于汇票到期前将票款足额缴存开户银行。

（7）付款人开户银行与收款人开户银行划转结算资金。

（8）收款人收妥款项。

银行承兑汇票的结算程序如图7-7所示：

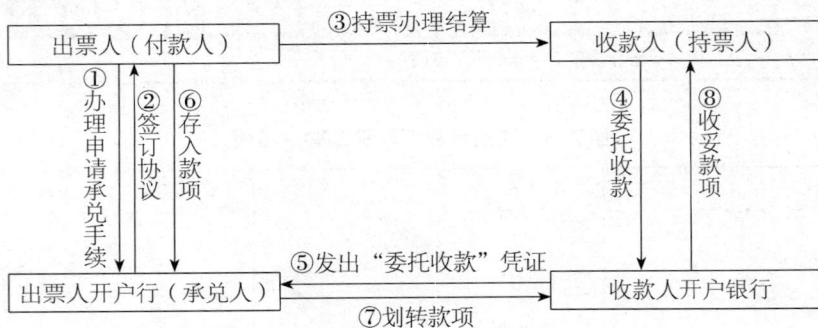

图7-7　银行承兑汇票的结算程序

2.商业承兑汇票的业务流程。

（1）购货方签发商业汇票。

（2）购货方（付款人）承兑后交给收款人。

（3）商业汇票到期，收款人到开户银行委托收款。

（4）收款人开户银行向承兑人开户银行发出"委托收款"凭证。

（5）付款人开户银行向付款人发出付款通知。

（6）付款人通知银行付款。

（7）付款人开户银行向收款人开户银行划账付款。

（8）收款人收妥货款。

商业承兑汇票的结算程序如图7-8所示：

（二）账户设置

采用商业汇票结算方式，收款方通过"应收票据"账户核算。该账户属于资产类账户，借方登记取得应收票据的面值，贷方登记到期收回或到期前向银行贴现的应收票据的票面余额，期末借方余额反映小企业持有的尚未到期收回的应收票据的票面金额。

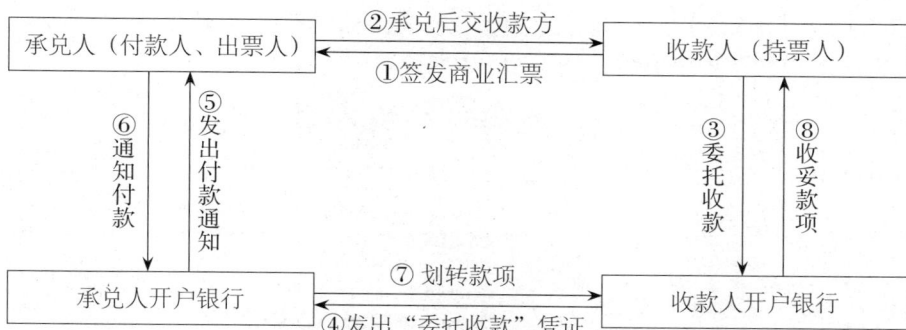

图7-8　商业承兑汇票的结算程序

采用商业汇票结算方式，购货企业（付款方）通过"应付票据"账户核算，该账户属于负债类账户，贷方核算应付票据的增加额，借方核算应付票据的偿还或到期转出金额，期末贷方余额反映小企业开出并承兑的尚未到期的商业汇票的票面金额。

"应收票据""应付票据"账户均应设置票据备查簿，逐笔登记每一张商业汇票的种类、号数、签发日期、票面金额、交易合同号、承兑人、背书人、到期日等事项。

任务实施

（一）商业汇票收款方的账务处理

商业汇票收款方的核算流程如图7-9所示：

图7-9　商业汇票收款方的核算流程

1.企业因销售商品、提供劳务等而收到已承兑的商业汇票时：

借：应收票据

　　贷：主营业务收入

　　　　应交税费——应交增值税（销项税额）

2.收到债务人用以抵偿前欠货款的商业汇票时：

借：应收票据

　　贷：应收账款

3.企业将持有的商业汇票背书转让时：

借：原材料等

　　应交税费——应交增值税（进项税额）

　　贷：应收票据

如有差额，借记或贷记"银行存款"等账户。

4.票据到期收回时：

借：银行存款

　　贷：应收票据

若到期无法收回票据款项，则会计处理为：

借：应收账款

　　贷：应收票据

【例7-3】 以【例7-2】中的业务为例，长沙含光服饰有限公司销售给武汉汉阳商场有限公司男式休闲裤，开具增值税专用发票（如图7-10所示）。

湖南增值税专用发票　№08202041

4300201130

此联不作报销　扣税凭证使用

湖　南

开票日期：2024年04月25日

4300201130
08202041

购买方	名称：武汉汉阳商场有限公司 纳税人识别号：9142010733356690XZ 地址、电话：武汉市汉阳路5号 027-51528430 开户行及账号：交通银行武汉汉阳支行4218650981199142120 07					密码区	67/*+3*0611*++0/+0*/*+3+2/9* 11*+66666*/066611*+666666* 1**+216***6000*261*2*4/*547 203994+142*64151*6915361/3*	第一联
货物或应税劳务、服务名称	规格型号	单位	数量	单价	金额	税率	税额	记账联
休闲裤		条	100	158.00	15 800.00	13%	2 054.00	销售方记账凭证
合　计					¥15 800.00		¥2 054.00	
价税合计（大写）		⊗壹万柒仟捌佰伍拾肆元整			（小写）¥17 854.00			
销售方	名称：长沙含光服饰有限公司 纳税人识别号：914301113446737191 地址、电话：长沙市开福区芙蓉中路155号 0731-88746532 开户行及账号：中国工商银行长沙中山支行6102021845672108902					备注	914301113446737191 发票专用章	
收款人：		复核 陈上		开票人 张平		销售方：（章）		

图7-10　增值税专用发票

同时，长沙含光服饰有限公司收到武汉汉阳商场有限公司开具并承兑的商业承兑汇票（如图7-5所示），编制记账凭证（如图7-11所示）。

记 账 凭 证

2024年04月25日

记字第××号

摘要	总账科目	明细科目	记账√	借方金额 千百十万千百十元角分	记账√	贷方金额 千百十万千百十元角分	
销售	应收票据	商业承兑汇票		1 7 8 5 4 0 0			附件2张
	主营业务收入	休闲裤				1 5 8 0 0 0 0	
	应交税费	应交增值税（销项税额）				2 0 5 4 0 0	
	合计			¥1 7 8 5 4 0 0		¥1 7 8 5 4 0 0	

会计主管：　记账：　出纳 陈兰英　审核 熊美丽　制单 刘艳丽

图7-11　记账凭证

【例7-4】 2024年6月25日，长沙含光服饰公司根据审核无误的商业承兑汇票填写一式五联的委托收款凭证，向银行提示付款，收款人开户银行审查受理后，将委托收款的托收凭证受理回单（如图7-12所示）加盖银行业务受理章后退回收款人。

托收凭证（受理回单）　1

委托日期：2024 年 06 月 25 日

业务类型	委托收款（□邮划、☑电划）				托收承付（□邮划、□电划）				
付款人	全称	武汉汉阳商场有限公司			收款人	全称	长沙含光服饰有限公司		
	账号	42186509811991421 2007				账号	6102021845672108902		
	地址	湖北省武汉市县 开户行 交通银行武汉汉阳支行				地址	湖南省长沙市县 开户行 中国工商银行中山支行		
金额	人民币（大写） 壹万柒仟捌佰伍拾肆元整						千百十万千百十元角分 ¥1 7 8 5 4 0 0		
款项内容 货款		托收凭据名称 商业承兑汇票			附寄单证张数 1				
商品发运情况 已发货		合同名称号码							
备注：		款项收妥日期			中国工商银行长沙中山支行 20240625 受理凭证章 收款人开户银行签章 2024 年 06 月 25 日				

此联作收款人开户银行给收款人的受理回单

复核　　　记账　　　2024 年 06 月 25 日

图7-12　托收凭证受理回单

收款人开户银行和付款人开户银行进行票据交换、审核、资金划拨。款项到账后通知收款人办理收款。2024 年 6 月 25 日，收到托收凭证收款通知（如图 7-13 所示）。

托收凭证（收款通知）　4

委托日期：2024 年 06 月 25 日

业务类型	委托收款（□邮划、☑电划）				托收承付（□邮划、□电划）				
付款人	全称	武汉汉阳商场有限公司			收款人	全称	长沙含光服饰有限公司		
	账号	42186509811991421 2007				账号	6102021845672108902		
	地址	湖北省武汉市县 开户行 交通银行武汉汉阳支行				地址	湖南省长沙市县 开户行 中国工商银行中山支行		
金额	人民币（大写） 壹万柒仟捌佰伍拾肆元整						千百十万千百十元角分 ¥1 7 8 5 4 0 0		
款项内容 货款		托收凭据名称 商业承兑汇票			附寄单证张数 1				
商品发运情况 已发货		合同名称号码 GT-1601							
备注：		款项收妥日期			中国工商银行长沙中山支行 20240625 受理凭证章 收款人开户银行签章 2024 年 06 月 25 日				

此联给付款人开户行凭以汇款或收款人开户行作收账通知

复核　　　记账　　　2024 年 06 月 25 日

图7-13　托收凭证收账通知

根据原始凭证，编制记账凭证（如图 7-14 所示）。

记 账 凭 证

2024 年 06 月 25 日　　　　记字第××号

摘要	总账科目	明细科目	记账√	借方金额 千百十万千百十元角分	记账√	贷方金额 千百十万千百十元角分
收到款项	银行存款			1 7 8 5 4 0 0		
	应收票据	商业承兑汇票				1 7 8 5 4 0 0
合计				¥1 7 8 5 4 0 0		¥1 7 8 5 4 0 0

附件1张

会计主管：　　记账：　　出纳：陈兰英　　审核：熊美丽　　制单：刘艳丽

图7-14　记账凭证

【小知识7-2】

小企业办理商业汇票到期委托收款手续后，托收凭证的回单联不能作为收款的原始凭证。此时不需作账务处理，待收到银行转来的收款通知时再进行账务处理。

【例7-5】假如2024年6月25日，武汉汉阳商场有限公司无款支付到期票据，开户银行转来未付票款通知书和商业承兑汇票。出纳员及时联系付款单位进行追款。长沙含光服饰有限公司根据未付票款通知书编制记账凭证（如图7-15所示）。

记账凭证

2024年06月25日　　　　　　　　记字第××号

摘要	总账科目	明细科目	记账√	借方金额 千百十万千百十元角分	记账√	贷方金额 千百十万千百十元角分
票款无法收到	应收账款	武汉汉阳商场有限公司		1 7 8 5 4 0 0		
	应收票据	商业承兑汇票				1 7 8 5 4 0 0
合计				¥1 7 8 5 4 0 0		¥1 7 8 5 4 0 0

附件1张

会计主管：　　记账：　　出纳：陈兰英　　审核：熊美丽　　制单：刘艳丽

图7-15　记账凭证

（二）商业汇票付款方的账务处理

商业汇票付款方的核算流程如图7-16所示。

签发汇票 ⟹ 承兑 ⟹ 交付汇票 ⟹ 到期兑付

图7-16　商业汇票付款方的核算流程

1.企业购买材料、商品而开出并承兑商业汇票时：

借：原材料或库存商品等

　　应交税费——应交增值税（进项税额）

　贷：应付票据

2.企业采用银行承兑汇票结算，按票面金额5‰向承兑银行支付银行承兑汇票的手续费时：

借：财务费用

　贷：银行存款

3.到期支付应付票据的票款时：

借：应付票据

　贷：银行存款

4.银行承兑汇票到期，企业无力支付票款的，则在接到银行转来的有关凭证时，按照银行承兑汇票的票面金额：

借：应付票据

　贷：短期借款

【小知识7-3】

银行承兑汇票由开户银行承兑，承兑银行按票面金额向出票人收取5‰的手续费。汇票到期时，银行收到收款人开户银行托收凭证后，将款项划转收款人开户银行，并把收款方托收凭证交付款方。

【例7-6】 长沙含光服饰有限公司为增值税一般纳税人，适用增值税税率为13%，2024年4月15日，向湖南谢敏原料有限公司购入一批棉布共800米，每米55元。棉布已验收入库。长沙含光服饰有限公司签发票面金额49 720元、期限为3个月的银行承兑汇票用于购货，并由开户银行承兑，按票面金额的0.5‰支付了办理银行承兑汇票的手续费。银行邮、电、手续费收费凭证如图7-17所示。

银行邮、电、手续费收费凭证

日期：2024年04月15日

| 缴款人名称：长沙含光服饰有限公司 | 信(电)汇　笔　汇票 | | | 笔　其他　笔 |
| 账　号：6102021845672108902 | 异托、委托　笔　支票 | | | 笔(本)专用托收　1　笔 |

邮费金额	电报费金额	手续费金额	合计金额	
百 十 元 角 分	百 十 元 角 分	百 十 元 角 分	千 百 十 元 角 分	
		2 4 8 6		

合计金额人民币(大写) 贰拾肆元捌角陆分　　　记账 刘艳丽

图7-17　银行邮、电、手续费收费凭证

根据收费凭证编制记账凭证（如图7-18所示）。

记 账 凭 证

2024年04月15日　　　　　记字第××号

摘要	总账科目	明细科目	记账√	借方金额 千百十万千百十元角分	记账√	贷方金额 千百十万千百十元角分	
支付手续费	财务费用	手续费		2 4 8 6			附件1张
	银行存款					2 4 8 6	
合计				¥2 4 8 6		¥2 4 8 6	

会计主管：　　记账：　　出纳：陈兰英　　审核：熊美丽　　制单：刘艳丽

图7-18　记账凭证

【例7-7】 长沙含光服饰有限公司取得增值税专用发票（如图7-19所示）、材料入库单（如图7-20所示）、银行承兑汇票存根（如图7-21所示）等原始凭证，编制记账凭证（如图7-22所示）。

湖南增值税专用发票　　No 06720321

4300204130

4300204130
06720321

开票日期：2024 年 04 月 15 日

购买方	名　　　称：长沙含光服饰有限公司 纳税人识别号：914301113446737191 地址、电话：长沙市开福区芙蓉中路 155 号 0731-88746532 开户行及账号：中国工商银行长沙中山支行 6102021845672108902	密码区	67/* +3*0611* ++0/+0*/* +3+2/9* 11* +66666*/066611* +666666* 1** +216***6000*261*2*4/*547 203994+142*64151*6915361/3*

货物或应税劳务、服务名称	规格型号	单位	数量	单价	金额	税率	税额
棉布	101#	米	800.00	55.00	44 000.00	13%	5 720.00
合　计					¥44 000.00		¥5 720.00

价税合计（大写）　⊗肆万玖仟柒佰贰拾元整　　（小写）¥49 720.00

销售方	名　　　称：湖南谢敏原料有限公司 纳税人识别号：914301224557878121 地址、电话：荷花路电动车大市场 0731-88673421 开户行及账号：长沙银行荷花路支行 6199480007696480012	备注	914301224557878121 发票专用章

收款人：　　复核：刘丽　　开票人：谢成　　销售方：（章）

第三联 发票联 购买方记账凭证

图 7-19　增值税专用发票

材料入库单（记账凭单）

供货单位：湖南谢敏原料有限公司　　材料类别：001　　编号：01
发票号码：06720321　　2024 年 04 月 15 日　　材料编号：00101　　仓库：原材料库

材料名称	计量单位	规格型号	数量		实际成本				
			应收	实收	单价	金额	运杂费	其他	合计
棉布	米		800.00	80.00	55.00	44 000.00			44 000.00
备注：					合计	44 000.00			44 000.00

财务联

采购：王青　　检验：李平　　保管：严敏　　主管：熊美丽　　财务：刘艳丽

图 7-20　材料入库单

银行承兑汇票（卡片）

1

出票日期：贰零贰肆 年 肆 月 壹拾伍 日
（大写）

出票人全称	长沙含光服饰有限公司	收款人	全　称	湖南谢敏原料有限公司
出票人账号	6102021845672108902		账　号	6199480007696480012
付款行全称	中国工商银行长沙中山支行		开户银行	长沙银行荷花路支行

出票金额	人民币 （大写）　肆万玖仟柒佰贰拾元整			亿	千	百	十	万	千	百	十	元	角	分
							¥	4	9	7	2	0	0	0

汇票到期日 （大写）	贰零贰肆年柒月壹拾伍日	付款行	行号	102551000070
承况协议编号	12365478		地址	长沙市开福区中山路 76 号

本汇票请你行承兑，此项汇票款我单位按承兑协议于到期前足额交存你行，到期请予支付。

长沙含光服饰有限公司财务专用章

华印肖志

出票人签章

备注：　　复核：　　经办：

此联承兑行留存备查到期支付或付款时作借方传票附

图 7-21　银行承兑汇票

记 账 凭 证

2024 年 04 月 15 日　　　　　　　　　　　　　　　记字第××号

摘要	总账科目	明细科目	记账√	借方金额 千 百 十 万 千 百 十 元 角 分	记账√	贷方金额 千 百 十 万 千 百 十 元 角 分	
购买材料	原材料	棉布		4 4 0 0 0 0 0			附件3张
	应交税费	应交增值税（进项税额）		5 7 2 0 0 0			
	应付票据	银行承兑汇票				4 9 7 2 0 0 0 0	
	合计			￥ 4 9 7 2 0 0 0		￥ 4 9 7 2 0 0 0	

会计主管：　　　记账：　　　出纳：陈兰英　　　审核：熊美丽　　　制单：刘艳丽

图7-22　记账凭证

【例7-8】银行承兑汇票到期前，长沙含光服饰有限公司应向开户银行交存足额票款。承兑银行在汇票到期日或到期日后的见票当日支付票款。承兑银行从出票企业账户收取票款，并将对方委托收款的付款通知转给长沙含光服饰有限公司。长沙含光服饰有限公司根据托收凭证付款通知联（如图7-23所示）编制记账凭证（如图7-24所示）。

托收凭证（付款通知）　5

委托日期：2024 年 07 月 15 日

业务类型	委托收款(□邮划、☑电划)					托收承付(□邮划、□电划)				
付款人	全称	长沙含光服饰有限公司			收款人	全称	湖南谢敏原料有限公司			此联系付款人开户银行给付款人按期付款的通知
	账号	6102021845672108902				账号	6199480007696480012			
	地址	湖南 省 长沙 市县	开户行	中国工商银行长沙中山支行		地址	湖南 省 长沙 市县	开户行	长沙银行荷花路支行	
金额	人民币(大写)	肆万玖仟柒佰贰拾元整						千 百 十 万 千 百 十 元 角 分 ￥ 4 9 7 2 0 0 0		
款项内容	货款		托收凭据名称	银行承兑汇票		附寄单证张数	1			
商品发运情况				合同名称号码						
备注：			款项收妥日期			中国工商银行长沙中山支行 20240715 受理凭证章				
复核　　　记账				2024 年 07 月 25 日		收款人开户银行签章 2024 年 07 月 15 日				

图7-23　托收凭证付款通知

记 账 凭 证

2024 年 07 月 15 日　　　　　　　　　　　　　　　记字第××号

摘要	总账科目	明细科目	记账√	借方金额 千 百 十 万 千 百 十 元 角 分	记账√	贷方金额 千 百 十 万 千 百 十 元 角 分	
票据到期	应付票据	银行承兑汇票		4 9 7 2 0 0 0			附件1张
	银行存款					4 9 7 2 0 0 0 0	
	合计			￥ 4 9 7 2 0 0 0		￥ 4 9 7 2 0 0 0	

会计主管：　　　记账：　　　出纳：陈兰英　　　审核：熊美丽　　　制单：刘艳丽

图7-24　记账凭证

【小知识7-4】

银行承兑汇票到期，如果付款方无能力或不能足额支付款项，承兑银行必须垫付款项，并对垫付款项进行逾期贷款处理，同时银行将参照签发空头支票的违规行为对付款方进行处罚。

【例7-9】2024年7月15日银行承兑汇票到期时，若长沙含光服饰有限公司账户上无款支付，则开户银行将垫付该笔款项，同时将该笔款项转作长沙含光服饰有限公司的逾期贷款处理。根据银行转来的特种转账借方凭证，长沙含光服饰有限公司编制记账凭证（如图7-25所示）。

记账凭证

2024 年 07 月 15 日　　　　　　　　　　　　　　　　记字第××号

摘要	总账科目	明细科目	记账√	借方金额 千百十万千百十元角分	记账√	贷方金额 千百十万千百十元角分	
票据到期无款支付	应付票据	银行承兑汇票		4 9 7 2 0 0 0			附件1张
	短期借款					4 9 7 2 0 0 0	
合计				¥ 4 9 7 2 0 0 0		¥ 4 9 7 2 0 0 0	

会计主管：　　　记账：　　　出纳：陈兰英　　　审核：熊美丽　　　制单：刘艳丽

图7-25　记账凭证

【例7-10】上述业务中，湖南谢敏原料有限公司作为销售方销售材料，开出增值税专用发票（如图7-26所示），并收到长沙含光服饰有限公司支付的银行承兑汇票，填写"应收票据备查簿"。湖南谢敏原料有限公司根据增值税专用发票，编制记账凭证（如图7-27所示）。

湖南增值税普通发票　№ 06720321

记账联

4300204130　　　　　　　　　　　　　　　　　4300204130
　　　　　　　　　　　　　　　　　　　　　　06720321
开票日期：2024 年 04 月 15 日

购买方	名　　称：长沙含光服饰有限公司 纳税人识别号：914301113446737191 地址、电话：长沙市开福区芙蓉中路155号0731-88746532 开户行及账号：中国工商银行长沙中山支行6102021845672108902	密码区	67/* +3*0611* ++0/+0*/* +3+2/9* 11* +66666*066611* +666666* 1** +216***6000*261*2*4/*547 203994+142*64151*6915361/3*

货物或应税劳务、服务名称	规格型号	单位	数量	单价	金额	税率	税额
棉布	101#	米	800.00	55.00	44 000.00	13%	5 720.00
合　计					¥44 000.00		¥5 720.00

价税合计（大写）	⊗肆万玖仟柒佰贰拾元整	（小写）¥49 720.00

销售方	名　　称：湖南谢敏原料公司 纳税人识别号：914301224557878121 地址、电话：荷花路电动车大市场0731-88673421 开户行及账号：长沙银行荷花路支行6199480007696480012	备注	湖南谢敏原料有限公司 914301224557878121 发票专用章（章）

收款人：　　　复核：刘丽　　　开票人：谢成　　　销售方：（章）

第一联 记账联 销售方记账凭证

图7-26　增值税专用发票

记 账 凭 证

2024 年 04 月 15 日　　　　　　　　　　　　　记字第××号

摘要	总账科目	明细科目	记账√	借方金额 千百十万千百十元角分	记账√	贷方金额 千百十万千百十元角分
销售材料	应收票据	银行承兑汇票		4 9 7 2 0 0 0 0		
	主营业务收入	棉布				4 4 0 0 0 0 0 0
	应交税费	应交增值税（销项税额）				5 7 2 0 0 0 0
	合计			￥4 9 7 2 0 0 0 0		￥4 9 7 2 0 0 0 0

附件2张

会计主管：　　　记账：　　　出纳：刘英　　审核：刘丽　　制单：于玲

图 7-27　记账凭证

【小知识7-5】

例题中假设销售棉布是湖南谢敏原料有限公司的主营业务，因此记入"主营业务收入"账户；如果销售棉布不是该公司的主营业务，则记入"其他业务收入"账户。

【例7-11】7月5日，湖南谢敏原料有限公司在提示付款期内，根据审核无误的银行承兑汇票填写一式五联的委托收款凭证，向银行提示付款，取回托收凭证受理回单（如图7-28所示）。7月15日，银行转来托收凭证收款通知（如图7-29所示）。

托收凭证（受理回单）　　1

委托日期：2024 年 07 月 15 日

业务类型	委托收款(□邮划、☑电划)			托收承付(□邮划、□电划)		
付款人 全称	长沙含光服饰有限公司			收款人 全称	湖南谢敏原料有限公司	
账号	6102021845672108902			账号	6199480007696480012	
地址	湖南省长沙市县 开户行 中国工商银行长沙中山支行			地址	湖南省长沙市县 开户行 长沙银行荷花路支行	
金额 人民币(大写)	肆万玖仟柒佰贰拾元整			千百十万千百十元角分 ￥4 9 7 2 0 0 0 0		

款项内容	货款	托收凭据名称	银行承兑汇票	附寄单证张数	1

商品发运情况		合同名称号码	

备注：　　款项收妥日期 2024 年 07 月 25 日　　收款人开户银行签章

长沙银行荷花路支行 20240715 受理凭证章

复核　　记账　　　　　长沙银行荷花路支行 受理凭证章 2024 年 07 月 15 日

此联作收款人开户银行给收款人的受理回单

图 7-28　托收凭证受理回单

根据银行转来的托收凭证收款通知，编制记账凭证（如图7-30所示）。

商业汇票到期，购货方无款支付时，购货方采用银行承兑汇票结算或商业承兑汇票结算，其账务处理的区别是：

对购货方而言，在银行承兑汇票结算方式下，承兑银行将无条件把款项划给收款方，同时对购货方尚未支付的汇票金额转作对其贷款处理。借记"应付票据"账户，贷记"短期借款"账户。而在商业承兑汇票结算方式下，若企业无力支付票款，则按商业承兑汇票的票面金额借记"应付票据"账户，贷记"应付账款"账户。

托收凭证（收款通知）

4

委托日期：2024 年 07 月 15 日

业务类型	委托收款(□邮划、☑电划)				托收承付(□邮划、□电划)				
付款人	全称	长沙含光服饰有限公司			收款人	全称	湖南谢敏原料有限公司		
	账号	6102021845672108902				账号	6199480007696480012		
	地址	湖南 省 长沙 市县	开户行	中国工商银行长沙中山支行		地址	湖南 省 长沙 市县	开户行	长沙银行荷花路支行

金额	人民币（大写）	肆万玖仟柒佰贰拾元整	千百十万千百十元角分 ¥4 9 7 2 0 0 0 0

款项内容	货款	托收凭据名称	银行承兑汇票	附寄单证张数	1
商品发运情况		合同名称号码			

备注：		款项收妥日期 2024 年 07 月 15 日	收款人开户银行签章 2024 年 07 月 15 日 长沙银行荷花路支行 20240715 受理凭证章

复核	记账

图7-29　托收凭证收款通知

记 账 凭 证

2024 年 07 月 15 日

记字第××号

摘要	总账科目	明细科目	记账√	借方金额 千百十万千百十元角分	记账√	贷方金额 千百十万千百十元角分	
收款	银行存款			4 9 7 2 0 0 0			
	应收票据	银行承兑汇票				4 9 7 2 0 0 0	附件1张
合计				¥4 9 7 2 0 0 0		¥4 9 7 2 0 0 0	

会计主管：　　记账：　　出纳：刘英　　审核：刘丽　　制单：于玲

图7-30　记账凭证

对销售方而言，在银行承兑汇票结算方式下，汇票到期肯定能收回货款，不存在收款风险。而在商业承兑汇票结算方式下，付款方无款支付时，借记"应收账款"账户，贷记"应收票据"账户。

【小练习7-1】

如果收款方到期无法收回票据款，收款方持有的是商业承兑汇票还是银行承兑汇票？为什么？

【小知识7-6】

与商业承兑汇票的结算程序比较，银行承兑汇票的结算程序增加了两个环节：申请银行承兑和银行同意承兑。企业使用银行承兑汇票，要向承兑银行支付手续费（按票面金额的 5‰ 计算）。票据到期时如果出票人不能足额支付票款，承兑银行凭票向持票人无条件付款，并向出票人收取利息。

【小练习7-2】

5月15日，甲企业销售给长江有限公司一批E产品，售价为65 000元，增值税税率为13%，货款采用商业承兑汇票结算，汇票期限4个月。9月15日，甲企业接到银行通知，已收到长江公司付来的货款。

要求：根据甲企业5月15日销售商品收到的商业承兑汇票，分别编制9月15日收到票款或者未收到票款的会计分录。

【小知识7-7】

国务院颁布的《保障中小企业款项支付条例》自2020年9月1日起施行。该条例规定：机关、事业单位从中小企业采购货物、工程、服务，应当自货物、工程、服务交付之日起30日内支付款项；合同另有约定的，付款期限最长不得超过60日；机关、事业单位和大型企业不得强制中小企业接受商业汇票等非现金支付方式，不得利用商业汇票等非现金支付方式变相延长付款期限。

项目小结

本项目介绍了商业汇票的相关知识，包括如何签发商业承兑汇票和银行承兑汇票、商业汇票结算的基本规定、商业汇票结算业务的处理程序，以及商业汇票结算方式下的会计处理。学生通过该项目的学习，不仅能正确地签发商业汇票，还能对商业汇票的结算业务进行正确的核算。

项目训练

一、单选题

1.商业汇票的付款期限，最长不得超过（　　）。

A.10天　　　　B.1个月　　　　C.2个月　　　　D.6个月

2.商业汇票比支票多一项必须记载的事项是（　　）。

A.付款日期　　B.收款人名称　　C.确定的金额　　D.出票日期

3.承兑仅适用于（　　）。

A.银行汇票　　B.商业汇票　　C.银行本票　　D.支票

4.收款人收到商业汇票时，应借记"（　　）"账户。

A.银行存款　　B.应收账款　　C.应收票据　　D.其他应收款

5.付款人用商业汇票支付购货款项时，应贷记"（　　）"账户。

A.银行存款　　B.应付账款　　C.其他应付款　　D.应付票据

6."应收票据备查簿"属于（　　）。

A.日记账　　　B.总账　　　　C.明细账　　　　D.备查账

7.根据支付结算法律制度的规定，下列票据，可以办理贴现的是（　　）。

A.转账支票　　B.财务费用　　C.银行汇票　　D.银行本票

8.商业汇票的使用范围是（　　）。

A.同城　　　　B.异地　　　　C.同城、异地通用　　D.同城、异地不通用

9.商业承兑汇票一式（　　）联。

A.一　　　　　B.二　　　　　C.三　　　　　　D.四

10.银行承兑汇票的承兑人是（　　　）。

A.购货单位　　　　　　　　　　　　B.购货单位开户银行

C.销货单位　　　　　　　　　　　　D.销货单位开户银行

11.企业收到商业汇票时，应记入"（　　　）"账户。

A.应收账款　　　　B.应收票据　　　　C.银行存款　　　　D.库存现金

12.企业使用银行承兑汇票向承兑银行支付手续费时，应记入"（　　　）"账户。

A.财务费用　　　　B.管理费用　　　　C.销售费用　　　　D.主营业务成本

13.未贴现的商业承兑汇票到期，如果付款人无力支付票款，收款企业应（　　　）。

A.借记"应收账款"账户，贷记"应收票据"账户

B.借记"应收票据"账户，贷记"应收账款"账户

C.借记"应收账款"账户，贷记"应付票据"账户

D.借记"应付票据"账户，贷记"应收账款"账户

二、多选题

1.商业汇票的签发人可以是（　　　）。

A.银行　　　　　　B.收款人　　　　　C.付款人　　　　　D.代理付款银行

2.商业汇票按承兑人不同，可分为（　　　）。

A.商业承兑汇票　　B.银行承兑汇票　　C.带息票据　　　　D.不带息票据

3.商业汇票上必须记载的事项有（　　　）。

A."银行承兑汇票"字样　　　　　　　B.付款人名称

C.出票人签章　　　　　　　　　　　D.收款人签章

4."应收票据"账户可以核算（　　　）。

A.商业承兑汇票　　B.银行承兑汇票　　C.带息票据　　　　D.不带息票据

5.下列的银行结算方式中，同城和异地均可采用的有（　　　）。

A.汇兑　　　　　　B.商业汇票　　　　C.托收承付　　　　D.委托收款

6.关于商业汇票的说法中，正确的有（　　　）。

A.商业汇票的付款人为承兑人

B.商业汇票的提示付款期限自汇票到期日起10天

C.商业汇票可以背书转让

D.商业汇票到期时，收款人到开户银行委托收款

7.商业汇票上必须记载的事项有（　　　）。

A.表明"商业承兑汇票"或"银行承兑汇票"的字样

B.无条件支付的委托

C.确定的金额、付款人名称和收款人名称

D.出票日期和出票人签章

8.下列票据提示付款期限的表述中，不正确的有（　　　）。

A.支票的提示付款期限是自出票日起1个月

B.银行汇票的提示付款期限是自出票日起1个月

C.商业汇票的提示付款期限是自出票日起1个月

D.银行本票的提示付款期限是自出票日起1个月

三、判断题

1.个人不能使用商业汇票。　　　　　　　　　　　　　　　　　　　　（　　）

2.任何票据的必须记载事项都是一致的。　　　　　　　　　　　　　　（　　）

3.银行承兑汇票由开户银行承兑，承兑银行按票面金额向出票人收取5‰的手续费。

　　　　　　　　　　　　　　　　　　　　　　　　　　　　　　　　（　　）

4.商业承兑汇票到期，若付款方无力支付款项，则银行必须垫付款项。（　　）

5.银行汇票属于银行信用，商业汇票属于商业信用。　　　　　　　　　（　　）

6.商业汇票的提示付款期限自出票日起最长不得超过6个月。　　　　　（　　）

四、案例分析题

长沙绿林有限公司从武汉汉阳商场有限公司购进一批货物，货款为80万元，并开出一张3个月期限的商业承兑汇票，长沙绿林有限公司是出票人（付款人），武汉汉阳商场有限公司是收款人，同时长沙含光服饰有限公司为该汇票提供了担保。付款期满，长沙绿林有限公司发生财务困难，无款支付，武汉汉阳商场有限公司要求长沙含光服饰有限公司支付该笔货款。

请分析：长沙含光服饰有限公司是否必须支付该笔款项？为什么？

五、实训题

1.2024年8月12日，长沙绿叶有限公司购买商品价税合计2 260元，采用商业汇票方式结算，收到对方开出的增值税专用发票（如图7-31所示）。

湖北增值税专用发票					No 06423018			
42200202230			发 湖票北 联			4200202230 06423018 开票日期：2024年08月12日		
购买方	名　　称：长沙绿叶有限公司 纳税人识别号：914308078880436780 地址、电话：长沙市开福区德政路68号 0731-83668988 开户行及账号：中国工商银行长沙中山亭支行6107593030987632189				密码区	67/*+3*0611*++0/+0*/*+3+2/9* 11*+66666**066611*+666666* 1**+216*+6000*261*2*4/*547 203994+142*64151*6915361/3*		第三联
货物或应税劳务、服务名称	规格型号	单位	数量	单价	金额	税率	税额	发票联
纯棉男袜		双	1 000	2.00	2 000.00	13%	260.00	购买方记账凭证
合　计					¥2 000.00		¥260.00	
价税合计（大写）	⊗贰仟贰佰陆拾元整					（小写）¥2 260.00		
销售方	名　　称：湖北立新袜业有限公司 纳税人识别号：91457007843284854A 地址、电话：武汉市新桥区51号 027-51479098 开户行及账号：中国工商银行长沙古汉路支行6105849008321567890				备注	91457007843284854A 发票专用章		
收款人：　　　　复核：陈湘　　　　开票人：李倩　　　　销售方：（章）								

图7-31 增值税专用发票

要求：（1）填写商业承兑汇票（如图7-32、图7-33所示），商业汇票期限为3个月。

<table>
<tr><td colspan="4" align="center">商业承兑汇票 （存根）</td><td>汇票号码</td></tr>
</table>

商业承兑汇票（存根）　汇票号码

出票日期（大写）　年　月　日

付款人	全称		收款人	全称	
	账号			账号	
	开户银行			开户银行	

出票金额　人民币（大写）　　　亿 千 百 十 万 千 百 十 元 角 分

汇票到期日（大写）　　　付款人开户行　行号

交易合同号码　　　　地址

备注：

此联承兑人留存

出票人签章

图 7-32　商业承兑汇票存根

商业承兑汇票　2　汇票号码

出票日期（大写）　年　月　日

付款人	全称		收款人	全称	
	账号			账号	
	开户银行			开户银行	

出票金额　人民币（大写）　　　亿 千 百 十 万 千 百 十 元 角 分

汇票到期日（大写）　　　付款人开户行　行号

交易合同号码　　　　地址

本汇票已经承兑，到期无条件支付票款　　　本汇票请予以承兑于到期日付款

承兑人签章

承兑日期　年　月　日　　　出票人签章

此联持票人开户行随托收凭证寄付款人开户行作借方凭证附件

图 7-33　商业承兑汇票第二联

（2）编制购买商品、尚未入库、采用商业承兑汇票支付款项的记账凭证（如图7-34所示）。

记 账 凭 证

年　月　日　　　　　　　　　　　　　记字第××号

摘　要	总账科目	明细科目	记账√	借方金额 千百十万千百十元角分	记账√	贷方金额 千百十万千百十元角分	
							附件张
	合计						

会计主管：　　　记账：　　　出纳：　　　审核：　　　制单：

图7-34　记账凭证

（3）湖北立新袜业有限公司于2024年11月12日，持商业承兑汇票到银行办理托收，填写托收凭证，取回托收凭证受理回单（如图7-35所示），并于11月15日收到了托收承付收款通知（如图7-36所示），编制收妥款项的记账凭证（如图7-37所示）。

托收凭证（受理回单）　1

委托日期：　　年　月　日

业务类型	委托收款(□邮划、□电划)		托收承付(□邮划、□电划)		
付款人	全称		收款人	全称	
	账号			账号	
	地址　省　市县　开户行			地址　省　市县　开户行	
金额	人民币(大写)			千百十万千百十元角分	
	款项内容		托收凭据名称	附寄单证张数	
商品发运情况			合同名称号码		
备注：		款项收妥日期		收款人开户银行签章 年　月　日	
	复核　　记账		年　月　日		

此联作收款人开户银行给收款人的受理回单

图7-35　托收凭证受理回单

托收凭证（收款通知）　4

委托日期：　　年　月　日

业务类型	委托收款(□邮划、□电划)		托收承付(□邮划、□电划)		
付款人	全称		收款人	全称	
	账号			账号	
	地址　省　市县　开户行			地址　省　市县　开户行	
金额	人民币(大写)			千百十万千百十元角分	
	款项内容		托收凭据名称	附寄单证张数	
商品发运情况			合同名称号码		
备注：		款项收妥日期		收款人开户银行签章 年　月　日	
	复核　　记账		年　月　日		

此联系付款人开户行凭以汇款或收款人开户行作收账通知

图7-36　托收凭证收款通知

图 7-37　记账凭证

2.2024 年 5 月 2 日，长沙含光服饰有限公司与长沙圣林有限公司签订购销合同，从长沙圣林有限公司购进棉布一批，合同约定采用银行承兑汇票结算，长沙含光服饰有限公司签发期限为 2 个月的银行承兑汇票一张（如图 7-38、图 7-39 所示），由其开户银行承兑，并支付了办理银行承兑汇票的手续费。

要求：（1）根据银行邮、电、手续费收费凭证（如图 7-40 所示），编制支付手续费的记账凭证（如图 7-41 所示）。

（2）长沙含光服饰有限公司取得长沙圣林有限公司开具的增值税专用发票（如图 7-42 所示），编制购买材料的记账凭证（如图 7-43 所示）。

（3）以长沙圣林有限公司为主体，根据增值税专用发票（如图 7-44 所示），编制确认收入时的记账凭证（如图 7-45 所示）。

（4）7 月 2 日，长沙圣林有限公司收到银行转来的托收凭证收款通知（如图 7-46 所示），据以编制记账凭证（如图 7-47 所示）（5 月 31 日办理托收的回单略）。

图 7-38　银行承兑汇票（正面）

被背书人	被背书人	被背书人	
			粘贴处
背书人签章 年　月　日	背书人签章 年　月　日	背书人签章 年　月　日	

持票人向银行
提示付款签章：

身份证件名称：
号　　码：
发证机关：

图7-39　银行承兑汇票（背面）

银行邮、电、手续费收费凭证

日期：2024年05月02日

缴款人名称：长沙含光服饰有限公司	信(电)汇　笔　汇票　　　　笔　其他　　　笔
账　号：6102021845672108902	异托、委托　笔　支票　　笔(本)专用托收　1　笔

邮费金额	电报费金额	手续费金额	合计金额	
百 十 元 角 分	百 十 元 角 分	百 十 元 角 分	千 百 十 元 角 分	
		1 0 0 0	￥ 1 0 0 0	

合计金额人民币(大写)　拾元整	记账

图7-40　银行邮、电、手续费收费凭证

记 账 凭 证

年　月　日

记字第××号

摘　要	总账科目	明细科目	记账√	借方金额									记账√	贷方金额									
				千	百	十	万	千	百	十	元	角	分		千	百	十	万	千	百	十	元	角	分
合计																						

会计主管：　　　记账：　　　出纳：　　　审核：　　　制单：

图7-41　记账凭证

湖南增值税专用发票　　No 06720231

4300203130

发 湖票 南 联

全国增值税防伪税控

国家税务总局监制

4300203130
067220231

开票日期：2024 年 05 月 02 日

| 购买方 | 名　　　称：长沙含光服饰有限公司
纳税人识别号：914301113446737191
地址 、电话：长沙市开福区芙蓉中路 155 号 0731-88746532
开户行及账号：中国工商银行长沙中山支行 6102021845672108902 | | | | | 密码区 | 67/* +3*0611* ++0/+0*/* +3+2/9*
11* +66666**066611* +666666*
1** +216***6000*261*2*4/*547
203994+142*64151*6915361/3* |

第三联 发票联 购买方记账凭证

货物或应税劳务、服务名称	规格型号	单位	数量	单价	金额	税率	税额
棉布	50*40	米	200.00	60.00	12 000.00	13%	1 560.00
合　计					¥12 000.00		¥1 560.00

价税合计（大写）	⊗壹万叁仟伍佰陆拾元整	（小写）¥13 560.00

| 销售方 | 名　　　称：长沙圣林有限公司
纳税人识别号：914109845687421756
地址 、电话：长沙市开福区芙蓉中路 158 号 0731-84905718
开户行及账号：中国工商银行长沙五一路支行 614849300363789090 | 备注 | 长沙圣林有限公司
914109845687421756
发票专用章 |

收款人：	复核：刘芝	开票人：李小梅	销售方：（章）

图 7-42　增值税专用发票

记 账 凭 证

年　月　日

记字第××号

摘要	总账科目	明细科目	记账√	借方金额										记账√	贷方金额									
				千	百	十	万	千	百	十	元	角	分		千	百	十	万	千	百	十	元	角	分
合计																								

附件　张

会计主管：	记账：	出纳：	审核：	制单：

图 7-43　记账凭证

湖南增值税专用发票　No 06720231
4300201130

湖南
此联不作报销　扣税凭证使用
开票日期：2024年05月02日

4300203130
06720231

购买方	名　　称：长沙含光服饰有限公司 纳税人识别号：914301113446737191 地址、电话：长沙市开福区芙蓉中路155号0731-88746532 开户行及账号：中国工商银行长沙中山支行6102021845672108902

密码区 67/*+3*0611*++0/+0*/*+3+2/9*11*+66666**066611*+666666*1**+216*6000*261*2*4/*547 203994+142*64151*6915361/3*

货物或应税劳务、服务名称	规格型号	单位	数量	单价	金额	税率	税额
棉布	50*40	米	200.00	60.00	12 000.00	13%	1 560.00
合　计					¥12 000.00		¥1 560.00

价税合计（大写）　⊗壹万叁仟伍佰陆拾元整　（小写）¥13 560.00

销售方	名　　称：长沙圣林有限公司 纳税人识别号：914109845687421756 地址、电话：长沙市开福区芙蓉中路158号0731-84905718 开户行及账号：中国工商银行长沙五一路支行6148493003 63789090

备注 914109845687421756 发票专用章

收款人：　　复核：刘芝　　开票人：李小梅　　销售方：（章）

第一联 记账联 销售方记账凭证

图7-44　增值税专用发票

记　账　凭　证
年　月　日　　　记字第××号

摘要	总账科目	明细科目	记账√	借方金额 千百十万千百十元角分	记账√	贷方金额 千百十万千百十元角分
合　计						

会计主管：　记账：　出纳：　审核：　制单：

附件　张

图7-45　记账凭证

托收凭证（收款通知）　4
委托日期：2024年06月02日

业务类型	委托收款(□邮划、☑电划)				托收承付(□邮划、□电划)		
付款人	全称	长沙含光服饰有限公司		收款人	全称	长沙圣林有限公司	
	账号	6102021845672108902			账号	6104849300363789090	
	地址 湖南省长沙市县	开户行 中国工商银行中山支行			地址 湖南省长沙市县	开户行 中国工商银行长沙五一路支行	

金额 人民币（大写）壹万叁仟伍佰陆拾元整　十万千百十元角分 ¥1 3 5 6 0 0

中国工商银行长沙五一路支行 20240702 转讫

款项内容	货款	托收凭据名称	银行承兑汇票	附寄单证张数
商品发运情况	已发货	合同名称号码		

备注　款项收妥日期　2024年07月02日　收款人开户银行签章 2024年07月02日

复核　　记账

此联系付款人开户行凭以汇款或收款人开户行作收账通知

图7-46　托收凭证收款通知

记 账 凭 证

年 月 日   记字第××号

摘 要	总账科目	明细科目	记账√	借方金额 千 百 十 万 千 百 十 元 角 分	记账√	贷方金额 千 百 十 万 千 百 十 元 角 分
合计						

附件　张

会计主管：　　　记账：　　　出纳：　　　审核：　　　制单：

图7-47　记账凭证

项目评价

内　容			评价		
学习目标		评价项目	3	2	1
职业能力	商业汇票结算业务的管理	1.商业汇票的含义、分类及适用范围			
		2.商业汇票结算的基本规定			
		3.商业汇票的填制			
	商业汇票结算业务的核算	1.商业汇票的结算程序			
		2.商业汇票的账户设置			
		3.商业汇票收款方和付款方的账务处理			
通用能力	组织与沟通能力				
	学习与创新能力				
	应变能力				
	信息搜集能力				
综合评价					
改进建议					

等级说明：

3——能高质、高效地完成此学习目标的全部内容，并能解决遇到的特殊问题；

2——能高质、高效地完成此学习目标的全部内容；

1——能圆满完成此学习目标的全部内容，无须任何帮助和指导。

评价说明：

优秀——达到3级水平；

良好——达到2级水平；

合格——全部任务都达到1级水平；

不合格——不能达到1级水平。

项目八 汇兑结算的管理及核算

学习目标

知识目标

通过本项目的教学，使学生了解汇兑的含义及适用范围，熟悉汇兑结算的基本流程，掌握汇兑结算的相关规定。

能力目标

能够正确填写"信汇凭证"和"电汇凭证"，能对汇兑结算业务的有关原始凭证进行审核，并根据相关原始凭证编制付款方和收款方的记账凭证。

任务一　　汇兑结算业务的管理

任务描述

汇兑是单位、个体经营户和个人对各种款项常用的结算方式，是一种付款方主动付款的结算方式。企业如何办理汇兑手续，如何将款项汇付给异地的收款人呢？

知识储备

（一）汇兑的含义及适用范围

汇兑是汇款人委托银行将其款项支付给收款人的结算方式。汇兑适用于异地间的结算，汇款人无论是否在银行开立账户，只要需要就可以办理。汇兑按划款方式不同，可分为信汇（邮寄凭证）和电汇（拍发电报）两种。信汇是指汇款人委托银行通过邮寄方式将款项支付给收款人。电汇是指汇款人委托银行通过电报方式将款项划给收款人。

（二）汇兑结算的有关规定

1.汇兑凭证上必须记载事项的规定

（1）表明"信汇"或"电汇"的字样。

（2）无条件支付的委托。

（3）确定的金额。

（4）收款人名称。

（5）汇款人名称。

（6）汇入地点、汇入行名称。

（7）汇出地点、汇出行名称。

（8）委托日期。

（9）汇款人签章。

根据《票据法》的规定，以上事项有欠缺的，银行将不予受理。

汇兑凭证记载的汇款人名称、收款人名称，其在银行开立存款账户的，必须记载其账号。委托日期是指汇款人向银行提交汇兑凭证的当日。

2. 汇兑结算的注意事项

（1）汇款人办理汇款业务后，及时向银行索取汇款回单。

（2）汇入银行对开立存款账户的收款人，应将汇给其的款项直接转入收款人账户，并发出收款通知。

（3）汇款人和收款人均为个人的，需要在汇入银行支取现金，并在信汇、电汇凭证的“汇款金额”大写栏，先填写“现金”字样后再填写汇款金额。

（4）转汇的，应由原收款人向银行填制信汇、电汇凭证，并加盖“转汇”戳记。

（5）汇款人对汇出银行尚未汇出的款项可以申请撤销，申请撤销时，应出具正式函件或本人身份证件及原信汇、电汇凭证回单。

【小知识8-1】

汇兑结算没有金额起点，无论金额多少都可以办理信汇和电汇结算。

另外，汇兑的汇款回单只能作为汇出银行受理汇款的依据，不能成为该笔汇款已转入收款入账的证明。收账通知是银行将款项确已收入收款人账户的凭证。

任务实施

（一）汇兑业务委托书

汇兑业务委托书如图8-1所示。

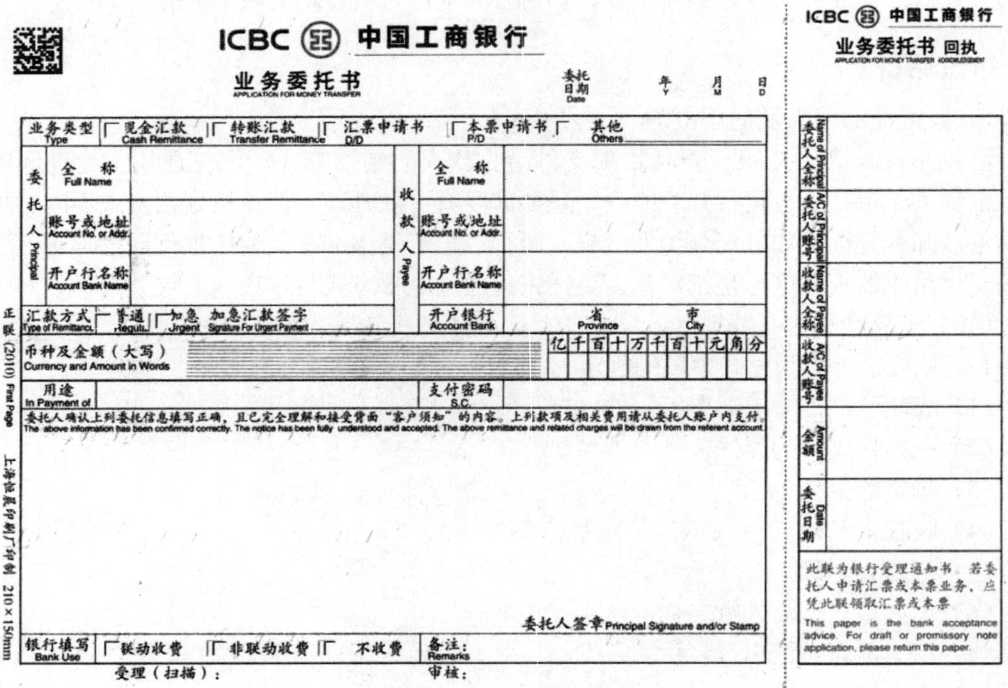
ICBC 中国工商银行
业务委托书 APPLICATION FOR MONEY TRANSFER
委托日期 Date 年 Y 月 M 日 D

业务类型 Type：现金汇款 Cash Remittance　转账汇款 Transfer Remittance　汇票申请书 D/D　本票申请书 P/D　其他 Others

委托人 Principal：全称 Full Name；账号或地址 Account No. or Addr.；开户行名称 Account Bank Name

收款人 Payee：全称 Full Name；账号或地址 Account No. or Addr.；开户行名称 Account Bank Name

汇款方式 Type of Remittance：普通 Regular　加急 Urgent　加急汇款签字 Signature For Urgent Payment

开户银行 Account Bank　省 Province　市 City

币种及金额（大写）Currency and Amount in Words　亿 千 百 十 万 千 百 十 元 角 分

用途 In Payment of　支付密码 S.C.

委托人确认上列委托信息填写正确，且已完全理解和接受背面“客户须知”的内容。上列款项及相关费用请从委托人账户内支付。
The above information has been confirmed correctly. The notice has been fully understood and accepted. The above remittance and related charges will be drawn from the referent account.

委托人签章 Principal Signature and/or Stamp

银行填写 Bank Use：联动收费　非联动收费　不收费　备注：Remarks
受理（扫描）：　审核：

正联（2010）First Page　上海信息印刷厂印制 210×150mm

ICBC 中国工商银行
业务委托书 回执 APPLICATION FOR MONEY TRANSFER ACKNOWLEDGEMENT
委托人全称 Name of Principal
委托人账号 A/C of Principal
收款人全称 Name of Payee
收款人账号 A/C of Payee
金额 Amount
委托日期 Date

此联为银行受理通知书。若委托人申请汇票或本票业务，应凭此联领取汇票或本票
This paper is the bank acceptance advice. For draft or promissory note application, please return this paper.

图8-1 汇兑业务委托书

（二）汇兑业务委托书的填写

汇款人委托开户银行办理汇款，进行汇兑结算时，应填制业务委托书，并加盖银行预留印鉴，交予银行办理划款手续，取回业务委托书回执以备存。

【例8-1】长沙含光服饰有限公司委托开户银行向济南永丰股份有限公司电汇一笔货款，填写的汇兑业务委托书如图8-2所示。

ICBC 中国工商银行

业务委托书 APPLICATION FOR MONEY TRANSFER

委托日期 Date 2024 年 Y 06 月 M 05 日 D

业务类型 Type	☐现金汇款 Cash Remittance　☑转账汇款 Transfer Remittance　☐汇票申请书 D/D　☐本票申请书 P/D　☐其他 Others			
委托人 Principal	全称 Full Name	长沙含光服饰有限公司	收款人 Payee 全称 Full Name	济南永丰股份有限公司
	账号或地址 Account No. or Addr.	6102021845672108902	账号或地址 Account No. or Addr.	3001003612422042965
	开户行名称 Account Bank Name	中国工商银行长沙中山支行	开户行名称 Account Bank Name	中国农业银行济南青洲支行
汇款方式 Type of Remittance	☑普通 Regular　☐加急 Urgent　加急汇款签字 Signature For Urgent Payment		开户银行 Account Bank	山东 省 Province 济南 市 City
币种及金额（大写） Currency and Amount in Words	人民币贰拾万元整		亿千百十万千百十元角分	¥ 2 0 0 0 0 0 0 0
用途 In Payment of	货款		支付密码 S.C	

委托人确认上列委托信息填写正确，且已完全理解和接受背面"客户须知"的内容。上列款项及相关费用请从委托人账户内支付。
The above information has been confirmed correctly. The notice has been fully understood and accepted. The above remittance and related charges will be drawn from the referent account.

长沙含光服饰有限公司财务专用章　肖志华印

委托人签章 Principal Signature and/or Stamp

银行填写 Bank Use　☑联动收费　☐非联动收费　☐不收费　备注：Remarks

受理（扫描）：　审核：

正联(2010) First Page　上海出版印刷厂印制 210×150mm

ICBC 中国工商银行

业务委托书 回执 APPLICATION FOR MONEY TRANSFER ACKNOWLEDGEMENT

委托人全称 Name of Principal	长沙含光服饰有限公司
委托人账号 A/C of Principal	6102021845672108902
收款人全称 Name of Payee	济南永丰股份有限公司
收款人账号 A/C of Payee	3001003612422042965
金额 Amount	¥200 000.00
委托日期 Date	2024年06月05日

此联为银行受理通知书，若委托人申请汇票或本票业务，应凭此联领取汇票或本票

This paper is the bank acceptance advice. For draft or promissory note application, please return this paper.

图8-2　汇兑业务委托书

同时，办理汇兑结算，银行向长沙含光服饰有限公司收取每笔15元的汇划费和每笔0.5元的手续费，共支付15.50元，银行邮、电、手续费收费凭证如图8-3所示。

中国工商银行（支行）

邮、电、手续费收费凭证（付出传票）

缴款单位名称：长沙含光服饰有限公司			账号：6102021845672108902	信汇笔数　电汇笔数 1 异地托收信用证　笔数　邮电
邮费金额	电费金额	手续费金额	合计金额	中国工商银行长沙中山支行 2024.06.05 转讫
	15.00	0.50	¥15.50	收款银行盖章　2024 年 06 月 05 日

图8-3　银行邮、电、手续费收费凭证

【小练习8-1】

河北黄河股份有限公司于2024年6月20日用信汇方式向长沙含光服饰有限公司汇购货款350 000元（开户行：中国工商银行石家庄石山支行，账号：6987540676344235090）。

要求：填写汇兑业务委托书（如图8-4所示）。

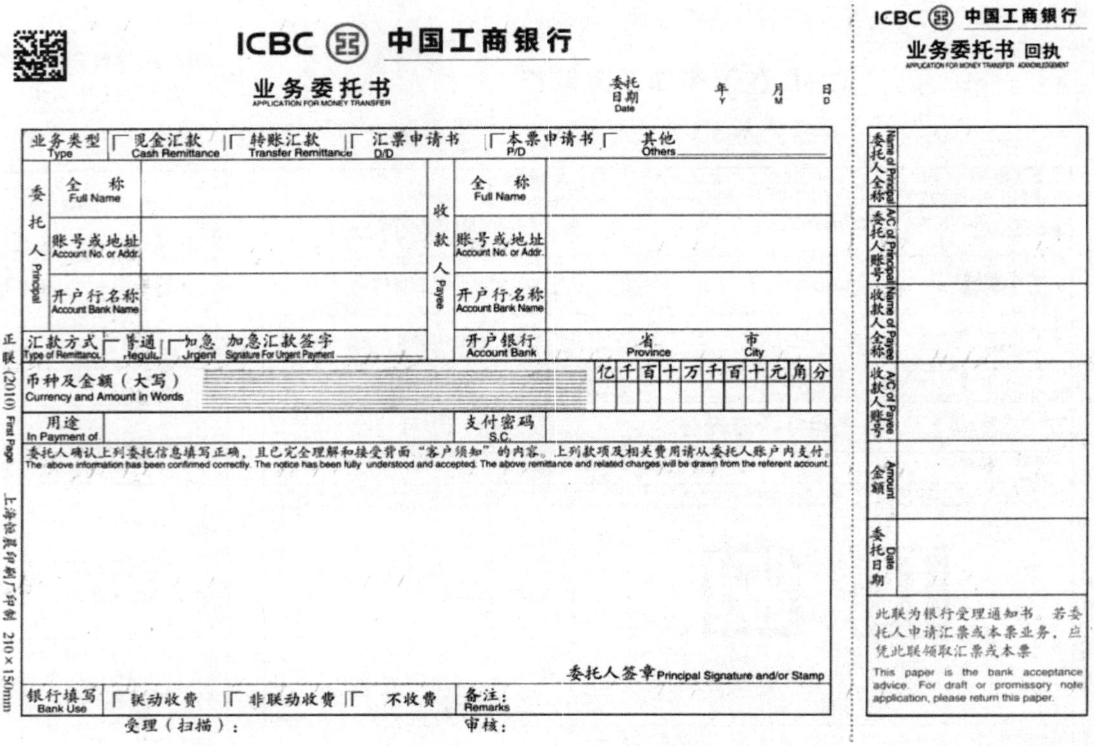
ICBC 中国工商银行

业务委托书 APPLICATION FOR MONEY TRANSFER

委托日期 Date 年 Y 月 M 日 D

业务类型 Type：现金汇款 Cash Remittance；转账汇款 Transfer Remittance；汇票申请书 D/D；本票申请书 P/D；其他 Others

委托人 Principal：全称 Full Name；账号或地址 Account No. or Addr.；开户行名称 Account Bank Name

收款人 Payee：全称 Full Name；账号或地址 Account No. or Addr.；开户行名称 Account Bank Name

汇款方式 Type of Remittance：普通 Regular；加急 Urgent；加急汇款签字 Signature For Urgent Payment

开户银行 Account Bank：省 Province 市 City

币种及金额（大写）Currency and Amount in Words：亿 千 百 十 万 千 百 十 元 角 分

用途 In Payment of；支付密码 S.C.

委托人确认上列委托信息填写正确，且已完全理解和接受背面"客户须知"的内容。上列款项及相关费用请从委托人账户内支付。The above information has been confirmed correctly. The notice has been fully understood and accepted. The above remittance and related charges will be drawn from the referent account.

委托人签章 Principal Signature and/or Stamp

银行填写 Bank Use：联动收费；非联动收费；不收费；备注 Remarks

受理（扫描）：审核：

正联 (2010) First Page 上海协昌印刷厂印制 210×150mm

ICBC 中国工商银行 业务委托书 回执 APPLICATION FOR MONEY TRANSFER ACKNOWLEDGEMENT

委托人全称 Name of Principal；委托人账号 A/C of Principal；收款人全称 Name of Payee；收款人账号 A/C of Payee；金额 Amount；委托日期 Date

此联为银行受理通知书，若委托人申请汇票或本票业务，应凭此联领取汇票或本票。This paper is the bank acceptance advice. For draft or promissory note application, please return this paper.

图8-4 汇兑业务委托书

任务二 汇兑结算业务的核算

任务描述

汇兑结算方式具有划拨款项简单、灵活的特点，因而适用范围广，是目前一种应用极为广泛的结算方式。在汇兑结算方式下，企业可以通过银行主动向异地收款单位付款。那么汇兑结算程序是怎样的，如何根据相关原始凭证进行会计处理呢？

知识储备

（一）汇兑结算业务的流程

1. 汇出单位出纳人员到汇出银行办理汇款手续，填写信汇、电汇凭证。

2. 汇出银行受理后，退回第一联回单，出纳人员据以记账。

3. 付款单位开户行划转款项给收款单位开户行，信汇时邮寄信汇凭证，电汇时用电传。

4.收款单位开户行接到电报或信汇凭证后，通知收款人收款。

汇兑结算程序（如图8-5所示）。

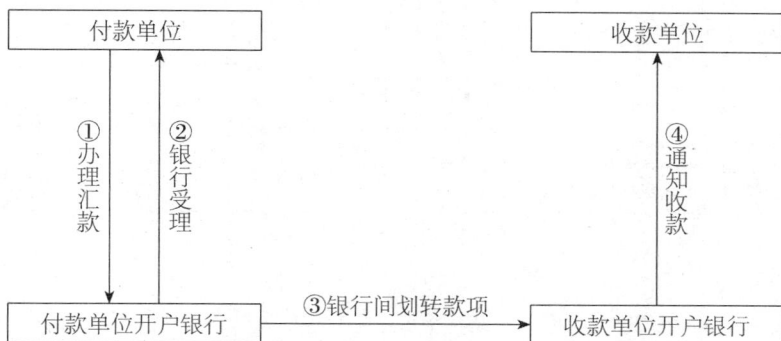

图8-5　汇兑结算程序

（二）账户设置

汇兑结算方式下，付款方通过"银行存款"账户贷方核算，当汇出银行受理汇款人签发的汇兑凭证并审核无误后，及时向汇入银行办理汇款，并向汇款人签发汇款回单。汇款回单可以作为汇出银行受理汇款的依据，但不能作为该笔汇款已转入收款人账户的证明。

汇兑结算方式下，收款方通过"银行存款"账户借方核算。汇入银行对开立存款账户的收款人，将汇给其的款项直接转入收款方账户，并向其发出收账通知。收款方凭收账通知增加企业的银行存款金额。

任务实施

（一）汇兑结算付款方的账务处理

1.单位一般汇款的核算

汇款单位汇出款项，根据汇款凭证回单，借记"预付账款""应付账款"等账户，贷记"银行存款"账户。

【例8-2】2024年4月12日，长沙含光服饰有限公司采用电汇方式向山东兴隆有限公司汇出50 000元，作为购买材料的预付款。出纳员将电汇凭证送到开户银行办理汇款手续，银行已受理。同时向银行支付手续费250元，取回银行邮、电、手续费收费凭证（如图8-6所示）和银行电汇凭证回单（如图8-7所示）。

银行邮、电、手续费收费凭证

日期：2024 年 04 月 12 日

缴款人名称:长沙含光服饰有限公司	信（电）汇 1 　笔 　汇票									笔	其他				笔
账　号：6102021845672108902	异托、委托 　壹 笔 　支票									笔（本）专用托收					笔
邮费金额			电报费金额			手续费金额			合计金额						
百 十 元 角 分	百 十 元 角 分	百 十 元 角 分	千 百 十 元 角 分	记账

合计金额 人民币（大写）	贰佰伍拾元整

（手续费金额：2 5 0 0 0　合计金额：¥ 2 5 0 0 0）

图8-6　银行邮、电、手续费收费凭证

银行电汇凭证（回单）　　NO.020123

委托日期　2024　年　04　月　12　日

汇款人	全　称	长沙含光服饰有限公司	收款人	全　称	山东兴隆有限公司
	账　号	6102021845672108902		账　号	2065538089503653789
	汇出地点	湖南　省　长沙		汇入地点	山东　省　淄博　市/县
	汇出行名称	中国工商银行长沙中山支行		汇入行名称	中国工商银行淄博西山分理处

金额 人民币（大写）伍万元整　中国工商银行长沙中山支行 20240412 办讫章

亿千百十万千百十元角分 ￥5 0 0 0 0 0 0 0

支付密码

附加信息及用途：

汇出行签章　　复核：　　记账：

此联汇出行给汇款人的回单

图8-7　银行电汇凭证（回单）

根据银行邮、电、手续费收费凭证，编制记账凭证（如图8-8所示）。

记 账 凭 证

2024 年 04 月 12 日　　　记字第××号

摘要	总账科目	明细科目	记账√	借方金额 千百十万千百十元角分	记账√	贷方金额 千百十万千百十元角分
支付手续费	财务费用	手续费		2 5 0 0 0		
	银行存款					2 5 0 0 0
		合 计		￥2 5 0 0 0		￥2 5 0 0 0

会计主管：　记账：　出纳：陈兰英　审核：熊美丽　制单：刘艳丽

附件1张

图8-8　记账凭证

根据银行电汇凭证回单编制记账凭证（如图8-9所示）。

记 账 凭 证

2024 年 04 月 12 日　　　记字第××号

摘要	总账科目	明细科目	记账√	借方金额 千百十万千百十元角分	记账√	贷方金额 千百十万千百十元角分
预付货款	预付账款	山东兴隆有限公司		5 0 0 0 0 0 0		
	银行存款					5 0 0 0 0 0 0
		合 计		￥5 0 0 0 0 0 0		￥5 0 0 0 0 0 0

会计主管：　记账：　出纳：陈兰英　审核：熊美丽　制单：刘艳丽

附件1张

图8-9　记账凭证

【小知识8-2】

如果销货单位对购货单位的资信情况缺乏了解或者商品较为紧俏的情况下，可以让购货单位先汇款，等收到货款后再发货以免收不回货款。当购货单位采用先汇款后发货的交易方式时，应详尽了解销货单位资信情况和供货能力，以免盲目地将款项汇出却收不到货物。

2.外埠存款的核算。

外埠存款是指小企业为了到外地进行临时或零星采购，采用汇兑结算方式汇往采购地银行开立采购专户的款项。汇出款项时，填写"汇款委托书"，并加盖"采购资金"字样。除采购员差旅费可以支取少量现金外，其他资金一律转账，该采购专户只付不收，采购资金存款不计利息，付完结束账户。

一般在购货方对销货单位的资信情况和供货能力缺乏了解的情况下，采用先将款项汇到采购地，在采购地开立临时存款户，派人监督支付。

企业将款项委托当地银行汇往采购地开立专户时，根据信汇或电汇凭证回单，编制付款凭证进行账务处理：

借：其他货币资金——外埠存款
　　贷：银行存款

外出采购人员报销用外埠存款支付材料的采购货款等款项时：

借：在途物资或原材料等
　　　应交税费——应交增值税（进项税额）
　　贷：其他货币资金——外埠存款

完成采购任务，将多余的外埠存款转回当地银行时，应根据银行的收款通知，编制收款凭证进行账务处理：

借：银行存款
　　贷：其他货币资金——外埠存款

【例8-3】2024年6月25日，长沙红星服装超市汇往上海60 000元开立采购物资专户，6月30日之前，采购员张林在上海进行采购，采购材料价款50 000元，增值税6 500元。6月30日，将多余的外埠存款转回长沙的开户银行。

要求：根据上述发生的经济业务，编制会计分录：

借：其他货币资金——外埠存款　　　　　　　　　　　　60 000
　　贷：银行存款　　　　　　　　　　　　　　　　　　　　　60 000
借：材料采购（或在途物资）　　　　　　　　　　　　　50 000
　　　应交税费——应交增值税（进项税额）　　　　　　　6 500
　　贷：其他货币资金——外埠存款　　　　　　　　　　　　　56 500
借：银行存款　　　　　　　　　　　　　　　　　　　　3 500
　　贷：其他货币资金——外埠存款　　　　　　　　　　　　　3 500

（二）汇兑结算收款方的账务处理

收款单位收到汇款时，根据银行转来的收账通知：

借：银行存款
　　贷：应收账款或预收账款等

【例8-4】2024年5月10日，长沙含光服饰有限公司收到银行转来的信汇凭证收账通知（如图8-10所示），系武汉汉阳商场有限公司支付的预付购买男士上衣的货款。

中国工商银行信汇凭证

（ 收账通知 或取款收据 ）   第 01 号

委托日期 2024 年 05 月 10 日   应解汇款编号

汇款人	全　称	武汉汉阳商场有限公司		收款人	全　称	长沙含光服饰有限公司									
	账　号	42186509811991421 2007			账　号	6102021845672108902									
	汇出地点	湖北　　省　武汉　市/县			汇入地点	湖南　　省　长沙　市/县									
汇出行名称		交通银行武汉汉阳支行				中国工商银行长沙中山支行									

金额	人民币（大写）	叁万元整			亿	千	百	十	万	千	百	十	元	角	分
							￥	3	0	0	0	0	0	0	0

汇款用途：	预收货款	支付密码	******

附加信息及用途：

复核：

（此联给收款人收账通知或代取款收据）

图8-10　信汇凭证收账通知

长沙含光服饰有限公司出纳人员取回收账通知，编制记账凭证（如图8-11所示）。

记 账 凭 证

2024 年 05 月 10 日   记字第××号

摘要	总账科目	明细科目	记账√	借方金额									记账√	贷方金额								
				千	百	十	万	千	百	十	元	角	分		千	百	十	万	千	百	十	元	角	分
预收货款	银行存款					3	0	0	0	0	0	0												
	合同负债	武汉汉阳商场有限公司															3	0	0	0	0	0	0	0
合计					￥	3	0	0	0	0	0	0	0			￥	3	0	0	0	0	0	0	0

附件1张

会计主管：　　记账：　　出纳：陈兰英　　审核：熊美丽　　制单：刘艳丽

图8-11　记账凭证

【小练习8-2】

长沙青林化妆品有限公司采用预收账款方式销售化妆品，2024年9月1日收到北京美容美发有限公司预付的销货款50 000元，9月5日发出货物，根据发票所列金额，货款共计40 000元，增值税5 200元，用预收销货款抵偿货款后，当天将多余款项通过信汇方式退回，货款已结清。

要求：（1）编制长沙青林化妆品有限公司预收货款、确认收入、退回多余款的会计分录。

（2）编制北京美容美发有限公司预付货款、购买商品、收回多余款的会计分录。

项目小结

本项目介绍了汇兑结算的相关知识，包括汇兑结算的含义和适用范围，以及汇兑结算业务的核算方法和基本账务处理。学生通过该项目的学习，不仅能够了解汇兑结算业务的基本流程，还能对汇兑结算业务进行正确的核算。

项目训练

一、单选题

1.汇兑结算适用于（　　）。

A.异地　　　　　　B.同城　　　　　　C.同城异地　　　　D.支票

2.采用汇兑结算方式汇往采购地银行开立采购专户的款项是（　　）。

A.基本存款账户　B.本票存款　　　C.汇票存款　　　　D.外埠存款

3.下列关于汇兑特征的表述中，不符合法律规定的是（　　）。

A.单位和个人各种款项的结算，均可使用汇兑结算方式

B.汇款回单作为该笔汇款转入收款人账户的证明

C.汇款人对汇出银行尚未汇出的款项可以申请撤销

D.汇入银行对于收款人拒绝接受的汇款，应办理退汇

4.（　　）是指汇款人向当地银行交付本国货币，由银行开具"付款委托书"，用航空邮寄交国外分行或代理行，办理付出外汇业务。

A.信汇　　　　　　B.电汇　　　　　　C.支票　　　　　　D.商业汇票

5.汇款单位委托银行将款项汇给外地收款人的结算方式，称为（　　）。

A.商业汇票　　　B.委托收款　　　C.托收承付　　　　D.汇兑

6.2024年5月20日，甲报社以汇兑方式向李某支付稿费2 000元。下列情况，甲报社可以申请撤销汇款的是（　　）。

A.银行已经汇出但李某尚未领取　　　B.银行尚未汇出

B.银行已向李某发出收账通知　　　　D.拒绝领取

二、多选题

1.汇兑包括（　　）。

A.委托收款　　　B.信汇　　　　　C.电汇　　　　　　D.托收承付

2.在银行结算方式中，同城和异地均可采用（　　）。

A.汇兑　　　　　　B.商业汇票　　　C.托收承付　　　　D.委托收款

3.根据规定，签发汇兑凭证必须记载的事项有（　　）。

A.无条件支付的委托　　　　　　B.收款人名称

C.委托日期　　　　　　　　　　D.汇款人签章

4.汇兑结算业务的注意事项包括（　　）。

A.汇款人办理汇兑业务后，及时向银行索取汇兑回单

B.汇入银行对开立存款账户的收款人，应将汇给其的款项直接转入收款人账户，并发出收款通知

C.汇款人和收款人均为个人的，需要在汇入银行支取现金，应在信汇、电汇凭证的"汇款金额"大写栏，先填写"现金"字样后填写汇款金额

D.转汇的，应由原收款人向银行填制信、电汇凭证，并加盖"转汇"戳记

5.下列各项中，不属于其他货币资金的有（　　）。

A.外币存款　　　B.应收账款　　　C.银行存款　　　　D.外埠存款

三、判断题

1.采用汇兑结算时，汇款人对汇出银行尚未汇出的款项可以申请撤销，申请撤销时，应出具正式函件或本人身份证件及原信、电汇凭证回单。　　　　　　　　（　　）

2.汇兑结算的金额起点为500元。　　　　　　　　　　　　　　　　（　　）

3.汇兑是付款人委托银行将款项结算给收款人的结算方式。　　　　　（　　）

4.采购资金存款不计利息，除采购员的差旅费可以支取少量现金外，一律转账。
　　　　　　　　　　　　　　　　　　　　　　　　　　　　　　　（　　）

5.汇兑按划款方式不同，可分为信汇、电汇两种。　　　　　　　　　（　　）

6.单位和个人异地之间的各种款项的结算，均可使用汇兑。　　　　　（　　）

7.汇兑结算，无论是信汇还是电汇，都没有金额起点的限制，不管款多款少都可使用。　　　　　　　　　　　　　　　　　　　　　　　　　　　　　　（　　）

8.汇兑结算方式除了适用于单位之间的款项划拨外，也可用于单位对异地个人所支付的有关款项，如退休工资、医药费、各种劳务费、稿酬等，还可用于个人对异地单位所支付的有关款项，如邮购商品、书刊等费用。　　　　　　　　　　　（　　）

四、实训题

1.2024年9月1日，长沙绿林有限公司研发部张宁要去南京开会，会议通知需交会务费1 870元（不含税），张宁向财会部门预借差旅费2 000元。（部门负责人：谭新；会计主管：张林；出纳：陈莉）

注：会议通知中需交的会务费1 870元不含税。

（1）填制借款单（如图8-12所示），编制借支差旅费的记账凭证（如图8-13所示）。

借款单

			日期：		
部门		姓　名		借款事由	
借款金额（大写）					
部门负责人签章：			领款人签章		
备　注			预计结报日期		
单位负责人意见					
会计主管核批：		付款方式：		出　纳	

图8-12　借款单

记账凭证

年　　月　　日　　　　　　　　　　　　　　　记字第××号

摘要	总账科目	明细科目	记账√	借方金额 千百十万千百十元角分	记账√	贷方金额 千百十万千百十元角分	
							附件
							张
	合计						

会计主管：　　　记账：　　　出纳：　　　审核：　　　制单：

图8-13　记账凭证

（2）公司出纳人员采用汇兑（电汇）方式支付给举办方会务费1 870元（其中增值税112.20元），另向银行支付电汇的手续费5元，请填写银行电汇凭证回单（如图8-14所示），银行邮、电、手续费收费凭证（如图8-15所示），并编制支付手续费业务的记账凭证（如图8-16所示）。（长沙绿林有限公司开户行：中国工商银行长沙湘江支行，账号：6223423803016712652，地址：湖南省长沙市开福区湘江中路68号；南京勤于商务有限公司开户行：中国建设银行南京玄庆路支行，账号：32004748593037384009７，地址：江苏省南京市玄庆区玄庆大道19号）。

银行电汇凭证（回单）

委托日期　　年　　月　　日

<table>
<tr><td rowspan="3">汇款人</td><td>全　称</td><td></td><td rowspan="3">收款人</td><td>全　称</td><td colspan="11"></td></tr>
<tr><td>账　号</td><td></td><td>账　号</td><td colspan="11"></td></tr>
<tr><td>汇出地点</td><td>省　　市/县</td><td>汇入地点</td><td colspan="11">省　　市/县</td></tr>
<tr><td colspan="2">汇出行名称</td><td></td><td></td><td>汇入行名称</td><td colspan="11"></td></tr>
<tr><td>金额</td><td colspan="4">人民币
（大写）</td><td>亿</td><td>千</td><td>百</td><td>十</td><td>万</td><td>千</td><td>百</td><td>十</td><td>元</td><td>角</td><td>分</td></tr>
<tr><td colspan="3" rowspan="2">汇出行签章</td><td>支付密码</td><td colspan="12"></td></tr>
<tr><td colspan="13">附加信息及用途：
复核：　　记账：</td></tr>
</table>

此联汇出行给汇款人的回单

图8-14　银行电汇凭证回单

银行邮、电、手续费收费凭证

日期：

<table>
<tr><td colspan="10">缴款人名称：</td><td colspan="11">信（电）汇　　笔　汇票　　笔　其他　　笔</td></tr>
<tr><td colspan="10">账　号：</td><td colspan="11">异托、委托　壹　笔　支票　　笔（本）　专用托收　　笔</td></tr>
<tr><td colspan="5">邮费金额</td><td colspan="5">电报费金额</td><td colspan="5">手续费金额</td><td colspan="6">合计金额</td><td></td></tr>
<tr><td>百</td><td>十</td><td>元</td><td>角</td><td>分</td><td>百</td><td>十</td><td>元</td><td>角</td><td>分</td><td>百</td><td>十</td><td>元</td><td>角</td><td>分</td><td>千</td><td>百</td><td>十</td><td>元</td><td>角</td><td>分</td><td rowspan="3">记账</td></tr>
<tr><td></td><td></td><td></td><td></td><td></td><td></td><td></td><td></td><td></td><td></td><td></td><td></td><td></td><td></td><td></td><td></td><td></td><td></td><td></td><td></td><td></td></tr>
<tr><td colspan="21">合计金额
人民币（大写）</td></tr>
</table>

图8-15　银行邮、电、手续费收费凭证

（3）2024年9月11日，研发部张宁报销差旅费，包括会务费、住宿费、车船费等。财会部门收到张宁交来的增值税专用发票（如图8-17所示）和差旅费报销单（如图8-18所示），编制支付会务费的记账凭证（如图8-19所示）和报销差旅费的记账凭证（如图8-20所示）。（本题中住宿费和市内交通费不考虑税款抵扣，高铁票按9%税率抵扣）。

记账凭证

年　　月　　日　　　　　　　　　　　　记字第××号

摘要	总账科目	明细科目	记账√	借方金额 千百十万千百十元角分	记账√	贷方金额 千百十万千百十元角分
		合计				

会计主管：　　　记账：　　　出纳：　　　审核：　　　制单：

附件　张

图 8-16　记账凭证

江苏增值税专用发票　№ 07324561

6617201232

发江票苏联

6617201232
07324561

开票日期：2024年09月11日

购买方	名　称：长沙绿林有限公司 · 纳税人识别号：91430231344 6737188 地址、电话：长沙市开福区湘江中路68号 0731-84468732 开户行及账号：中国工商银行长沙湘江支行6223423803016712652	密码区	67/*+3*0611*++0/+0*/*+3+2/9*11*+66666**066611*+666666*1**+216***6000*261*2*4/*547203994+142*64151*6915361/3*

货物或应税劳务、服务名称	规格型号	单位	数量	单价	金额	税率	税额
会务费		次	1	1 870	1 870.00	6%	112.2
合　计					¥1 870.00		¥112.2 0

价税合计（大写）　⊗壹仟玖佰捌拾贰元贰角整　　　　　¥1 982.20

销售方	名　称：南京勤于商务有限公司 纳税人识别号：320637278076563728 地址、电话：南京市玄庆区玄庆大道19号 025-66993364 开户行及账号：中国建设银行南京玄庆路支行32004748593 0373840097	备注	南京勤于商务有限公司 320637278076563728 发票专用章

收款人：沈丽　　　复核：刘雪　　　开票人：李明　　　销售方：（章）

第三联 发票联 购买方记账凭证

图 8-17　增值税专用发票

差旅费报销单

姓名：张宁　　　部门：研发部　　　日期：**2024年09月11日**　　　出差事由：参加会议

出发地			到达地			公出补助			车船飞机费	卧铺	住宿费	市内车费	邮电费	其他	合计
月	日	地点	月	日	地点	天数	标准	金额							
9	1	长沙	9	1	南京	3	80	240.00	600.00		760.00	76.00		58.00	1 734.00
9	4	南京	9	4	长沙				600.00						600.00

现金付讫

总计人民币（大写）：贰仟叁佰叁拾肆元整

预支	¥2 000.00	核销	¥2 000.00	退补	¥334.00

主管：王华　　　部门：　　　　　　报销人：张宁　　　审核人：杨明

图8-18　差旅费报销单

记 账 凭 证

年　月　日　　　　　　　　　　　　　　　　记字第××号

摘要	总账科目	明细科目	记账√	借方金额 千百十万千百十元角分	记账√	贷方金额 千百十万千百十元角分	
							附件
							张
合计							

会计主管：　　　　记账：　　　　出纳：　　　　审核：　　　　制单：

图8-19　记账凭证

记 账 凭 证

年　月　日　　　　　　　　　　　　　　　　记字第××号

摘要	总账科目	明细科目	记账√	借方金额 千百十万千百十元角分	记账√	贷方金额 千百十万千百十元角分	
							附件
							张
合计							

会计主管：　　　　记账：　　　　出纳：　　　　审核：　　　　制单：

图8-20　记账凭证

2.2024年9月5日长沙绿林有限公司预付货款给浙江宏大服饰商城有限公司，办理信汇手续，收到银行信汇凭证回单（如图8-21所示）。

中国工商银行信汇凭证（回单）1

委托日期：2024年 09 月05 日

汇款人	全称	长沙绿林有限公司	收款人	全称	浙江宏大服饰商城有限公司
	账号	6223423803016712652		账号	6328058308593938272
	汇出地点	湖南 省长沙 市/县		汇入地点	浙江 省嘉兴 市/县
	汇出行名称	中国工商银行长沙湘江支行		汇入行名称	中国工商银行嘉兴支行

金额 人民币（大写）陆万元整

亿千百十万千百十元角分 ￥6 0 0 0 0 0 0

中国工商银行 湘江支行 20240905 办讫章

汇出行签章

支付密码 ******

附加信息及用途：

复核：陈丽 记账 刘阳

此联汇出行给汇款人的回单

图8-21 银行信汇凭证回单

要求：编制预付货款的记账凭证（如图8-22所示）。

记账凭证

年 月 日 记字第××号

摘要	总账科目	明细科目	记账√	借方金额 千百十万千百十元角分	记账√	贷方金额 千百十万千百十元角分
合计						

会计主管： 记账： 出纳： 审核： 制单：

图8-22 记账凭证

3.2024年9月15日，长沙绿林有限公司收到仓库保管员黄佳交来的商品验收单（如图8-23所示）和浙江宏大服饰商城开具的增值税专用发票（如图8-24所示），余款通过信汇方式补付。

要求：填写银行信汇凭证回单（如图8-25所示），编制购买商品验收入库并补付货款的记账凭证（如图8-26所示）。

商 品 验 收 单

来源购入　　　　　　　发票号码09434812　　　　　　　2024 年　09 月　15 日

货 号	货名及规格	单位	数量	进货价格		销售		差额
				单 价	金 额	单 价	金 额	
	小西装	件	400.00	150.00	60 000.00	350.00	140 000.00	80 000.00
	共　计		400.00		¥60 000.00		¥140 000.00	¥80 000.00

财务部门主管：周天　　　　记账：王飞　　　　保管部门：黄佳　　　　制单：李丽

图 8-23　商品验收单

浙江增值税专用发票　№ 09434812

3300201132

发浙票江联

开票日期：2024 年 09 月 15 日

3300201132
09434812

购买方	名　　　称：长沙绿林有限公司 纳税人识别号：914302313446737188 地址、电话：长沙市开福区湘江中路68号 0731-84468732 开户行及账号：中国工商银行长沙湘江支行6223423803016712652				密码区	67/* +3*0611* ++0/+0*/* +3+2/9* 11* +66666*066611* +666666* 1** +216***6000*261*2*4/*547 203994+142*64151*6915361/3*

货物或应税劳务、服务名称	规格型号	单位	数量	单价	金额	税率	税额
小西装		件	400	150.00	60 000.00	13%	7 800.00
合　计					¥60 000.00		¥7 800.00

价税合计（大写）　⊗陆万柒仟捌佰元整　　　　　　　　　　¥67 800.00

销售方	名　　　称：浙江宏大服饰商城有限公司 纳税人识别号：91331123478987340G 地址、电话：浙江省嘉兴市远大路0578-32578750 开户行及账号：中国工商银行嘉兴支行6328058308593938272	备注	913311234789873405 发票专用章

收款人：　　　复核：张国青　　　开票人：陈兰　　　销售方：（章）

图 8-24　增值税专用发票

中国工商银行信汇凭证（回单）　　第　　　号

委托日期：　　年　　月　　日

汇款人	全　　称		收款人	全　　称	
	账　　号			账　　号	
	汇出地点	省　　　市/县		汇入地点	省　　　市/县

汇出行名称　　　　　　　　　　　　　汇入行名称

金额	人民币 （大写）			亿	千	百	十	万	千	百	十	元	角	分

汇款用途：　　　　　　　　　　支付密码

附加信息及用途：

汇出行签章　　　　　　　复核：　　　　　　　记账：

此联汇出行给汇款人的回单

图 8-25　银行信汇凭证回单

记 账 凭 证

年　月　日　　　　　　　　　　　　　　　记字第××号

摘要	总账科目	明细科目	记账√	借方金额 千百十万千百十元角分	记账√	贷方金额 千百十万千百十元角分
合　计						

会计主管：　　　记账：　　　出纳：　　　审核：　　　制单：

附件　张

图8-26　记账凭证

💬 项目评价

内　容			评　价		
学习目标		评价项目	3	2	1
职业能力	汇兑结算业务的管理	1.汇兑的含义及适用范围			
		2.汇兑结算的基本规定			
		3.汇兑凭证的填制			
	汇兑结算业务的核算	1.汇兑结算业务的流程			
		2.汇兑结算下账户的设置			
		3.汇兑结算方式下付款方和收款方的账务处理			
通用能力	组织与沟通能力				
	学习与创新能力				
	应变能力				
	信息搜集能力				
综合评价					
改进建议					

等级说明：

3——能高质、高效地完成此学习目标的全部内容，并能解决遇到的特殊问题；

2——能高质、高效地完成此学习目标的全部内容；

1——能圆满完成此学习目标的全部内容，无须任何帮助和指导。

评价说明：

优秀——达到3级水平；

良好——达到2级水平；

合格——全部任务都达到1级水平；

不合格——不能达到1级水平。

项目九 委托收款结算的管理及核算

学习目标

知识目标

通过本项目的教学，使学生了解委托收款的含义及适用范围，熟悉委托收款结算的基本流程，掌握委托收款结算的相关规定。

能力目标

能够正确填写"委托收款凭证"，能对委托收款结算业务的有关原始凭证进行审核，并根据相关原始凭证编制付款方和收款方的记账凭证。

任务一　　委托收款结算业务的管理

任务描述

委托收款是一种方便灵活、适用范围广泛、便于收款人主动收取款项的结算方式，企业一般对一些信誉较好的客户采用这种方法结算款项，如城镇公用服务事业单位向用户单位收取的水费、电费、煤气费等，也常用该种结算方式。那么委托收款结算的基本规定和要求有哪些呢？

知识储备

（一）委托收款的含义及适用范围

委托收款是收款人委托银行向付款人收取款项的结算方式。单位和个人凭已承兑的商业汇票、存单、债券等付款人债务证明办理款项结算的，均可以使用委托收款结算方式。其中，银行承兑汇票、存单、债券等债务证明的付款人为银行。委托收款不受金额起点的限制，也不受地区区域限制，既可以用于同城结算，也可以用于异地结算。

（二）委托收款结算的基本规定

1.在委托收款结算方式下，款项的划回方式分为邮寄和电报两种，由收款人选用。目前，企业基本上采用电划方式。

2.委托收款凭证上必须记载事项的规定。

（1）表明"委托收款"的字样。

（2）确定的金额。

（3）付款人名称。

（4）收款人名称。

（5）委托收款凭据的名称及附寄单证张数。

（6）委托日期。

（7）收款人签章。

委托收款凭证上未记载以上规定事项之一的，银行不予受理。

委托收款以银行以外的单位为付款人的，委托收款凭证必须记载付款人的开户银行名称；以银行以外的单位或在银行开立存款账户的个人为收款人的，委托收款凭证必须记载收款人的开户银行名称；以未在银行开立存款账户的个人为收款人的，委托收款凭证必须记载被委托银行的名称，欠缺记载的，银行不予受理。

任务实施

（一）委托收款凭证

委托收款凭证一式五联：第一联（如图9-1所示）回单；第二联（如图9-2所示）贷方凭证；第三联（如图9-3所示）借方凭证；第四联（如图9-4所示）收账通知；第五联（如图9-5所示）付款通知。

图9-1　委托收款凭证第一联

图9-2　委托收款凭证第二联

委托收款凭证（借方凭证）　第　号　委托号码

委托日期：　年　月　日

付款人	全称		收款人	全称	
账号或地址			账号或地址	
开户银行			开户银行	行号

委收金额　人民币（大写）　千 百 十 万 千 百 十 元 角 分

款项内容　委托收款凭据名称　附寄单证张数

备注：　上列委托款随附收有关单位，请予办理收款。

科目（贷）——
对方科目（借）——
转账日期　年　月　日
复核　　记账

收款人盖章

收款人开户银行收到日期　年　月　日

此联系付款人开户银行作借方凭证

图9-3　委托收款凭证第三联

委托收款凭证（收账通知）　第　号　委托号码

委托日期：　年　月　日　付款期限：　年　月　日

付款人	全称		收款人	全称	
账号或地址			账号或地址	
开户银行			开户银行	行号

委收金额　人民币（大写）　千 百 十 万 千 百 十 元 角 分

款项内容　委托收款凭据名称　附寄单证张数

备注：

上列款项
1.以上全部划回收入你方账户
2.全部未收到

单位主管　复核　记账

付款人开户银行收到日期　年　月　日
支付日期　年　月　日

此联系收款人开户银行在款项收妥后给收款人

图9-4　委托收款凭证第四联

委托收款凭证（付款通知）　第　号　委托号码

委托日期：　年　月　日　付款期限：　年　月　日

付款人	全称		收款人	全称	
账号或地址			账号或地址	
开户银行			开户银行	行号

委收金额　人民币（大写）　千 百 十 万 千 百 十 元 角 分

款项内容　委托收款凭据名称　附寄单证张数

备注：

付款人注意
1.应于见票当日通知开户银行划款。
2.如需拒付，应在规定期限内，将拒付理由书并附债务证明退交开户银行。

单位主管　会计　复核　记账

付款人开户银行收到日期　年　月　日

此联系付款人开户银行给付款人按期付款的通知

图9-5　委托收款凭证第五联

（二）委托收款凭证的填制

收款企业出纳人员办理委托收款时，应填制一式五联的"委托收款凭证"。按规定填写后，在第二联上签章；将凭证以及有关债务证明提交开户银行，银行审核无误后，在第一联回单联上加盖业务公章，退还收款人；将第二联留下用专夹保管，并登记发出委托收款凭证登记簿；将第三联凭证加盖带有联行行号的结算专用章，连同第四、第五联和有关债务证明，一并寄交付款人开户银行。

【例9-1】2024年4月21日，长沙含光服饰有限公司向上海辰林服装有限公司销售男士上衣200件，每件售价280元，已开出增值税专用发票，出纳员到银行办理托收，填制一式五联的委托收款凭证，由印鉴管理人员在第二联收款人签章处加盖单位预留银行印鉴。出纳员取回经银行审查受理并加盖银行业务受理章的托收凭证回单（如图9-6所示）。

委托收款凭证（回单）							第 23 号
委托日期： 2024 年 04 月 21 日							委托号码 02318

图9-6　委托收款凭证回单

任务二　委托收款结算业务的核算

任务描述

在委托收款结算方式下，小企业出纳人员通过银行向付款单位办理委托收款，付款单位收到开户银行转来的托收凭证进行仔细审核后，或通知银行付款，或办理拒绝付款手续。那么委托收款结算程序是怎样的，如何根据相关原始凭证进行会计处理呢？

知识储备

（一）委托收款结算的流程

1.收款单位出纳人员到开户银行办理委托收款手续，填写委托收款凭证（一式五联），并在第二联加盖预留银行印鉴。

2.收款单位开户行受理后，将相关单证传递给付款单位开户银行。

3.付款单位开户银行通知付款单位付款。

4.付款单位承付款项。

5.付款单位开户银行将款项划转给收款单位开户银行。

6.收款单位开户银行通知收款人收妥入账。

委托收款结算程序（如图9-7所示）。

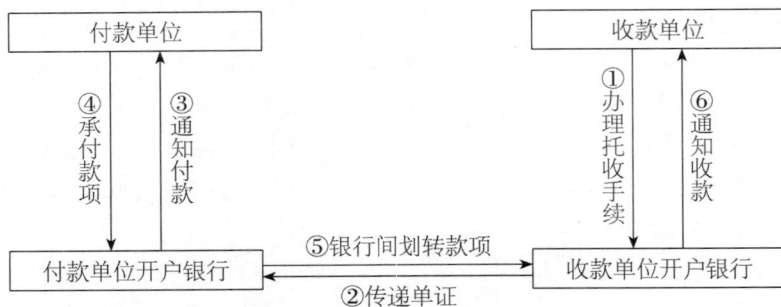

图9-7　委托收款结算程序

（二）付款人付款的规定

1.付款人同意付款的情形

（1）以银行为付款人的，银行应在当日将款项主动支付给收款人。

（2）以单位为付款人的，银行应及时通知付款人，按照有关办法规定，需要将有关债务证明交给付款人的应交给付款人，并签收。付款人应于接到通知的当日书面通知银行付款。付款人未在接到通知的次日起3天内通知银行付款的，视同付款人同意付款，银行应于付款人接到通知日的次日起第4天上午营业时，将款项划给收款人。

银行在办理划款时，付款人存款账户不足支付的，应通过被委托银行向收款人发出未付款通知书。按照有关办法规定，债务证明留存付款人开户银行的，应将其债务证明连同未付款通知书邮寄被委托银行转交收款人。

2.付款人拒绝付款的情形

付款人审查有关债务证明后，对收款人委托收取的款项需要拒绝付款的，可以办理拒绝付款。

（1）以银行为付款人的，应自收到委托收款及债务证明的次日起3天内出具拒绝证明，连同有关债务证明、凭证寄给被委托银行，转交收款人。

（2）以单位为付款人的，应在付款人接到通知的次日起3天内出具拒绝证明，持有债务证明的，应将其送交开户银行。银行将拒绝证明、债务证明和有关凭证一并寄给被委托银行，转交收款人。

【小知识9-1】

实际工作中，会发生一些特殊形式的委托收款方式，如同城特约委托收款。同城特约委托收款是指收款人收取公用事业费，或根据国务院的规定收取有关款项时，可以使用同城特约委托收款。同城特约委托收款的使用要求包括：（1）收取事业费必须具有收付双方事先签订的经济合同；（2）由付款人向开户银行授权，通知银行按约收款；（3）经开户银行同意，报经中国人民银行当地分支行批准。

任务实施

（一）委托收款结算方式收款方的账务处理

收款人委托收款时，根据银行盖章退回的托收凭证第一联回单和发票等有关凭证：

借：应收账款

　贷：主营业务收入

　　　应交税费——应交增值税（销项税额）

收到款项时，根据托收凭证的收款通知联：

借：银行存款

　贷：应收账款

【例9-2】以【例9-1】中发生的销售业务为例，2024年4月21日，长沙含光服饰有限公司开具的增值税专用发票如图9-8所示。

湖南增值税专用发票　№ 08202043

4300201130　　　　4300201130
　　　　　　　　　08202043

此联不作报销、扣税凭证使用　　开票日期：2024年04月21日

购买方	名　　称：上海辰林服装有限公司 纳税人识别号：31065007362850875E 地 址 、电 话：上海卢湾区大兴路201号021-64372089 开户行及账号：中国工商银行上海林大路支行61048465590074437				密码区	67/* +3*0611* ++0/+0*/* +3+2/9* 11* +66666**066611* +666666* 1** +216***6000*261*2*4/*547 203994+142*64151*6915361/3*	
货物或应税劳务、服务名称	规格型号	单位	数量	单价	金额	税率	税额
男士上衣		件	200	280.00	56 000.00	13%	7 280.00
合　计					¥56 000.00		¥7 280.00
价税合计（大写）	⊗陆万叁仟贰佰捌拾元整					（小写）¥63 280.00	
销售方	名　　称：长沙含光服饰有限公司 纳税人识别号：914301113446737191 地 址 、电 话：长沙市开福区芙蓉中路155号0731-88746532 开户行及账号：中国工商银行长沙中山支行6102021845672108902				备注	长沙含光服饰有限公司 914301113446737191 发票专用章	

第一联　记账联　销售方记账凭证

收款人：　　复核：李兴致　　开票人：张平　　销售方：（章）

图9-8　增值税专用发票

男式上衣已通过运输公司发运，并用现金垫付运费。运费垫支凭证如图9-9所示。

运费垫支凭证

日期：2024年04月21日

收货单位	运单号	货物名称	发运数量	运费	保险费	其他	金额合计	经办人
		国式上衣	200	800.00			800.00	高强
					现金付讫			
合　计				800.00			¥800.00	

图9-9　运费垫支凭证

出纳员根据委托收款凭证回单（如图9-6所示）、增值税专用发票（如图9-8所示）和运费垫支凭证（如图9-9所示），编制记账凭证（如图9-10所示）。

记账凭证

2024 年 04 月 21 日   记字第××号

摘要	总账科目	明细科目	记账√	借方金额										记账√	贷方金额										
				千	百	十	万	千	百	十	元	角	分		千	百	十	万	千	百	十	元	角	分
赊销	应收账款	上海辰林服装有限公司				6	4	0	8	0	0	0	0											
	主营业务收入	男士上衣															5	6	0	0	0	0	0	0
	应交税费	应交增值税（销项税额）																7	2	8	0	0	0	0
	库存现金																		8	0	0	0	0	0
	合计			￥		6	4	0	8	0	0	0	0		￥		6	4	0	8	0	0	0	0

附件 3 张

会计主管：   记账：   出纳：**陈兰英**   审核：**熊美丽**   制单：**刘艳丽**

图 9-10　记账凭证

【例 9-3】2024 年 4 月 30 日，长沙含光服饰公司收到银行转来的委托收款凭证收账通知（如图 9-11 所示）。

委托收款凭证（收账通知）   第　23　号

委托号码 02318

委托日期：2024 年 04 月 21 日　　付款期限：2024 年 04 月 30 日

付款人	全　称	上海辰林服装有限公司	收款人	全　称	长沙含光服饰有限公司
	账号或地址	61048465590074437		账号或地址	6102021845672108902
	开户银行	中国工商银行上海林大路支行		开户银行	中国工商银行中山支行　行号

委收金额	人民币（大写）	陆万肆仟零捌拾元整	千 百 十 万 千 百 十 元 角 分
			6 4 0 8 0 0 0 0

| 款项内容 | 销售商品 | 委托收款凭据名称 | | 随寄单证张数 | |

备注：

上列款项
1. 以上全部划回收入你方账户
2. 全部未收到

中国工商银行长沙中山支行
20240430
办讫章

此联收款人开户银行在款项收妥后给收款人

单位主管 熊美丽　　复核 刘艳丽　　记账 陈兰英　　付款人开户银行收到日期 2024 年 04 月 30 日
支付日期 2024 年 04 月 30 日

图 9-11　委托收款凭证收账通知

根据委托收款收账通知，编制记账凭证（如图 9-12 所示）。

（二）委托收款结算方式付款方的账务处理

付款企业根据出纳人员从银行取回的付款通知联：

借：应付账款等

　　贷：银行存款

记 账 凭 证

2024年04月30日　　　　　　　　　　　　记字第××号

摘要	总账科目	明细科目	记账√	借方金额										记账√	贷方金额										
				千	百	十	万	千	百	十	元	角	分		千	百	十	万	千	百	十	元	角	分
收到货款	银行存款					6	4	0	8	0	0	0	0											
	应收账款	上海辰林服装有限公司															6	4	0	8	0	0	0	0
	合计			¥	6	4	0	8	0	0	0	0			¥	6	4	0	8	0	0	0	0	

附件3张

会计主管：　　　记账：　　　出纳：陈兰英　审核：熊美丽　制单：刘艳丽

图9-12　记账凭证

【例9-4】2024年4月30日，上海辰林服装有限公司收到购买的男式上衣200件验收入库，填制商品入库单（如图9-13所示），根据银行转来委托收款付款通知（如图9-14所示）、增值税专用发票（如图9-15所示）、运输发票（增值税普通发票）（如图9-16所示）等相关原始凭证，编制购买商品入库和承付款项的记账凭证（如图9-17所示）。

商品入库单

2024年04月30日　　字第　1　号　　单位：元

发货单位	湖南诚信运输有限公司			供货单位	长沙含光服饰有限公司			
库名	编号	名称	单位	规格	入库			实收	
					数量	单价	金额	数量	单价	金额
男装		男式上衣	件		200.00	280.00	56 000.00	200.00	280.00	56 000.00

会计：沈小林　　保管：高　强　　采购员：王　青　　制单：王迪

图9-13　商品入库单

委托收款凭证（付款通知） 5　　　　第 6 号

委托号码 0012

委托日期： 2024 年 04 月 21 日　　　付款期限：2024 年 04 月 30 日

付款人	全　称	上海辰林服装有限公司	收款人	全　称	长沙含光服饰有限公司		
	账　号或地址	61048465590074437		账　号或地址	6102021845672108902		
	开户银行	中国工商银行长沙林大路支行		开户银行	中国工商银行长沙中山支行	行号	102551000029

委收金额	人民币（大写）	陆万肆仟零捌拾元整		千	百	十	万	千	百	十	元	角	分
					￥	6	4	0	8	0	0	0	0

款项内容	货款	委托收款凭据名称	委托收款	附寄单证张数	2

备注：

中国工商银行
长沙林大路支行
20240430
转讫

付款人注意
1.应于见票当日通知开户银行划款。
2.如需拒付，应在规定期限内，将拒付理由书并附债务证明退交开户银行。

此联收款人开户银行在款项收妥后给收款人的收账通知

单位主管 张曲　会计 刘莉　复核 杨威　记账 李好　　付款人开户银行收到日期 2024 年 04 月 21 日　支付日期 2024 年 04 月 30 日

图 9-14　委托收款凭证付款通知

湖南增值税专用发票　№ 08202043

4300201130

发票湖南联

国家税务总局监制

4300201130
08202043

开票日期：2024 年 04 月 21 日

购买方	名　　　称	上海辰林服装有限公司	密码区	67/* +3*0611* ++0/+0*/* +3+2/9*11* +66666**066611* +666666*1** +216***6000*261*2*4/*547203994+142*64151*6915361/3*
	纳税人识别号	31065007362850878E		
	地址、电话	上海卢湾区大兴路 201 号 021-64372089		
	开户行及账号	中国工商银行上海林大路支行 61048465590074437		

货物或应税劳务、服务名称	规格型号	单位	数量	单价	金额	税率	税额
男士上衣		件	200	280.00	56 000.00	13%	7 280.00
合　计					￥56 000.00		￥7 280.00

价税合计（大写）	⊗陆万叁仟贰佰捌拾元整		（小写）￥63 280.00

销售方	名　　　称	长沙含光服饰有限公司	备注	长沙含光服饰有限公司
	纳税人识别号	91430111344 6737191		9143011 13446737191
	地址、电话	长沙市开福区芙蓉中路 155 号 0731-88746532		发票专用章
	开户行及账号	中国工商银行中山支行 6102021845672108902		

收款人：　　　复核：李兴致　　　开票人：张平　　　销售方：（章）

第三联 发票联 购买方记账凭证

图 9-15　增值税专用发票

图 9-16 运输发票（增值税普通发票）

图 9-17 记账凭证

【小知识 9-2】

小企业购买商品过程中支付的运输费用记入"销售费用"账户，不记入"商品采购成本"账户。

【小练习 9-1】

若在付款期限内，付款人有理由认为应该全部或部分拒绝付款的，该如何处理？

付款人应将加盖银行预留印鉴的拒绝付款理由书，连同原托收凭证及相关附件一并送交开户银行，银行不负责审查拒付理由，只将拒绝付款理由书和有关凭证及单证寄给收款人的开户银行，再由其转交收款人。如果部分拒付，则办理部分付款金额的划款，并做相应的记账凭证。如果全部拒付，则无须进行会计处理。

项目小结

本项目介绍了委托收款结算的相关知识，包括委托收款的适用范围、采用该结算方式的相关规定，以及委托收款凭证的填写和各联次的用途等；介绍了在委托收款结算方式下，付款方和收款方的结算流程及会计处理。学生通过该项目的学习，不仅能够正确地选用该种结算方式，还能够对委托收款结算下的付款方与收款方业务进行正确的核算。

项目训练

一、单选题

1.银行在委托收款凭证第一联上应加盖（   ）。

A.结算专用章   B.业务公章   C.收款人章   D.电子汇划章

2.2024年1月15日，甲公司持一张到期银行承兑汇票到P银行办理委托收款，该汇票由Q银行承兑。甲公司在委托收款凭证上可以不记载的事项是（   ）。

A.付款人Q银行   B.收款人甲公司   C.甲公司地址   D.委托日期

3.收款单位委托银行向付款单位收取款项的结算方式，称为（   ）。

A.支票   B.委托收款   C.托收承付   D.银行汇票

4.下列选项中，不属于委托收款凭证上必须记载事项的是（   ）。

A.表明"委托收款"的字样   B.确定的金额

C.委托日期   D.付款人签章

5.付款人未在接到银行通知的次日起（   ）内通知银行付款的，视同付款人同意付款。

A.3天   B.5天   C.10天   D.15天

二、多选题

1.下列各项中，采用委托收款结算方式的有（   ）。

A.到期的存单   B.已承兑的银行承兑汇票

C.已承兑的商业承兑汇票   D.商品交易和劳务供应的款项

2.委托收款凭证上必须记载的事项有（   ）。

A.付款人名称   B.收款人名称   C.确定的金额   D.委托日期

3.填写委托收款凭证时，（   ）。

A.付款人为单位的，必须记载付款人的开户行名称

B.收款人为单位或在银行开立存款账户的个人，必须记载收款人的开户行名称

C.收款人为未在银行开立存款账户的个人，必须记载被委托银行的名称

D.单位委托银行收取商业汇票款项的，"付款人名称"栏应填写商业汇票承兑人的名称，"收款人名称"栏应填写持票人或收款人的名称

4.收款人的开户行在受理委托收款凭证时，应将委托收款凭证（   ）连同有关债务证明一并寄交付款人的开户行。

A.第一联   B.第二联   C.第三联   D.第四联、第五联

5.下列各项中，可采用同城特约委托收款方式收费的是（   ）。

A.水电费

B.煤气费

C.保险费

D.中国人民银行明确可采用该结算方式收取的款项

三、判断题

1.委托收款是付款人委托银行将款项支付给收款人的结算方式。　　　　　（　　）

2.以银行承兑汇票办理委托收款的，委托收款凭证的"付款人名称"栏填写承兑银行名称。　　　　　（　　）

3.委托收款只能办理全部付款或全部拒绝付款，不得办理部分付款。　　　（　　）

4.使用同城特约委托收款方式收取公用事业费的，收、付款人双方必须事先签订经济合同或协议，并报经中国人民银行当地分支机构批准方可使用，无须由付款人向开户行授权。　　　　　（　　）

5.在委托收款结算方式下，付款人在接到开户银行通知的次日起3天内未通知开户行的，视同付款人同意付款。　　　　　（　　）

6.未在银行开立存款账户的个人，不能办理委托收款业务。　　　　　（　　）

四、实训题

1.2024年10月5日，长沙绿叶有限公司向浙江东临门商场销售商品。

要求：（1）填制增值税专用发票（如图9-18所示）（浙江东临门商场税号：9133786008653456Q，地址：杭州市劳动路328号，电话：0527-88695765，开户行：中国工商银行杭州西湖路支行，账号：3432838968087542140，货物名称：全棉男式长袖衬衫，数量：500件，单价：110元/件，税率：13%）。

湖南增值税专用发票							No 06423045	
4300202230			湖南 此联不作报销、扣税凭证使用				4300202230 06423045	
							开票日期：	

购买方	名　　称： 纳税人识别号： 地址、电话： 开户行及账号：					密码区	67/*+3*0611*++0/+0*/*+3+2/9* 11*+66666**066611*+666666* 1**+216***6000*261*2*4/*547 203994*142*64151*6915361/3*	第一联　记账联　销售方记账凭证
货物或应税劳务、服务名称	规格型号	单位	数量	单价	金额	税率	税额	
合　计								
价税合计（大写）	⊗					（小写）		
销售方	名　　称： 纳税人识别号： 地址、电话： 开户行及账号：					备注		
收款人：　　　　复核：　　　　开票人：　　　　销售方：（章）								

图9-18　增值税专用发票

（2）长沙绿叶有限公司代垫运输费用，收到运输公司开来的运输发票（增值税普通发票）（如图9-19所示）。根据运输发票和运单等凭证委托银行收款，填制委托收款凭证回单（如图9-20所示），并编制办妥托收确认收入时的记账凭证（如图9-21所示）。

湖南增值税普通发票　　　№ 08202163								
4300202230　　　　发 湖票南 联						4300202230 08202163 开票日期：2024年05月10日		
购买方	名　　　　称：长沙绿叶有限公司 纳税人识别号：914308078880436780 地址、电话：长沙市开福区德政路68号 0731-83668988 开户行及账号：中国工商银行长沙中山支行 6107593030987632189					密码区	67/* +3*0611* ++0/+0*/* +3+2/9* 11* +66666**066611* +666666* 1** +216***6000*261*2*4/*547 203994+142*64151*6915361/3*	第三联
货物或应税劳务、服务名称	规格型号	单位	数量	单价	金额	税率	税额	发票联 购买方记账凭证
运输服务	4吨	吨	4	200.00	800.00	9%	72.00	
合　　计					¥800.00		¥72.00	
价税合计（大写）	⊗捌佰柒拾贰元整						（小写）¥872.00	
销售方	名　　　　称：湖南诚信运输有限公司 纳税人识别号：9143082MA1Y3ENX45 地址、电话：长沙市湘春路45号 0731-84561298 开户行及账号：中国工商银行长沙人民路支行 63220218456721290					从长沙运往湖东临 备注货物名称：服装 车牌：湘A-K4563 9143082MA1Y3ENX45 发票专用章		
收款人：张明诚		复核：李明依		开票人：王林		销售方：（章）		

图 9-19　运输发票（增值税普通发票）

委托收款凭证（回单）　　　　　　1　第　号 委托号码																
		委托日期：　年　月　日														
付款人	全　称		收款人	全　称												此联收款人开户银行给收款人的回单
	账号 或地址			账号 或地址												
	开户银行			开户银行		行号										
委收金额	人民币 （大写）				千	百	十	万	千	百	十	元	角	分		
款项内容		委托收款 凭据名称			附寄单证张数											
备注：		款项收妥日期														
		年　月　日	收款人开户银行盖章				年　月　日									

图 9-20　委托收款凭证回单

记 账 凭 证

年　月　日　　　　　　　　　　　　　　　　记字第××号

摘要	总账科目	明细科目	记账√	借方金额 千百十万千百十元角分	记账√	贷方金额 千百十万千百十元角分	
							附件
							张
合计							

会计主管：　　　记账：　　　出纳：　　　审核：　　　制单：

图 9-21　记账凭证

2. 长沙绿叶有限公司在办理托收手续时，支付手续费 20.8 元（现金支付），填制银行邮、电、手续费收费凭证（如图 9-22 所示），并据以编制记账凭证（如图 9-23 所示）。

银行邮、电、手续费收费凭证

缴款人名称：	信（电）汇　　笔　汇票　　　笔　其他　　　笔
账　号：	异托、委托　壹笔　支票　　笔（本）专用托收　　笔

邮费金额 百十元角分	电报费金额 百十元角分	手续费金额 百十元角分	合计金额 千百十元角分	记账

合计金额
人民币（大写）

图 9-22　银行邮、电、手续费收费凭证

记 账 凭 证

年　月　日　　　　　　　　　　　　　　　　记字第××号

摘要	总账科目	明细科目	记账√	借方金额 千百十万千百十元角分	记账√	贷方金额 千百十万千百十元角分	
							附件
							张
合计							

会计主管：　　　记账：　　　出纳：　　　审核：　　　制单：

图 9-23　记账凭证

3.2024年10月16日，长沙绿叶有限公司收到上述销货款。

要求：填写委托收款凭证收账通知（如图9-24所示），并编制收妥款项的记账凭证（如图9-25所示）。

委托收款凭证（收账通知）	第　　号

委托号码

委托日期：　年　月　日　　付款期限：　年　月　日

付款人	全　称		收款人	全　称		此联收款人开户银行在款项收妥后给收款人
	账号或地址			账号或地址		
	开户银行			开户银行	行号	

委收金额 人民币（大写）　　　千百十万千百十元角分

款项内容		委托收款凭据名称		附寄单证张数	
备注：		上列款项 1.以上全部划回收入你方账户 2.全部未收到			

单位主管　　　复核　　　记账　　付款人开户银行收到日期　年　月　日
　　　　　　　　　　　　　　　　　支付日期　年　月　日

图9-24　委托收款凭证收账通知

记 账 凭 证
年　月　日　　　　记字第××号

摘要	总账科目	明细科目	记账√	借方金额 千百十万千百十元角分	记账√	贷方金额 千百十万千百十元角分
	合计					

会计主管：　　记账：　　出纳：　　审核：　　制单：

图9-25　记账凭证

4.2024年10月27日，长沙绿叶有限公司收到开户银行转来的特种转账凭证（如图9-26所示）以及长沙市开福供电所开出的增值税专用发票（如图9-27所示），据以编制记账凭证（如图9-28所示）。

中国工商银行　　　　转账借方凭证

币别：人民币	2024 年 10 月 27 日	流水号：6458

付款人	全　称	长沙绿叶有限公司	收款人	全　称	长沙市开福供电所
	账　号	6107593030987632189		账　号	6148690858473005678
	开户银行	中国工商银行长沙中山支行		开户银行	中国工商银行长沙景象路支行

金额	人民币（大写）贰万叁仟伍佰零肆元整	￥23 504.00

用途	支付电费	中国工商银行 长沙景象路支行 20241027 办讫章
备注：		银行盖章

图9-26　特种转账凭证

湖南增值税专用发票　　№ 07540332

4300206430

发 湖票南 联

4300206430
07540332

开票日期：2024年10月27日

购买方	名　　称	长沙绿叶有限公司	密码区	67/*＋3*0611*＋＋0/＋0*/*＋3＋2/9*11*＋66666*066611*＋666666*1**＋216***6000*261*2*4/*547203994＋142*64151*6915361/3*
	纳税人识别号：	914308078880436780		
	地址、电话：	长沙市开福区德政路68号0731-83668988		
	开户行及账号：	中国工商银行长沙中山支行6107593030987632189		

货物或应税劳务、服务名称	规格型号	单位	数量	单价	金额	税率	税额
工业用电		千瓦时	20 000.00	1.04	20 800.00	13%	2 704.00
合　计					￥20 800.00		￥2 704.00

价税合计（大写）	⊗贰万叁仟伍佰零肆元整	（小写）￥23 504.00

销售方	名　　称	长沙市开福供电所	长沙市开福供电所 914405809800325647 发票专用章
	纳税人识别号：	914405809800325647	
	地址、电话：	长沙市开福区景象路5号0731-88596472	
	开户行及账号：	中国工商银行长沙景象路支行6148690858473005678	

收款人：陈群	复核：张立	开票人：李林	销售方：（章）

图9-27　增值税专用发票

记 账 凭 证

年　月　日　　　　　　　　　　　　　　记字第××号

摘要	总账科目	明细科目	记账√	借方金额										记账√	贷方金额										
				千	百	十	万	千	百	十	元	角	分		千	百	十	万	千	百	十	元	角	分
	合计																							

附件　张

会计主管：　　　记账：　　　出纳：　　　审核：　　　制单：

图9-28　记账凭证

项目评价

内　容			评价		
学习目标		评价项目	3	2	1
职业能力	委托收款结算业务的管理	1.委托收款的含义及适用范围			
		2.委托收款结算的基本规定			
		3.委托收款凭证的填制			
	委托收款结算业务的核算	1.委托收款结算的流程			
		2.付款人付款的规定			
		3.委托收款结算方式下付款方和收款方的账务处理			
通用能力	组织与沟通能力				
	学习与创新能力				
	应变能力				
	信息搜集能力				
综合评价					
改进建议					

等级说明：

3——能高质、高效地完成此学习目标的全部内容，并能解决遇到的特殊问题；

2——能高质、高效地完成此学习目标的全部内容；

1——能圆满完成此学习目标的全部内容，无须任何帮助和指导。

评价说明：

优秀——达到3级水平；

良好——达到2级水平；

合格——全部任务都达到1级水平；

不合格——不能达到1级水平。

项目十 托收承付结算的管理及核算

学习目标

知识目标

通过本项目的教学，使学生了解托收承付的含义及适用范围，熟悉托收承付结算的基本流程，掌握托收承付结算的相关规定。

能力目标

能够正确填写"托收承付凭证"，能对托收承付结算业务的有关原始凭证进行审核，并根据相关原始凭证编制付款方和收款方的记账凭证。

任务一　　托收承付结算业务的管理

任务描述

托收承付是指收款人发货后委托银行向异地付款人收取款项，付款单位收到开户银行转来的托收承付凭证后需仔细进行审核，并向银行承认付款。虽然托收承付结算业务使用范围相对较窄，但是监督严格且信用度较高。那么托收承付结算的基本规定和要求有哪些呢？

知识储备

（一）托收承付的含义及适用范围

托收承付是根据购销合同由收款人发货后委托银行向异地付款人收取款项，由付款人向银行承认付款的结算方式。托收承付只限于异地使用。

（二）托收承付结算的基本规定

1.采用托收承付结算方式应具备的条件：

（1）使用托收承付结算方式的收款单位和付款单位，必须是国有企业、供销合作社以及经营管理较好，并经开户银行审查同意的城乡集体所有制工业企业。

（2）办理托收承付结算的款项，必须是商品交易，以及因商品交易而产生的劳务供应款项。代销、寄销、赊销商品的款项，不得办理托收承付结算。

（3）收、付款人双方使用托收承付结算的，必须签有符合《中华人民共和国民法典》的购销合同，并在合同上订明使用托收承付结算方式。

2.在托收承付结算方式下，款项的划回方法分为邮寄和电报两种，由收款人选用。

3.托收承付结算业务中的每笔款项的金额起点为 10 000 元。新华书店系统每笔款项的金额起点为 1 000 元。

    4.托收承付凭证上必须记载事项的规定。

（1）表明"托收承付"的字样。

（2）确定的金额。

（3）付款人的名称及账号。

（4）收款人的名称及账号。

（5）付款人的开户银行名称。

（6）收款人的开户银行名称。

（7）托收附寄单证张数或册数。

（8）合同的名称、号码。

（9）委托日期。

（10）收款人签章。

托收承付凭证上未记载以上规定事项之一的，银行不予受理。

【小知识10-1】

    汇兑结算用于异地，单位和个人都能使用；委托收款结算既可用于同城，也可用于异地，单位和个人都能使用；托收承付结算用于异地，其仅限于特定的单位使用，个人不能使用。在三种结算方式中，只有托收承付有结算起点的限制。

任务实施

    （一）托收承付凭证

    托收承付凭证一式五联：第一联（如图10-1所示）受理回单；第二联（如图10-2所示）贷方凭证；第三联（如图10-3所示）借方凭证；第四联（如图10-4所示）汇款依据或收款通知；第五联（如图10-5所示）付款通知。

图10-1　托收承付凭证第一联

托收凭证　(贷方凭证)　2

委托日期　　年　　月　　日

业务类型	委托收款（□邮划、□电划）		托收承付（□邮划、□电划）	
付款人	全称		收款人 全称	
	账号		账号	
	地址　　省　市县　开户行		地址　　省　市县　开户行	
金额	人民币（大写）		亿 千 百 十 万 千 百 十 元 角 分	
款项内容		托收凭据名称		附寄单证张数
商品发运情况			合同名称号码	
备注：	上列款项随附有关债务证明，请予办理。			

收款人开户银行收到日期：　　年　月　日

收款人签章　　　复核　　　记账

此联收款人开户银行作贷方凭证

图10-2　托收承付凭证第二联

托收凭证　(借方凭证)　3

委托日期　　年　　月　　日　　付款期限　　年　　月　　日

业务类型	委托收款（□邮划、□电划）		托收承付（□邮划、□电划）	
付款人	全称		收款人 全称	
	账号		账号	
	地址　　省　市县　开户行		地址　　省　市县　开户行	
金额	人民币（大写）		亿 千 百 十 万 千 百 十 元 角 分	
款项内容		托收凭据名称		附寄单证张数
商品发运情况			合同名称号码	
备注：				

收款人开户银行收到日期：　　年　月　日

收款人开户银行签章　　　复核　　　记账

此联付款人开户银行作借方凭证

图10-3　托收承付凭证第三联

托收凭证　(汇款依据或收款通知)　4

委托日期　　年　　月　　日　　付款日期　　年　　月　　日

业务类型	委托收款（□邮划、□电划）		托收承付（□邮划、□电划）	
付款人	全称		收款人 全称	
	账号		账号	
	地址　　省　市县　开户行		地址　　省　市县　开户行	
金额	人民币（大写）		亿 千 百 十 万 千 百 十 元 角 分	
款项内容		托收凭据名称		附寄单证张数
商品发运情况			合同名称号码	
备注：	上列款项已划回收入你方账户内。			

复核　　　记账

收款人开户银行签章　　　年　月　日

此联付款人开户行凭以汇款或收款人开户银行作收账通知

图10-4　托收承付凭证第四联

托收凭证（付款通知）　　5

委托日期　　年　　月　　日　　　付款日期　　年　　月　　日

业务类型	委托收款（□ 邮划、□ 电划）			托收承付（□ 邮划、□ 电划）			
付款人	全　称			收款人	全　称		
	账　号				账　号		
	地　址	省　市/县	开户行		地　址	省　市/县	开户行
金额	人民币（大写）			亿 千 百 十 万 千 百 十 元 角 分			
款项内容		托收凭据名称		附寄单证张数			
商品发运情况				合同名称号码			
备注： 收款人开户银行收到日期： 年　月　日		付款人开户银行签章 年　月　日		付款人注意： 1、根据支付结算方法，上列委托收款（托收承付）款项在付款期限内未提出拒付，即视为同意付款，以此代付款通知。 2、如需提出全部或部分拒付，应在规定期限内，将拒付理由书并附债务证明退交开户银行。			

此联付款人开户行凭以汇款或收款人开户银行作收账通知

图10-5　托收承付凭证第五联

【例10-1】2024年4月8日，山东兴隆有限公司从长沙含光服饰有限公司购买棉布500米，单价55元，运输费2 000元，增值税税率分别为13%和9%。长沙含光服饰有限公司已开出增值税专用发票，出纳员陈兰英到银行办理托收，填制托收承付凭证后，由印鉴管理人员在第二联收款人签章处加盖单位预留银行印鉴。出纳员取回经银行审查受理并加盖银行业务受理章的托收凭证受理回单（如图10-6所示）。

托收凭证（受理回单）　　1

委托日期　2024年　04月　08日

业务类型	委托收款（□ 邮划、□ 电划）			托收承付（□ 邮划、☑ 电划）			
付款人	全　称	山东兴隆有限公司		收款人	全　称	长沙含光服饰有限公司	
	账　号	6222023803019212830			账　号	6102021845672108902	
	地　址	山东　省淄博　市/县	开户行：中国工商银行淄博西山分理处		地　址	湖南　省长沙　市/县	开户行：中国工商银行长沙中山支行
金额	人民币（大写）	叁万叁仟贰佰伍拾伍元整		亿 千 百 十 万 千 百 十 元 角 分		¥ 3 3 2 5 5 0 0	
款项内容	托收货款	托收凭据名称	销货发票、运输发票	附寄单证张数			
商品发运情况	商品已发			合同名称号码	8899775511		
备注： 复核　　记账		款项收妥日期 年　月　日		收款人开户银行签章 2024 年 04 月 08 日			

中国工商银行
长沙中山支行
20240408
办讫章

此联作收款人开户银行给收款人的受理回单

图10-6　托收凭证受理回单

任务二　　　　托收承付结算业务的核算

任务描述

在托收承付结算方式下，需根据购销合同，由小企业发货后，出纳人员通过银行向异地付款单位办理款项收取，并由付款人向银行承诺付款项。那么托收承付结算程序是怎样的，如何根据相关原始凭证进行会计处理呢？

知识储备

（一）托收承付结算的流程

托收承付结算程序（如图10-7所示）

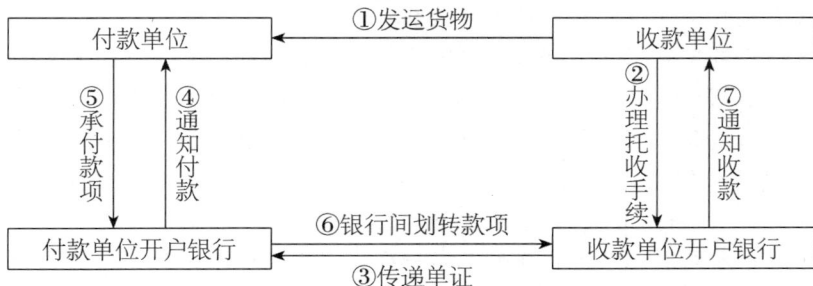

图10-7　托收承付结算程序

1.收款单位按合同规定发运货物。

2.收款单位出纳人员到开户银行办理托收承付手续，填写托收凭证。

3.收款单位开户行受理后，将相关单证传递给付款单位开户银行。

4.付款单位开户银行通知付款单位付款。

5.付款单位承付款项。

6.付款单位开户银行将款项划转给收款单位开户银行。

7.收款单位开户银行通知收款人收妥入账。

【小知识10-2】

付款单位承付货款有验单承付和验货承付两种方式。购货方验单承付是根据银行转来的托收承付结算凭证及其他单证，与经济合同核对无误后承付货款。验单承付的付款期限为3天，从付款银行发出承付通知的次日算起（承付期内遇法定休假日顺延）。

购货方验货承付是指在收到收款单位商品，验收无误后才承付货款。验货承付的付款期限为10天，从运输部门向付款人发出提货通知的次日算起。

承付人在承付期内未向银行表示拒绝付款，银行即视为承付，并在承付期满的次日（法定休假日顺延）银行开始营业时，将款项主动从付款人的账户内付出，按照收款人指定的划款方式划给收款人。付款人在承付期满日银行营业终了时，如无足够资金支付，其不足部分作为逾期未付款项，按逾期付款处理。

（二）付款人拒绝付款的规定

对下列情况，付款人在承付期内，可向银行提出全部或部分拒绝付款：

1.没有签订购销合同或购销合同未订明托收承付结算方式的款项。

2.未经双方事先达成协议，因收款人提前交货或者逾期交货而付款人不再需要该项货物的款项。

3.未按合同规定的到货地址发货的款项。

4.代销、寄销、赊销商品的款项。

5.验单付款，发现所列货物的品种、规格、数量、价格与合同规定不符，或货物已到，经查验货物与合同规定或发货清单不符的款项。

6.验货付款，经查验货物与合同规定或与发货清单不符的款项。

7.货款已经支付或计算有错误的款项。

不属于上述情况的，付款人不得拒绝付款。

【小知识10-3】

委托收款和托收承付结算方式的主要区别：

1.委托收款适用范围广泛，适用于同城异地各种款项的结算。具体来说，它既适用于水电、邮电、电话等劳务款项的结算，也适用于单位和个人凭已经承兑的商业汇票、债券、存单等付款人债务证明办理款项的结算。托收承付结算只适用于异地的款项结算，并且办理结算的款项必须是商品交易以及因商品交易而产生的劳务供应的款项，代销、寄销、赊销商品的款项不得办理托收承付结算。

2.在两种结算方式中，银行的作用也不一样。在委托收款方式下，银行只起结算中介作用，付款方无款支付，只要退回单证就行；付款方拒付时，银行不审查理由。而在托收承付方式下，银行需要行使行政仲裁职能，要审查付款方的拒付理由。

3.办理的程序不同。托收承付结算下，收款单位根据经济合同发货后，委托银行向付款单位收取款项，由付款单位按合同规定核对结算单证或验货后向银行承付款项。委托收款结算方式下，先由收款人向银行提交委托收款凭证和有关债务证明并办理委托收款的手续，银行审查无误后再向收款人办理付款，这里付款人的开户银行应该经付款人授权后才能付款，付款人授权时应该填写同城或者异地委托收款授权书，写明银行账号和合同号，并且加盖单位的公章。

任务实施

（一）托收承付结算方式收款方的账务处理

收款方委托收款时，根据银行盖章退回的托收凭证第一联回单和发票等有关凭证：

借：应收账款

　　贷：主营业务收入

　　　　应交税费——应交增值税（销项税额）

收到款项时，根据托收凭证的收款通知联：

借：银行存款

　　贷：应收账款

【例10-2】以【例10-1】中发生的销售业务为例，2024年4月8日，长沙含光服饰有限公司开具的增值税专用发票如图10-8所示。

湖南增值税专用发票　№ 08202061

4300201130　　4300201130　08202061

此联不作报销、扣税凭证使用　　开票日期：2024年04月08日

购买方	名　　称：山东兴隆有限公司 纳税人识别号：915783033446350340 地 址 、电 话：淄博市临淄区淄江路28号0533-7533355 开户行及账号：中国工商银行淄博西山分理处6222023803019212830				密码区	67/* +3*0611* ++0/+0*/* +3+2/9* 11* +66666**066611* +666666* 1** +216***6000*261*2*4/*547 203994+142*64151*6915361/3*	
货物或应税劳务、服务名称	规格型号	单位	数量	单价	金额	税率	税额
棉布	101#	米	500	55.00	27 500.00	13%	3 575.00
合　计					¥27 500.00		¥3 575.00
价税合计（大写）	⊗叁万壹仟零柒拾伍元整					（小写）¥31 075.00	
销售方	名　　称：长沙含光服饰有限公司 纳税人识别号：914301113446737191 地 址 、电 话：长沙市开福区芙蓉中路155号0731-88746532 开户行及账号：中国工商银行长沙中山支行6102021845672108902				备注	长沙含光服饰有限公司 914301113446737191 发票专用章	

第一联　记账联　销售方记账凭证

收款人：　　复核：李兴致　　开票人：张平　　销售方：（章）

图10-8　增值税专用发票

山东兴隆有限公司所购棉布已通过运输公司发运，并开具转账支票，垫付了运费，运费垫支凭证如图10-9所示，转账支票存根如图10-10所示。

运费垫支凭证

收货单位	运单号	货物名称	发运数量	运费	增值税	其他	金额合计	经办人
山东兴隆有限公司	59728	棉布	500	2 000.00	180.00		2 180.00	李平
合　计				¥2 000.00	¥180.00		¥2 180.00	

图10-9　运费垫支凭证

长沙含光服饰有限公司凭出纳人员取回的托收凭证受理回单（如图10-6所示）、增值税专用发票（如图10-8所示）、运费垫支凭证（如图10-9所示），及垫付运费的转账支票存根（如图10-10所示），编制记账凭证（如图10-11所示）。

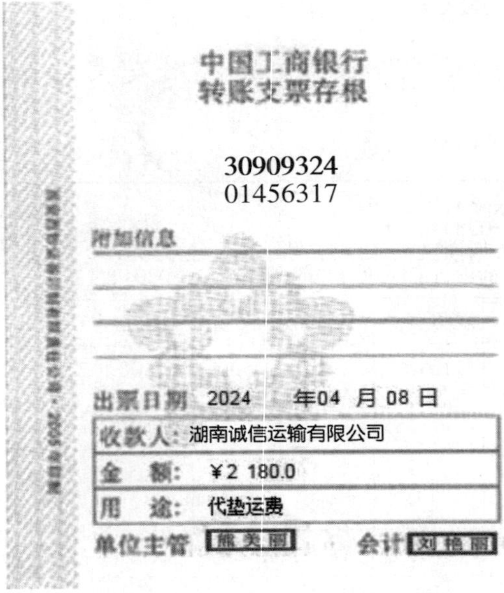
中国工商银行
转账支票存根

30909324
01456317

附加信息

出票日期 2024 年04 月08 日

收款人：湖南诚信运输有限公司

金 额： ¥2 180.0

用 途： 代垫运费

单位主管 熊美丽 会计 刘艳丽

图10-10 转账支票存根

记账凭证

2024年04月08日 记字第××号

摘要	总账科目	明细科目	记账√	借方金额										记账√	贷方金额									
				千	百	十	万	千	百	十	元	角	分		千	百	十	万	千	百	十	元	角	分
赊销	应收账款	山东兴隆有限公司					3	3	2	5	5	0	0											
	主营业务收入	棉布																2	7	5	0	0	0	0
	应交税费	应交增值税（销项税额）																	3	5	7	5	0	0
	银行存款																		2	1	8	0	0	0
合计						¥	3	3	2	5	5	0	0				¥	3	3	2	5	5	0	0

附件4张

会计主管： 记账： 出纳：陈兰英 审核：熊美丽 制单：刘艳丽

图10-11 记账凭证

【例10-3】2024年4月10日，长沙含光服饰有限公司收到银行转来的托收凭证收款通知（如图10-12所示）。

托收凭证（收款通知）　　　4

委托日期：2024 年 04 月 08 日

业务类型	委托收款（ □ 邮划、□ 电划）					托收承付（ □ 邮划、☑ 电划）				
付款人	全　称	山东兴隆有限公司				收款人	全　称	长沙含光服饰有限公司		
	账　号	6222023803019212830					账　号	6102021845672108902		
	地　址	山东 省淄博 市县	开户行	中国工商银行淄博西山分理处			地　址	湖南 省长沙 市县	开户行	中国工商银行长沙中山支行

金额	人民币（大写）	叁万叁仟贰佰伍拾伍元整				亿 千 百 十 万 千 百 十 元 角 分
						￥3 3 2 5 5 0 0

款项内容	托收货款		托收凭据名称	销售发票，运输发票		附寄单据张数	3
商品发运情况	商品已发					合同名称号码	889977551

备注：　　　　　款项收妥日期

款项收妥日期

复核　　　记账　　　2024 年 04 月 10 日　　　收款人开户银行签章　　2024 年 04 月 10 日

中国工商银行
长沙中山支行
20240410
办讫章

此联付款人开户行凭以汇款或收款人开户行作收账通知

图 10-12　托收凭证收款通知

根据托收凭证收款通知，编制记账凭证（如图 10-13）。

记 账 凭 证

2020 年 04 月 10 日　　　　　　　记字第××号

摘要	总账科目	明细科目	记账√	借方金额											记账√	贷方金额									
				千	百	十	万	千	百	十	元	角	分		千	百	十	万	千	百	十	元	角	分
收到货款	银行存款					3	3	2	5	5	0	0												
	应收账款	山东兴隆有限公司															3	3	2	5	5	0	0
合计						￥ 3	3	2	5	5	0	0					￥ 3	3	2	5	5	0	0

附件 1 张

会计主管：　　　记账：　　　出纳：陈兰英　　审核：熊美丽　　制单：刘艳丽

图 10-13　记账凭证

（二）托收承付结算方式下付款方的账务处理

付款方根据出纳人员从银行取回的付款通知编制会计分录：

借：原材料
　　应交税费——应交增值税（进项税额）
　　应付账款等
　　贷：银行存款

【例 10-4】2024 年 4 月 10 日，山东兴隆有限公司收到购买的棉布，并验收入库，据以填制材料入库单（如图 10-14 所示），同时收到银行转来的托收凭证付款通知（如图 10-15

所示）及增值税专用发票（如图10-16所示）、运输发票（增值税专用发票）（如图10-17所示）等相关原始凭证，据以编制购买商品入库、承付款项的记账凭证（如图10-18所示）。

材料入库单

供货单位：长沙含光服饰有限公司　　　　　　　　　　　材料类别：001　　　　　编号：01
发票号码：000003　　　　　　2024年　04月　10日　　　　材料编号：00101　　　　仓库：原材料库

材料名称	计量单位	规格型号	数量		实际成本			
			应收	实收	单价	金额	运杂费	其他	合计
棉布	米		500.00	500.00	55.00	27 500.00	2 000.00		29 500.00
备注：					合计	27 500.00	2 000.00		￥29 500.00
采购：王青	检验：刘青		保管：严敏		主管：王青		财务：		

图 10-14　材料入库单

图 10-15　托收凭证付款通知

图 10-16　增值税专用发票

湖南增值税专用发票　№082082152

4300202230

4300202230
082082152

开票日期：2024 年 04 月 08 日

购买方	名　　称：山东兴隆有限公司 纳税人识别号：915783033446350340 地址、电话：淄博市临淄区淄江路28号 0533-7533355 开户行及账号：中国工商银行淄博西山分理处 6222023803019212830	密码区	67/* +3*0611* ++0/+0*/* +3+2/9* 11* +66666*066611* +666666* 1** +216**6000*261*2*4/*547 203994*142*64151*6915361/3*

货物或应税劳务、服务名称	规格型号	单位	数量	单价	金额	税率	税额
运输服务	10吨	吨	0.5	4 000.00	2 000.00	9%	180.00
合　计					¥2 000.00		¥180.00

价税合计（大写）	⊗贰仟壹佰捌拾元整	（小写）¥2 180.00

销售方	名　　称：湖南诚信运输有限公司 纳税人识别号：9143082MA1Y3ENX45 地址、电话：长沙市湘春路45号 0731-84561298 开户行及账号：中国工商银行长沙人民路支行 632202184567212290	货物名称：服装 车牌：湘A-K4563 9143082MA1Y3ENX45 发票专用章

收款人：张明诚　　　　复核：李明依　　　　开票人：王林　　　　销售方：（章）

图 10-17　运输发票

记 账 凭 证

2024 年 04 月 10 日

记字第××号

摘要	总账科目	明细科目	记账√	借方金额										记账√	贷方金额									
				千	百	十	万	千	百	十	元	角	分		千	百	十	万	千	百	十	元	角	分
采购材料	原材料	棉布				2	9	5	0	0	0	0	0											
	应交税费	应交增值税（进项税额）					3	7	5	5	0	0												
	银行存款																3	3	2	5	5	0	0
合　计					¥	3	3	2	5	5	0	0				¥	3	3	2	5	5	0	0

附件 4 张

会计主管：　　　记账：　　　出纳：刘妍　　　审核：蔡怡　　　制单：龚艳

图 10-18　记账凭证

📖 项目小结

　　本项目介绍了托收承付结算的相关知识，包括托收承付的适用范围、托收承付结算的相关规定，以及托收承付凭证的填写和各联次的用途等；介绍了在托收承付结算方式下，付款方和收款方的结算流程及会计处理。学生通过该项目的学习，不仅能够正确地选用该种结算方式，还能够对托收承付结算下的付款方与收款方业务进行正确的核算。

项目训练

一、单选题

1.托收承付验单付款的承付期为（　　），从付款人开户行发出承付通知的次日算起。

A.3 天　　　　　　　B.7 天　　　　　　　C.10 天　　　　　　　D.1 个月

2.托收承付验货付款的承付期为（　　），从运输部门向付款人发出提货通知的次日算起。

A.3 天　　　　　　　B.7 天　　　　　　　C.10 天　　　　　　　D.1 个月

3.新华书店系统托收承付结算每笔的金额起点为（　　）。

A.1 000 元　　　　　B.5 000 元　　　　　C.10 000 元　　　　　D.50 000 元

4.托收承付结算方式中，验货付款的承付期（　　）。

A.从运输部门向收款人发出提货通知的次日算起

B.从运输部门向付款人发出提货通知的次日算起

C.从付款人开户行向付款人发出付款通知的次日算起

D.从付款人开户行发出承付通知的次日算起

5.托收承付的适用范围为（　　）。

A.同城　　　　　　　　　　　　　　B.异地

C.同城异地均可通用　　　　　　　　D.同一区域

6.2024 年 3 月 1 日，甲公司销售给乙公司一批肥料，双方协商采取托收承付验货付款方式办理货款结算。3 月 4 日，运输公司向乙公司发出提货单，乙公司在承付期内未向其开户银行表示拒绝付款。已知 3 月 7 日、3 月 8 日、3 月 14 日和 3 月 15 日为法定假日，则乙公司开户银行向甲公司划拨货款的日期为（　　）。

A.3 月 6 日　　　　　B.3 月 9 日　　　　　C.3 月 13 日　　　　　D.3 月 16 日

二、多选题

1.下列项目中，关于托收承付结算方式的表述中正确的有（　　）。

A.适用于商品交易以及由商品交易产生的劳务供应款项

B.适用于商品代销

C.适用于异地之间款项结算

D.适用于每笔金额 100 000 元以上的款项

2.托收承付结算款项的划回有（　　）方式，由收款人选用。

A.电话　　　　　　　B.送达　　　　　　　C.电报　　　　　　　D.邮寄

3.下列可办理托收承付结算的款项有（　　）。

A.商品交易款项　　　　　　　　　　B.因商品交易而产生的劳务供应的款项

C.代销商品的款项　　　　　　　　　D.寄销商品的款项

4.托收承付凭证必须记载的事项包括（　　）。

A.付款人名称及账号　　　　　　　　B.收款人名称及账号

C.委托日期　　　　　　　　　　　　D.合同名称及号码

5.托收承付的付款人因（　　），可提出拒绝付款。

A.没有签订购销合同或购销合同未订明托收承付结算方式的款项

B.未经双方事先达成协议，因收款人提前交货或者逾期交货而付款人不再需要该项货物的款项

C.未按合同规定的地址发货的款项

D.代销、寄销、赊销商品的款项

三、判断题

1.托收承付是根据经济合同由收款人发货后委托银行向异地付款人收取款项，由付款人向银行承诺付款的结算方式。（　　）

2.托收承付结算方式每笔金额起点为 10 000 元；新华书店系统每笔金额起点为 1 000 元。

（　　）

3.托收承付结算方式分为验单付款和验货付款两种承付货款方式。（　　）

4.托收承付验单付款承付期为 3 天，验货付款承付期为 7 天。（　　）

5.使用托收承付结算方式的收付款单位，必须是国有企业、供销合作社以及经营管理较好，经开户银行审查同意的城乡集体所有制工业企业。（　　）

6.托收承付结算中付款人在承付期内未向银行表示付款，银行则视作拒绝承付。

（　　）

四、实训题

1.2024 年 11 月 1 日，长沙绿林有限公司销售商品给广东南州服装市场有限公司，通过运输公司发运服装，取得增值税专用发票（如图 10-19 所示），合同规定运费由销售方承担，长沙绿林公司开出转账支票支付运费，转账支票存根如图 10-20 所示。

湖南增值税普通发票　№ 082082178

4300202230

发 湖票南 联

4300202230
082082178

开票日期：2024 年 11 月 01 日

购买方	名　　　称：广东南州服装市场有限公司 纳税人识别号：91550101MA587YRW45 地址、电话：广州市增城区永宁街 50 号 107 室 0533-7533355 开户行及账号：中国工商银行广州增城分理处 6220023803019212830	密码区	67/* +3*0611* ++0/+0*/* +3+2/9* 11* +66666*066611* +666666* 1** +216***6000*261*2*4/*547 203994+142*64151*6915361/3*	第三联

货物或应税劳务、服务名称	规格型号	单位	数量	单价	金额	税率	税额
运输服务	10 吨	吨	0.875	4 000.00	3 500.00	9%	315.00
合　　计					￥3 500.00		￥315.00

价税合计（大写）	⊗叁仟捌佰壹拾伍元整	（小写）￥3 815.00

销售方	名　　　称：湖南诚信运输有限公司 纳税人识别号：9143082MA1Y3ENX45 地址、电话：长沙市湘春路 45 号 0731-84561298 开户行及账号：中国工商银行长沙人民路支行 632202184567212290	备注：货物名称：服装 车牌：湘 A-K4563 9143082MA1Y3ENX45 发票专用章

收款人：张明诚　　　复核：李明依　　　开票人：王林　　　销售方：（章）

图 10-19　增值税专用发票

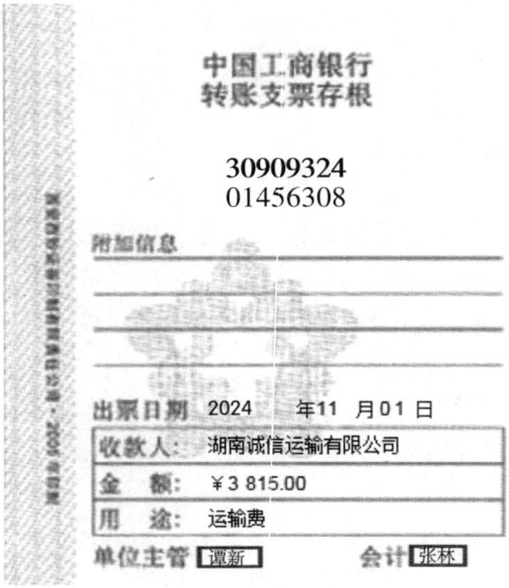
中国工商银行
转账支票存根

30909324
01456308

附加信息

出票日期 2024 年11 月01 日

收款人： 湖南诚信运输有限公司

金 额： ￥3 815.00

用 途： 运输费

单位主管 谭新 会计 张林

图10-20 转账支票存根

要求：（1）编制支付运费的记账凭证（如图10-21所示）。

记账凭证

年 月 日 记字第××号

摘要	总账科目	明细科目	记账√	借方金额										记账√	贷方金额								
				千	百	十	万	千	百	十	元	角	分		千	百	十	万	千	百	十	元	角	分
合计																							

附件 张

会计主管： 记账： 出纳： 审核： 制单：

图10-21 记账凭证

（2）向广东南州服装市场有限公司开具增值税专用发票（如图10-22所示），并根据合同采用托收承付结算方式收取款项，出纳员到银行办理托收承付结算业务，填写托收凭证受理回单（如图10-23所示），编制办妥托收、确认收入的记账凭证（如图10-24所示）。

湖南增值税专用发票　№ 67008923

4300203130

湖　南

此联不作报销　扣税凭证使用　　开票日期：2024 年 11 月 05 日

4300203130
67008923

购买方	名　　　称：广东南州服装市场有限公司 纳税人识别号：91550101MA587YRW45 地　址、电话：广州市增城区永宁街 50 号 107 室 0533-7533355 开户行及账号：中国工商银行广州增城分理处 6222023803019212830	密码区	67/* +3*0611* ++0/+0*/* +3+2/9* 11* +66666**066611* +666666* 1** +216***6000*261*2*4/*547 203994+142*64151*6915361/3*	第一联　记账联　销售方记账凭证

货物或应税劳务、服务名称	规格型号	单位	数量	单价	金额	税率	税额
女衬衫	2211#	件	800	200.00	160 000.00	13%	20 800.00
合　计					¥160 000.00		¥20 800.00

价税合计（大写）	⊗壹拾捌万零捌佰元整	（小写）¥180 800.00

销售方	名　　　称：长沙绿林有限公司 纳税人识别号：914302313446737188 地　址、电话：长沙市开福区湘江中路 68 号 0731-84468732 开户行及账号：中国工商银行长沙湘江支行 6223423803016712652	备注 长沙绿林有限公司 9143082MA1Y3ENX45 发票专用章

收款人：　　　复核：王平　　　开票人：张琳　　　销售方：（章）

图 10-22　增值税专用发票

托收凭证（受理回单）　　　1

委托日期　　　年　　　月　　　日

业务类型	委托收款（ □ 邮划、□ 电划）				托收承付（ □ 邮划、□ 电划）				此联作收款人开户银行给收款人的受理回单
付款人	全　称				收款人	全　称			
	账　号					账　号			
	地　址	省	市县	开户行		地　址	省	市县 开户行	

金额	人民币（大写）		亿 千 百 十 万 千 百 十 元 角 分

款项内容		托收凭据名称		附寄单证张数	
商品发运情况			合同名称号码		

备注：　　　　　款项收妥日期

　　　　　　　　　　　　　　　　年　　月　　日　　　　收款人开户银行签章　　　　年　　月　　日

复核　　　记账

图 10-23　托收凭证受理回单

记 账 凭 证

年　月　日　　　　　　　　　　　　　　　　　　　　　　记字第××号

摘要	总账科目	明细科目	记账√	借方金额 千 百 十 万 千 百 十 元 角 分	记账√	贷方金额 千 百 十 万 千 百 十 元 角 分	
							附
							件
							张
	合计						

会计主管：　　　　记账：　　　　出纳：　　　　审核：　　　　制单：

图10-24　记账凭证

（3）长沙绿林有限公司的出纳员在办理托收承付结算业务时，支付银行手续费13元。根据银行邮、电、手续费收费凭证（如图10-25所示），编制银行转账划付手续费的记账凭证（如图10-26所示）。

银行邮、电、手续费收费凭证

缴款人名称：长沙绿林有限公司	信（电）汇　　笔　汇票　　笔　其他　　笔
账　号：6223423803016712652	异托、委托　壹笔　支票　笔（本）专用托收　笔

邮费金额 百 十 元 角 分	电报费金额 百 十 元 角 分	手续费金额 百 十 元 角 分	合计金额 百 十 元 角 分	
1 0 0 0		3 0 0	￥1 3 0 0	记账

合计金额
人民币（大写）　壹拾叁元整

图10-25　银行邮、电、手续费收费凭证

记 账 凭 证

年　月　日　　　　　　　　　　　　　　　　　　　　　　记字第××号

摘要	总账科目	明细科目	记账√	借方金额 千 百 十 万 千 百 十 元 角 分	记账√	贷方金额 千 百 十 万 千 百 十 元 角 分	
							附
							件
							张
	合计						

会计主管：　　　　记账：　　　　出纳：　　　　审核：　　　　制单：

图10-26　记账凭证

2.2024年11月12日，长沙绿林有限公司收到广东省南州服装市场有限公司的货款，填制托收凭证收款通知（如图10-27所示，实际工作中由银行转来），编制收妥款项的记账凭证（如图10-28所示）。

托收凭证（收款通知）																		4

委托日期：　　年　　月　　日

业务类型	委托收款（　□ 邮划、□ 电划）		托收承付（　　□ 邮划、□ 电划）						
付款人	全　称		收款人	全　称					
	账　号			账　号					
	地　址	省　　市县　　开户行		地　址	省　　　市县　开户行				
金额	人民币（大写）				亿 千 百 十 万 千 百 十 元 角 分				
款项内容		托收凭据名　称			附寄单证张数				
商品发运情况		合同名称号码							
备注：	款项收妥日期				收款人开户银行签章				
复核　　　　记账			年　月　日				年　月　日		

此联付款人开户行凭以汇款或收款人开户行作收账通知

图10-27　托收凭证收款通知

记 账 凭 证

年　月　日　　　　　　　　　　　　　　记字第××号

摘要	总账科目	明细科目	记账√	借方金额										记账√	贷方金额									
				千	百	十	万	千	百	十	元	角	分		千	百	十	万	千	百	十	元	角	分
合计																								

附件　　张

会计主管：　　　　记账：　　　　出纳：　　　　审核：　　　　制单：

图10-28　记账凭证

3.2024年11月4日，长沙绿林有限公司向上海辰林服装有限公司购买商品，收到对方公司开出的增值税专用发票（如图10-29所示）。材料当天入库，填制材料入库单（如图10-30所示）。采用托收承付结算方式（电汇）支付货款，填制托收凭证付款通知（如图10-31所示）。根据相关原始凭证，编制支付购买材料款项的记账凭证（如图10-32所示）。

湖南增值税专用发票 No 87008926

4300203530

4300203530
87008926

开票日期：2024 年 11 月 04 日

购买方	名　　　称：长沙绿林有限公司 纳税人识别号：91430231344673718188 地址、电话：长沙市开福区湘江中路68号0731-84468732 开户行及账号：中国工商银行湘江支行6223423803016712652	密码区	67/* +3*0611* ++0/+0*/* +3+2/9* 11* +66666*/066611* +666666* 1** +216***6000*261*2*4/*547 203994+142*64151*6915361/3*

货物或应税劳务、服务名称	规格型号	单位	数量	单价	金额	税率	税额
工装	2335#	套	300	400.00	120 000.00	13%	15 600.00
合　计					¥120 000.00		¥15 600.00

价税合计（大写）	⊗壹拾叁万伍仟陆佰元整	（小写）¥135 600.00

销售方	名　　　称：上海辰林服装有限公司 纳税人识别号：31065007362850878E 地址、电话：上海卢湾区大兴路201号 021-64372089 开户行及账号：中国工商银行上海林大路支行61048465590074437	上海辰林服装有限公司 31065007362850875E 发票专用章

收款人：　　　　复核：刘小平　　　　开票人：春山　　　　销售方：（章）

第三联　发票联　购买方记账凭证

图 10-29　增值税专用发票

材料入库单

供货单位：　　　　　　　　　　　　　　材料类别：　　　　　编号：
发票号码：　　　　　　　　　年　　月　　日　　材料编号：　　　仓库：

材料名称	计量单位	规格型号	数量		实际成本				合计
			应收	实收	单价	金额	埠杂费	其他	
备注：					合计				

采购：　　　　检验：　　　　保管：　　　　主管：　　　　财务：

财务联

图 10-30　材料入库单

托收凭证（付款通知）　　　5

委托日期　　　年　　月

业务类型	委托收款（ □ 邮划、□ 电划）		托收承付（ □ 邮划、□ 电划）	
付款人	全称		收款人	全称
	账号			账号
	地址　　省　　市县　开户行			地址　　省　　市县　开户行

金额	人民币 （大写）	亿 千 百 十 万 千 百 十 元 角 分

款项内容		托收凭据名称		附寄单证张数	
商品发运情况				合同名称号码	
备注：		款项收妥日期			
复核　　　记账			年　月　日	收款人开户银行签章　　年　月　日	

此联付款人开户银行给付款人按期付款的通知

图 10-31　托收凭证付款通知

记账凭证

年　月　日
记字第××号

摘要	总账科目	明细科目	记账√	借方金额										记账√	贷方金额									
				千	百	十	万	千	百	十	元	角	分		千	百	十	万	千	百	十	元	角	分
	合计																							

会计主管：　　　记账：　　　出纳：　　　审核：　　　制单：

附件　张

图10-32　记账凭证

📝 项目评价

内　容			评　价		
学习目标		评价项目	3	2	1
职业能力	托收承付结算业务的管理	1.托收承付的含义及适用范围			
		2.托收承付结算的基本规定			
		3.托收承付凭证的填制			
	托收承付结算业务的核算	1.托收承付结算的流程			
		2.委托收款和托收承付结算方式的主要区别			
		3.托收承付结算方式下付款方和收款方的账务处理			
通用能力	组织与沟通能力				
	学习与创新能力				
	应变能力				
	信息搜集能力				
综合评价					
改进建议					

等级说明：

3——能高质、高效地完成此学习目标的全部内容，并能解决遇到的特殊问题；

2——能高质、高效地完成此学习目标的全部内容；

1——能圆满完成此学习目标的全部内容，无须任何帮助和指导。

评价说明：

优秀——达到3级水平；

良好——达到2级水平；

合格——全部任务都达到1级水平；

不合格——不能达到1级水平。

项目十一　信用卡的管理及核算

学习目标

知识目标

通过本项目的学习，使学生了解银行卡的含义与分类，熟悉信用卡的基本知识及办理流程，理解银行卡收单程序，掌握信用卡结算的相关规定。

能力目标

能够正确填写"信用卡申请表"，能根据相关原始凭证编制取得和使用信用卡的记账凭证。

任务一　　信用卡的管理

任务描述

随着信息技术的不断发展，银行卡的使用也越来越广泛。银行卡给我们的生活带来许多便利，银行卡有哪些种类，信用卡和银行卡是什么关系？办理信用卡有哪些要求，银行卡收收单业务又是如何完成的呢？

知识储备

（一）银行卡的概念

银行卡是指经批准由商业银行向社会发行的具有消费信用、转账结算、存取现金等全部或部分功能的信用支付工具。

（二）银行卡的分类

1.按是否具有透支功能分为信用卡和借记卡。信用卡可以透支，借记卡不具备透支功能。借记卡的主要功能包括消费、存取款、转账、代收付、外汇买卖、投资理财、网上支付等。

2.按币种不同分为人民币卡、外币卡。外币卡是持卡人与发卡银行以除人民币以外的货币作为清算货币的银行卡。目前国内商户可受理维萨（VISA）、万事达（Master-Card）、美国运通（American Express）、大来（Diners Club）等外币卡。

3.按发行对象不同分为单位卡、个人卡。

4.按信息载体不同分为磁条卡、芯片（IC）卡。

（三）信用卡

1.信用卡的分类

（1）按是否向发卡银行交存备用金分为贷记卡、准贷记卡两类。贷记卡是指发卡银行给予持卡人一定的信用额度,持卡人可在信用额度内先消费、后还款的信用卡。准贷记卡是指持卡人须先按发卡银行要求交存一定金额的备用金,当备用金账户余额不足支付时,可在发卡银行规定的信用额度内透支的信用卡。

(2)信用卡按信用等级,可以分为普卡、金卡、白金卡和钻石卡等。

【小练习11-1】

虽然A银行卡上一分钱也没有,但是在信用额度内能消费10 000元,而B银行卡则需要交存一定金额的备用金(如按银行要求存入4 000元),才能在银行规定的信用额度内透支。

请判断:A银行卡和B银行卡分别属于哪一种类型的信用卡?

2.信用卡的格式

信用卡的一般格式如图11-1、图11-2所示。

图11-1 信用卡(正面)

图11-2 信用卡(背面)

3.信用卡的申领

(1)申领信用卡,应按规定填制申请表,连同有关资料一并送交发卡银行。发卡银行可根据申请人的资信程度,要求其提供担保,担保的方式可采用保证、抵押或质押。

(2)个人申领银行卡,应当向发卡银行提供本人有效身份证件,经发卡银行审查合格后,为其开立记名账户。个人申请贷记卡的基本条件:

①年满18周岁,有固定职业和稳定收入,是工作单位和户口在常住地的城乡居民。

②填写申请表,并在持卡人处亲笔签字。

③向发卡银行提供本人及附属卡持卡人、担保人的身份证复印件；外地、境外

人员及现役军官以个人名义领卡应出具当地公安部门签发的临时户口或有关部门开具的证明，并须提供具备担保条件的担保单位或有当地户口、在当地工作的担保人。

【小知识11-1】

银行卡及其账户只限经发卡银行批准的持卡人本人使用，不得出租和转借。

4.注销与丧失

持卡人在还清全部交易款项、透支本息和相关费用后，可申请办理销户。对于持卡人因死亡等原因而需办理的注销和清户，应按照《中华人民共和国民法典》和《中华人民共和国公证法》等法规办理。发卡行受理注销申请之日起45日后，被注销信用卡账户方能清户。

持卡人丧失银行卡，应立即持本人身份证件或其他有效证明，并按规定提供有关情况，向发卡银行或代办银行申请挂失，发卡银行或代办银行审核后办理挂失手续。

【小练习11-2】

李某信用卡有提现手续费50元未结清，刘某信用卡有透支款项2 000元未归还，张某的信用卡欠付年费100元，王某的信用卡透支款项和其他欠费为零。请判断，他们中谁能申请办理信用卡销户呢？为什么？

5.信用卡预借现金业务

（1）现金提取，是指持卡人通过柜面和自动柜员机（ATM机）等自助机具，以现钞形式获得信用卡预借现金额度内资金。信用卡持卡人通过ATM机等自助机具办理现金提取业务，每卡每日累计不得超过人民币10 000元；通过柜面办理现金提取业务，由发卡机构与持卡人通过协议约定。

（2）现金转账，是指持卡人将信用卡预借现金额度内资金划转到本人银行结算账户。发卡机构不得将持卡人信用卡预借现金额度内资金划转至其他信用卡，以及非持卡人的银行结算账户或支付账户。

（3）现金充值，是指持卡人将信用卡预借现金额度内资金划转到本人在非银行支付机构开立的支付账户。发卡机构可自主确定是否提供现金充值服务，并与持卡人协议约定每卡每日限额。

6.免息还款期和最低还款额

（1）贷记卡持卡人非现金交易可享受免息还款期和最低还款额待遇。银行记账日到发卡银行规定的到期还款日之间为免息还款期，持卡人在到期还款日前偿还所使用全部银行款项有困难的，可按照发卡银行规定的最低还款额还款。

（2）持卡人透支消费享受免息还款期和最低还款额待遇的条件和标准等，由发卡机构自主确定。

（3）准贷记卡透支、贷记卡持卡人透支取现，不享受免息还款期和最低还款额待遇。

【小知识11-2】

自2021年1月1日起，信用卡透支利率由发卡机构与持卡人自主协商确定，取消信用卡透支利率上限和下限管理。发卡机构调整信用卡利率标准的，应至少提前45个自然日按照约定方式通知持卡人。持卡人有权在新利率标准生效之日前选择销户，并按照已签订的协议偿还相关款项。

信用卡透支的计结息方式，以及对信用卡溢缴款是否计付利息及其利率标准,由发卡机构自主确定。

7.信用卡违约金和服务费用

（1）取消信用卡滞纳金，对于持卡人违约逾期未还款的行为，发卡机构应与持卡人通过协议约定是否收取违约金，以及相关收取方式和标准。

（2）发卡机构向持卡人提供超过授信额度用卡服务的，不得收取超限费。

（3）发卡机构对向持卡人收取的违约金和年费、取现手续费、货币兑换费等服务费用不得计收利息。

【小知识11-3】

发卡机构应在信用卡协议中以显著方式提示信用卡利率标准和计结息方式、免息还款期和最低还款额待遇的条件和标准，以及向持卡人收取违约金的详细情形和收取标准等与持卡人有重大利害关系的事项，确保持卡人充分知悉并确认接受。其中，对于信用卡利率标准，应注明日利率和年利率。

8.信用卡犯罪

（1）有下列情形之一，妨害信用卡管理的，依法追究刑事责任:

①明知是伪造的信用卡而持有、运输的，或者明知是伪造的空白信用卡而持有、运输，数量较大的;②非法持有他人信用卡，数量较大的;③使用虚假的身份证明骗领信用卡的;④出售、购买、为他人提供伪造的信用卡或者以虚假的身份证明骗领信用卡的;⑤窃取、收买或者非法提供他人信用卡信息资料的。

（2）有下列情形之一，进行信用卡诈骗活动，数额较大，应当追究刑事责任:

①使用伪造的信用卡;②使用以虚假的身份证明骗领的信用卡的;③使用作废的信用卡的;④冒用他人信用卡的;⑤恶意透支的。

（3）发卡银行通过下列途径追偿透支款项和诈骗款项:

①扣减持卡人保证金、依法处理抵押物和质物;②向保证人追索透支款项;③通过司法机关的诉讼程序进行追偿。

任务实施

信用卡的办理:

单位申请办理信用卡时，由出纳人员填写"信用卡申请表"，个人申请办理信用卡，则由本人填写"信用卡申请表"，连同相关资料（根据银行要求，不同银行要求提供的资料不同）一并交存银行。

【例11-1】长沙含光服饰有限公司出纳员陈兰英到银行填写"信用卡申请表"，将现金50 000元交存中国工商银行信用卡部办理信用卡一张，出纳员填写银行现金进账单（如图11-3所示）并取回回单（注：50 000元现金先存入单位基本存款账户，再转入信用卡）。

中国工商银行现金进账单（回单或收账通知）①

2024 年 05 月 01 日   第 1 号

收款人	全称	长沙含光服饰有限公司		开户银行	中国工商银行长沙中山支行信用卡部						
	账号	6102021845672108902		款项来源	备用金						

人民币（大写）	伍万元整							十	万	千	百	十	元	角	分
								¥	5	0	0	0	0	0	0

票面	张数	十	万	千	百	十	元	角	分	票面	张数	百	十	元	角	分
壹佰元	400		4	0	0	0	0	0	0	伍角						
伍拾元	100			5	0	0	0	0	0	贰角						
贰拾元	100			2	0	0	0	0	0	壹角						
拾元	300			3	0	0	0	0	0	伍分						
伍元										贰分						
贰元										壹分						
壹元										收银员			复核员			

（中国工商银行 长沙中山支行 20240501 办讫章）（收款银行盖章）

图 11-3 银行现金进账单

【小知识 11-4】

单位信用卡注意事项：（1）凡在中国境内金融机构开立基本存款账户的单位可申领单位卡。单位卡可申领若干张，持卡人资格由申领单位法定代表人或其委托的代理人书面指定和注销。（2）单位卡账户的资金一律从其基本存款账户转账存入，不得交存现金，不得将销货收入的款项存入其单位卡账户。（3）单位卡不得用于 10 万元以上的商品交易、劳务款项的结算。（4）单位卡一律不得支取现金。（5）单位卡销户时，卡内的余额转入其基本存款账户，不得提取现金。

任务二 信用卡的核算

任务描述

在信用卡结算方式下，小企业可以持信用卡向特约单位购物、消费等，那么银行卡收单业务是怎样完成的，如何根据相关原始凭证进行会计处理呢？

知识储备

信用卡适用于在同城或异地的特约单位购物、消费和向银行存取现金、办理转账结算等。使用信用卡结算，一般涉及发卡银行、持卡人、特约商户和收单机构。

（一）相关概念

1.银行卡收单业务

银行卡收单业务，是指收单机构与特约商户签订银行卡受理协议，在特约商户按约定受理银行卡并与持卡人达成交易后，为特约商户提供交易资金结算服务的行为。通俗地讲就是持卡人在银行签约商户那里刷卡消费，银行将持卡人刷卡消费的资金在规定周期内结算给商户，并从中扣取一定比例的手续费。

2.银行卡收单机构

（1）从事银行卡收单业务的银行业金融机构，如各大银行。

（2）获得银行卡收单业务许可、为实体特约商户提供银行卡受理并完成资金结算服务的支付机构，如快钱、拉卡拉。

（3）获得网络支付业务许可、为网络特约商户提供银行卡受理并完成资金结算服务的支付机构，如支付宝、财付通。

3.特约商户

特约商户，是指与收单机构签订银行卡受理协议、按约定受理银行卡并委托收单机构为其完成交易资金结算的企事业单位、个体工商户或其他组织，以及按照国家市场监督管理机构有关规定、开展网络商品交易等经营活动的自然人。

其中实体特约商户，是指通过实体经营场所提供商品或服务的特约商户，网络特约商户，是指基于公共网络信息系统提供商品或服务的特约商户。

（二）银行卡收单程序

1.特约商户与收单机构签订银行卡受理协议。

2.收单机构在特约商户处安放POS机具等支付端口。

3.持卡人（消费者）刷卡消费。

4.收单机构将资金结算至特约商户账户。

5.收单机构与发卡银行进行资金结算。

银行卡收单程序如图11-4所示。

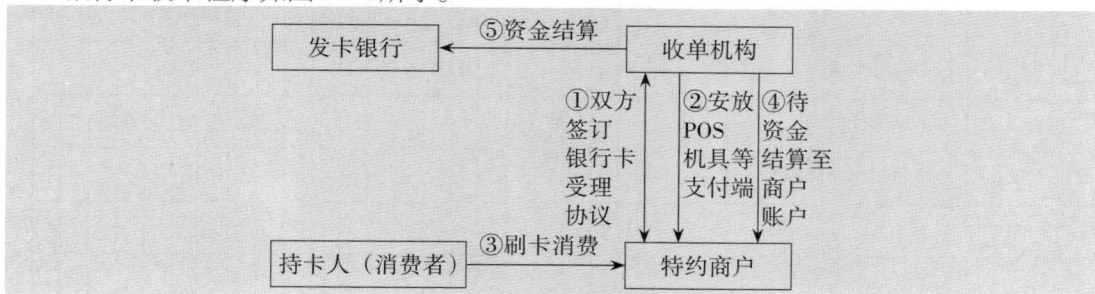

图11-4　银行卡收单程序

需要注意的是，发卡银行和收单机构之间的资金结算，需要通过银行卡清算组织完成。银行卡清算组织是指经中国人民银行批准的经营银行卡清算业务的机构，中国银联是国内第一家银行卡清算组织。清算组织在交易过程中相当于一个"中间人"，在不同支付机构之间传递支付和资金的信息，确保买卖双方的信息能够准确无误地传递。同时，清算机构还像一个"担保人"，制定一些交易规则，保证交易的顺利进行。在整个交易过程中，收单机构向商户收取收单服务费，发卡机构向收单机构收取发卡行服务费，银行卡清算机构分别向发卡机构、收单机构收取网络服务费。

【小练习11-3】

A银行在甲商户布放了POS机具，双方签订银行卡受理协议，约定A银行按照交易金额的1.25%、单笔80元封顶的标准收取收单服务费。客户张某持B银行的贷记卡在甲商户刷卡消费5 000元。已知，A银行和B银行通过中国银联进行资金清算。请指出收单机构、发卡机构、清算机构分别是谁?

　　提示:A银行是收单行,B银行是发卡行,中国银联是银行卡清算机构。

　　(三)账户设置

　　信用卡存款通过"其他货币资金"账户核算。

　　企业申领信用卡时,填制"信用卡申请表",连同支票和有关资料一并送存发卡银行,根据银行盖章退回的进账单第一联,借记"其他货币资金——信用卡"账户,贷记"银行存款"账户;企业用信用卡购物或支付有关费用,收到开户银行转来的信用卡存款的付款凭证及所附发票账单,借记"管理费用"等账户,贷记"其他货币资金——信用卡"账户;企业信用卡在使用过程中,需要向其账户续存资金的,应借记"其他货币资金——信用卡"账户,贷记"银行存款"账户;企业的持卡人若不再继续使用信用卡时,应持信用卡主动到发卡银行办理销户,销卡时信用卡余额转入企业基本存款户,不得提取现金,借记"银行存款"账户,贷记"其他货币资金——信用卡"账户。

任务实施

　　【例11-2】长沙含光服饰有限公司出纳人员办理信用卡一张,取回现金进账单回单(如图11-3所示),会计人员据以编制记账凭证(如图11-5所示)。

记 账 凭 证

2024 年 05 月 01 日　　　　　　　　　　　　　记字第××号

摘 要	总账科目	明细科目	记账√	借方金额 千百十万千百十元角分	记账√	贷方金额 千百十万千百十元角分	
办理信用卡	其他货币资金	信用卡		5 0 0 0 0 0 0			附件2张
	银行存款					5 0 0 0 0 0 0	
合计				¥ 5 0 0 0 0 0 0		¥ 5 0 0 0 0 0 0	

会计主管:　　　记账:　　　出纳:陈兰英　　　审核:熊美丽　　　制单:刘艳丽

图 11-5　记账凭证

　　注:此处省略将现金存入基本存款账户的记账凭证。

　　【例11-3】2024年5月5日,长沙含光服饰有限公司因业务需要,请客户吃饭,刷卡消费,取得增值税电子普通发票(如图11-6所示)。根据发票等原始凭证,编制记账凭证(如图11-7所示)。

湖南增值税普通发票

发票代码：043002002130
发票号码：35620595
开票日期：2024 年 05 月 05 日
校验码：88779649532510517866

机器编码：561616337605

购买方	名　　称：长沙含光服饰有限公司 纳税人识别号：914301113446737191 地址、电话：长沙市开福区芙蓉中路155号0731-88746532 开户行及账号：中国工商银行长沙中山支行6102021845672108902	密码区	67/*+3*0611*++0/+0*/*+3+2/9* 11*+66666*/066611*+666666* 1**+216***6000*261*2*4/*547 203994+142*64151*6915361/3*

货物或应税劳务、服务名称	规格型号	单位	数量	单价	金额	税率	税额
招待费	10人桌	桌	1	2 000.00	2 000.00	3%	60.00
合　计					¥2 000.00		¥60.00

价税合计（大写）	⊗贰仟零陆拾元整	（小写）¥2 060.00

销售方	名　　称：华晨餐饮有限公司 纳税人识别号：912298103005623522 地址、电话：长沙市五一中路98号 0731-45668789 开户行及账号：中国建设银行长沙五一路支行3100151982990002235	备注

收款人：尚进　　　　复核：齐明　　　　开票人：崔婷　　　　销售方：（章）

图 11-6　增值税电子普通发票

记 账 凭 证

2024 年 05 月 05 日

记字第××号

摘要	总账科目	明细科目	记账√	借方金额 千 百 十 万 千 百 十 元 角 分	记账√	贷方金额 千 百 十 万 千 百 十 元 角 分
招待费	管理费用	业务招待费		2 0 6 0 0 0		
	其他货币资金	信用卡				2 0 6 0 0 0
合　计				¥ 2 0 6 0 0 0		¥ 2 0 6 0 0 0

附件 2 张

会计主管：　　　记账：　　　出纳：陈兰英　　　审核：熊美丽　　　制单：刘艳丽

图 11-7　记账凭证

　　刷卡消费后，发卡银行会在每月账单日之后通过 E-MAIL、专用信函、短信等方式将上月账单传送给持卡人，持卡人也可以通过银行网站查询自己的信用卡账户信息。

　　收到对账单后，持卡人应该仔细核对每笔消费交易的地点、金额和签单卡号，核实无误后，可根据账单上注明的到期还款日、本期还款金额、本期最低还款额等信息及时还款。

【小练习11-4】

甲公司于2024年10月24日向银行申领信用卡，向银行交存50 000元备用金。2024年11月10日，甲公司用信用卡支付购书款3 000元，增值税专用发票上注明的增值税为270元。要求：根据上述业务，编制会计分录。

项目小结

本项目介绍了银行卡主要是信用卡的相关知识，包括信用卡的分类和适用范围、办理信用卡的相关规定，以及持卡消费的相关规定和银行卡收单的流程；介绍了采用信用卡结算时的相关账务处理。学生通过该项目的学习，不仅能掌握核算方法，还能对信用卡的使用有一个正确的态度。

项目训练

一、单选题

1.下列各项中，不属于票据的是（　　　　）。

A.支票　　　　　　　B.汇票　　　　　　　C.本票　　　　　　　D.信用卡

2.刘某在A银行申领了一张信用额度为10 000元的银行卡，A银行与刘某约定，刘某需存入备用金5 000元，当备用金余额不足支付时，刘某可在10 000元的信用额度内透支，该银行卡是（　　　）

A.储蓄卡　　　　　　B.借记卡　　　　　　C.贷记卡　　　　　　D.准贷记卡

3.信用卡销卡时，应（　　　　）。

A.将信用卡存款余额转入企业一般存款账户，并作会计处理如下：

借：银行存款

　　贷：其他货币资金——信用卡

B.将信用卡存款余额转入企业基本存款账户，并作会计处理如下：

借：银行存款

　　贷：信用卡

C.将信用卡存款余额转入企业专用存款账户，并作会计处理如下：

借：银行存款

　　贷：信用卡

D.将信用卡存款余额转入企业基本存款账户，并作会计处理如下：

借：银行存款

　　贷：其他货币资金——信用卡

4.单位信用卡的资金一律从其（　　　）转账存入。

A.基本存款账户　　　B.一般存款账户　　　C.临时存款账户　　　D.专用存款账户

二、多选题

1.下列各项中，通过"其他货币资金"账户核算的有（　　　　）。

A.包装物押金　　　B.商业汇票　　　　C.信用卡存款　　　　D.银行本票存款

2.关于刘某欲向A银行申领信用卡的下列表述中，正确的有（　　　　）。

A.应有稳定的收入

B.须年满 18 周岁

C.应向 A 银行提供刘某的有效身份证件

D.可委托他人代理签字申领

3.下列行为中，不符合结算有关规定的有（　　　）。

A.用现金支付出差人员的差旅费

B.用现金支付向供销社采购的农副产品款项

C.用信用卡结算 10 万元以上的商品交易款项

D.签发的支票金额超过企业的银行存款余额

4.信用卡按使用对象可以分为（　　　）。

A.个人卡　　　　　　　B.单位卡　　　　　　　C.普通卡　　　　　　D.金卡

三、判断题

1.在我国境内的所有公民均可以办理信用卡。　　　　　　　　　　　　　　（　　　）

2.信用卡可以提取现金，所以其功能和储蓄卡一致。　　　　　　　　　　（　　　）

3.贷记卡可以先透支后还款，准贷记卡必须先存款才能使用。　　　　　　（　　　）

4.恶意透支是指持卡人超过规定限额或规定期限，并经发卡银行催收无效的透支行为。　　　　　　　　　　　　　　　　　　　　　　　　　　　　　　　　　　　（　　　）

5.单位卡既可以持卡消费，也可以支取现金。　　　　　　　　　　　　　　（　　　）

6.2021 年 1 月 1 日起，信用卡透支利率由发卡机构与持卡人自主协商确定。　（　　　）

7.发卡机构调整信用卡利率可不通知持卡人。　　　　　　　　　　　　　　（　　　）

四、案例分析题

因为信用卡能超前消费，有的在特定商家消费时还可以享受最低折扣，且每月只需归还最低还款额，所以才参加工作不久的小萍办理了十几张各具特色的信用卡。

请分析：小萍的做法合理吗？为什么？

五、实训题

长沙天心食品有限公司于 2024 年 4 月在中国工商银行城南分行信用卡部办理了一张信用卡，连同转账支票（如图 11-8 所示）和有关资料一并送存银行。

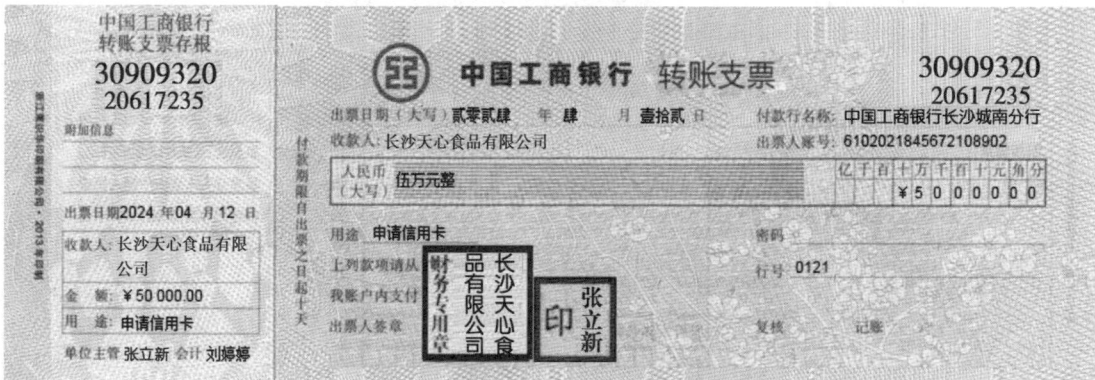

图 11-8　转账支票

要求：（1）填写银行进账单（如图 11-9 所示），并根据银行盖章退回的银行进账单第一联编制记账凭证。

银行进账单 （回单） **1**

年 月 日

出票人	全 称			收款人	全 称												
	账 号				账 号												
	开户银行				开户银行												
余额	人民币（大写）					亿	千	百	十	万	千	百	十	元	角	分	
	票据种类		票据张数														
	票据号码																
	复核	记账			开户银行签章												

此联是开户银行交给持票人的回单

图 11-9 银行进账单

（2）长沙天心食品有限公司办公室人员用信用卡购买了相关办公用品，取得增值税电子普通发票（如图 11-10 所示）。编制用信用卡购买办公用品的记账凭证（如图 11-11 所示）。

湖南增值税普通发票

发票代码：043002002130
发票号码：652244708
开票日期：2024 年 04 月 17 日
校验码：2267889600972210

机器编码：000012005508

购买方	名 称：长沙天心食品有限公司 纳税人识别号：941303417346111492 地址、电话：长沙市天心区新开铺路960号155号D731-88746532 开户行及账号：中国工商银行长沙新开铺路支行6283026202721564812	密码区	67/*+3*0611*++0/+0*/*+3+2/9* 11*+66666**066611*+666666* 1*+216*6000*261*2*4/547 203994+142*64151*6915361/3*

货物或应税劳务、服务名称	规格型号	单位	数量	单价	金额	税率	税额
移动硬盘	1T	个	10	200.00	2 000.00	3%	60.00
笔记本	精装	本	20	400.00	8 000.00	3%	240.00
合 计					¥10 000.00		¥300.00

价税合计（大写）	⊗壹万零叁佰元整	（小写）¥10 300.00

销售方	名 称：长沙惠民超市 纳税人识别号：923302323446737566 地址、电话：长沙芙蓉区远大路155号 0731-45646222 开户行及账号：中国建设银行长沙远大路支行6217000120001274391	备注	长沙惠民超市 923302323446737566 发票专用章

收款人：王南　　　复核：张妍　　　开票人：陈丽　　　销售方：（章）

国税函【2024】257号浙江印钞厂

图 11-10 增值税电子普通发票

记 账 凭 证

年　月　日　　　　　　　　　　　　　　　记字第××号

摘 要	总账科目	明细科目	记账√	借方金额										记账√	贷方金额										
				千	百	十	万	千	百	十	元	角	分		千	百	十	万	千	百	十	元	角	分
合计																								

附件　张

会计主管：　　　记账：　　　出纳：　　　审核：　　　制单：

图 11-11　记账凭证

项目评价

内　容		评　价		
学习目标	评价项目	3	2	1
职业能力　信用卡的管理	1.信用卡的含义及适用范围			
	2.信用卡结算的有关规定			
	3.信用卡使用的注意事项			
信用卡的核算	1.信用卡的结算程序			
	2.信用卡的日常核算			
通用能力	组织与沟通能力			
	学习与创新能力			
	应变能力			
	信息搜集能力			
综合评价				

等级说明：

3——能高质、高效地完成此学习目标的全部内容，并能解决遇到的特殊问题；

2——能高质、高效地完成此学习目标的全部内容；

1——能圆满完成此学习目标的全部内容，无须任何帮助和指导。

评价说明：

优秀——达到3级水平；

良好——达到2级水平；

合格——全部任务都达到1级水平；

不合格——不能达到1级水平。

项目十二　银行存款的序时核算及清查

学习目标

知识目标

通过本项目的教学，使学生了解银行结算账户的相关知识，掌握银行存款日记账的设置方法、登记方法、清查方法及银行存款余额调节表的编制方法。

能力目标

能准确登记银行存款日记账，能将银行对账单和银行存款日记账逐笔进行核对，以查明账实是否相符。

任务一　银行存款的序时核算

任务描述

银行存款的序时核算是指根据银行存款收支业务逐日逐笔记录银行存款的增减及结存情况。它的方法是设置银行存款日记账，根据收付款凭证按业务发生顺序逐笔登记，每日终了应结出余额，并定期与银行对账单核对，至少每月核对一次。

知识储备

（一）银行结算账户的概念和种类

银行结算账户是指银行为存款人开立的办理资金收付结算的活期存款账户。按存款人不同，银行结算账户分为单位银行结算账户和个人银行结算账户。存款人以单位名称开立的银行结算账户为单位银行结算账户。单位银行结算账户按用途分为基本存款账户、一般存款账户、专用存款账户、临时存款账户。个体工商户凭营业执照以字号或经营者姓名开立的银行结算账户纳入单位银行结算账户管理。存款人凭个人身份证件以自然人名称开立的银行结算账户为个人银行结算账户。

财政部门为实行财政国库集中支付的预算单位在银行开设的零余额账户按基本存款账户或专用存款账户管理。

【小知识12-1】

个体工商户申请开立的银行结算账户属于单位银行结算账户还是个人银行结算账户，与"户名"无关，关键看凭何种证件开立。

（二）银行结算账户的开立

1.开户银行的选择

存款人应在注册地或住所地开立银行结算账户。符合异地（跨省、市、县）开户条件的，也可以在异地开立银行结算账户。

2.填制开户申请书

存款人申请开立银行结算账户时，应填制开立银行结算账户申请书。开立单位银行结算账户时，应填写"开立单位银行结算账户申请书"（见表12-1），并加盖单位公章和法定代表人（单位负责人）或其授权代理人的签名或者盖章。申请开立个人银行结算账户时，存款人应填写"开立个人银行结算账户申请书"，并加盖其个人签章。

表12-1　　　　　　　　　　**开立单位银行结算账户申请书**

ICBC　　　　　　　中国工商银行

开立单位银行结算账户申请书　　　　　　　no。

存款人名称			电话	
地址			邮编	
存款人类别		组织机构代码		
法定代表人（　　　　）	姓名			证件号码
单位负责人（　　　　）	证件种类			
行业分类	A(　)B(　)C(　)D(　)E(　)F(　)G(　)H(　)I(　)J(　) K(　)L(　)M(　)N(　)O(　)P(　)Q(　)R(　)S(　)T(　)			
注册资金		地区代码		
经营范围				
证明文件种类		证明文件编号		
税务登记证编号				
关联企业	关联企业信息填列在"关联企业登记表"上。			
账户性质	基本(　　　)　一般(　　　)　专用(　　　)　临时(　　　)			
资金性质		有效日期至　　　年　　月　　日		

以下为存款人上级法人或主管单位信息：

上级法人或主管单位名称				
基本存款账户开户许可证核准号		组织机构代码		
单位负责人（　　　　）				

申请注册电子银行(网上银行、电话银行)请选择或填写以下信息：

☐ 申请网上银行：☐ 证书版 ☐ 普及版

普通卡证书信息	联系人		证件种类		证件号码	
基本权限 证书	证件种类		证件号码		证书ID	
	向任意账号付款：☐ 同意 ☐ 不同意		批量付款： ☐ 同意 ☐ 不同意	操作权限	☐ 可查询　☐ 可转出 ☐ 可转入　☐ 可理财	
	限额 大写：		小写：¥			
授权权限 证书	证件种类		证件号码		证书ID	
	限额 大写：		小写：¥	操作权限 ☐可查询 ☐可授权 ☐可理财		
公转私支付限额	单笔限额¥		日累计限额¥		月累计限额¥	
其他申请事项						

以下栏目由开户银行审核后填写：

开户银行名称		开户银行代码		
账户名称		账　号		
基本存款账户开户许可证按准号			开户日期	
账户性质	经常项目外汇账户(　　　)	资本项目外汇账户(　　　)	出口加工区(　　　)	钻石交易所(　　　)
外汇账户	账户最高限额		保税区(　　　)	出口加工区(　　　)
	公司注册地　　　一般经济区(　　　)			钻石交易所(　　　)
代码类型	0.组织机构代码证;1.营业执照;2.行政机关;3.社会团体;4.军队;5.武警; 6.下属机构(具有主管单位批文的);7.其他			
营业执照号码		年　　月　　日		
是否预留账户密码	是(　　　)　　否(　　　)	密码单(　　　)	图章印鉴(　　　)	
是否申请自助服务卡	是(　　　)　　否(　　　)	密码单(　　　)	变码印鉴(　　　)	
代理人信息	名称	证件种类	证件号码	

开户银行名称		开户银行代码		
账户名称		账号		
基本存款账户开户许可核准号			开户日期	

本存款申请开立单位银行结算账户，并承诺 所提供的开户资料真实、有效。	开户银行审核意见：	人民银行审核意见：(非核准类账户除外)
 存款人(公章) 　　　年　　月　　日	经办人(签章) 银行(签章) 　　　年　　月　　日	经办人(签章) 人民银行(签章) 　　　年　　月　　日

填写时请阅读背面的"填写说明"

第四联开户单位留存

银行应对存款人的开户申请书填写的事项和相关证明文件的真实性、完整性、合规性进行认真审查。

3.开户核准与备案

开户申请书填写的事项齐全，符合开立核准类账户条件的，银行应将存款人的开户申请书、相关的证明文件和银行审核意见等开户资料报送中国人民银行当地分支机构，经其核准并核发开户许可证后办理开户手续。

实行核准制的账户，限于：

（1）企业以外的其他单位开立的基本存款账户；

（2）企业以外的其他单位开立的临时存款账户（验资账户除外）；

（3）预算单位专用存款账户；

（4）合格境外机构投资者在境内从事证券投资开立的人民币特殊账户和人民币结算资金账户。

实行备案制的账户，限于企业（在境内设立的企业法人、非法人企业和个体工商户）银行结算账户的开立。

核准制和备案制下申请开立银行结算账户的流程，如图12-1所示，如下：

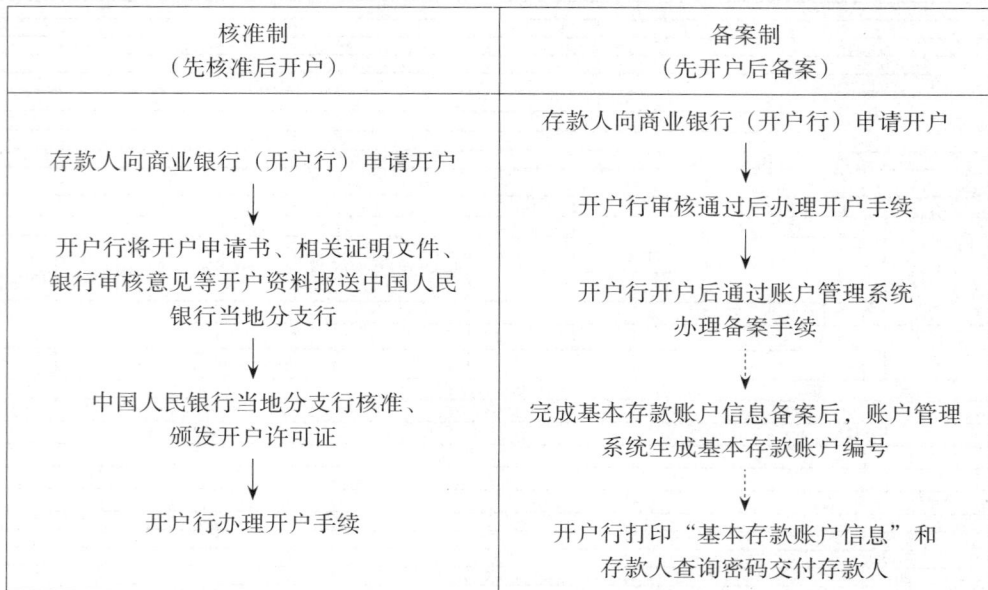

核准制 （先核准后开户）	备案制 （先开户后备案）
存款人向商业银行（开户行）申请开户 ↓ 开户行将开户申请书、相关证明文件、银行审核意见等开户资料报送中国人民银行当地分支行 ↓ 中国人民银行当地分支行核准、颁发开户许可证 ↓ 开户行办理开户手续	存款人向商业银行（开户行）申请开户 ↓ 开户行审核通过后办理开户手续 ↓ 开户行开户后通过账户管理系统办理备案手续 ↓ 完成基本存款账户信息备案后，账户管理系统生成基本存款账户编号 ↓ 开户行打印"基本存款账户信息"和存款人查询密码交付存款人

图12-1 申请开立银行结算账户的流程

4.签订银行结算账户管理协议

存款人应与银行签订银行结算账户管理协议。

5.预留签章

（1）银行应建立存款人预留签章卡片，并将签章式样和有关证明文件的原件或复印件留存归档。

（2）存款人为单位的，其预留签章为该单位的公章或财务专用章加其法定代表人（单位负责人）或其授权的代理人的签名或者盖章。存款人为个人的，其预留签章为该个人的签名或者盖章。

预留开户银行印鉴卡和开户许可证分别如图12-2和图12-3所示。

中国工商银行　湖南省分行　长沙中山支行印鉴卡

户　名	长沙含光服饰有限公司		
地　址	长沙市开福区芙蓉中路155号	电话	0731-88746532
启用日期	2020年01月01日		
申请开户单位印鉴			银行印鉴
单位财务专用章		财务主管	签章 熊美丽
		出纳人员	签章 陈兰英
印鉴使用说明			

图12-2　银行印鉴卡

图12-3　开户许可证

（三）各类银行结算账户

1.基本存款账户。

（1）基本存款账户的基本定位

基本存款账户，是存款人为办理日常转账结算、现金收付而申请开立的银行结算账户。基本存款账户是存款人的主办账户，一个单位只能开立一个基本存款账户。存款人日常经营活动的资金收付及工资、奖金和现金的支取，应通过基本存款账户办理。

（2）开户主体

下列存款人可以申请开立基本存款户：①企业法人；②非法人企业；③机关、事业单位；④团级（含）以上军队、武警部队及分散执勤的支（分）队；⑤社会团体；⑥民办非企业组织；⑦异地常设机构；⑧外国驻华机构；⑨个体工商户；⑩居民委员会、村民委员会、社区委员会；⑪单位设立的独立核算的附属机构（如食堂、招待所、幼儿园）；⑫其他组织（如业主委员会、村民小组等）；⑬境外机构。

（3）基本存款账户开户证明文件

企业申请开立银行结算账户，应当按规定提交开户申请书，出具下列开户证明文件，并对开户申请书所列事项及相关开户证明文件的真实性、有效性负责：

①营业执照；

②法定代表人或单位负责人有效身份证件；

③法定代表人或单位负责人授权他人办理的，还应出具法定代表人或单位负责人的授权书以及被授权人的有效身份证件。

【小知识12-2】

企业选择基本存款账户主要考虑的条件是：

（1）单位与银行是否就近。距银行近、交通方便，办理现金业务时相对安全，且节省路途时间，提高工作效率。

（2）银行服务设施是否先进齐全，结算手段是否先进，服务质量是否高水平。结算手段先进，一是指通汇网点多、电子化水平高、开通全国电子联行业务等；二是指结算手段丰富，除能办理一般存款业务和结算业务外，还能办理贴现、转贴现、银行承兑汇票、担保、融资租赁等业务。

（3）银行信贷资金是否雄厚。将资金存入经营业绩好的银行可以降低资金风险，企业资金困难时期能得到一定的贷款支持等。

2.一般存款账户。

（1）一般存款账户的基本定位

一般存款账户，是存款人为借款或其他结算需要，在基本存款账户开户银行以外的银行营业机构开立的银行结算账户。一般存款账户用于办理存款人借款转存、借款归还和其他结算的资金收付。一般存款账户可以办理现金缴存，但不得办理现金支取。

（2）一般存款账户开户证明文件

企业申请开立一般存款账户，应当向银行出具：

①开立基本存款账户规定的证明文件；②企业基本存款账户编号；③因向银行借款需要，应出具借款合同；因其他结算需要，应出具有关证明。

【小练习12-1】

长沙舍光副食品有限公司刚刚成立时，经理要求新来的出纳员李欣到银行开立一个基本存款账户、一个一般存款账户，李欣为图方便想在同一家银行开立基本存款账户和一般存款账户。请问李欣的想法对吗？为什么？

3.专用存款账户。

专用存款账户是存款人为了依法对其特定用途资金进行专项管理、使用而申请开立的银行结算账户。专用存款账户具体使用要求如下：

（1）证券交易结算资金、期货交易保证金和信托基金专用存款账户不得支取现金。

（2）基本建设资金、更新改造资金、政策性房地产开发资金账户需要支取现金的，应在开户时报中国人民银行当地分支机构批准（即开立时经批准的可取现）。

（3）收入汇缴账户除向其基本存款账户或预算外资金财政专用存款户划缴款项外，只收不付，不得支取现金。

（4）业务支出账户除从其基本存款账户拨入款项外，只付不收，可以依法支取现金。

4.临时存款账户。

临时存款账户是指存款人为满足临时需要并在规定期限内使用而申请开立的银行结算账户。

适用范围包括：（1）设立临时机构；（2）异地临时经营活动；（3）注册验资、增资；（4）军队、武警单位承担基本建设或者异地执行作战、演习、抢险救灾、应对突发事件等临时任务。

临时存款账户应根据有关开户证明文件确定的期限或存款人的需要确定其有效期限，最长不得超过2年。注册验资的临时存款账户在验资期间只收不付，其他临时存款账户支取现金应依法办理。

【小练习12-2】

长沙含光服饰有限公司出纳员陈兰英的妹妹想借用公司的银行账户转存一笔资金，请问这种行为符合银行结算账户的使用规定吗？

【小知识12-3】

预算单位零余额账户，是预算单位经财政部门批准，在国库集中支付代理银行和非税收入收缴代理银行开立的，用于办理国库集中收付业务的银行结算账户。

预算单位零余额账户的性质为基本存款账户或专用存款账户。预算单位未开立基本存款账户，或者原基本存款账户在国库集中支付改革后按照财政部门的要求撤销的，经同级财政部门批准，预算单位零余额账户作为基本存款账户管理。除上述情况外，预算单位零余额账户作为专用存款账户管理。

预算单位使用财政性资金，应当按照规定的程序和要求，向财政部门提出设立零余额账户的申请，财政部门同意预算单位开设零余额账户后通知代理银行。一个基层预算单位开设一个零余额账户。预算单位零余额账户的使用要求如下：

（1）用于财政授权支付。（2）可以办理转账、提取现金等结算业务。（3）可以向本单位按账户管理规定保留的相应账户划拨工会经费、住房公积金及提租补贴，以及财政部门批准的特殊款项；不得违反规定向本单位其他账户和上级主管单位及所属下级单位账户划拨资金。

任务实施

（一）银行存款日记账的设置

企业应当设置"银行存款日记账"（如图12-4所示）详细反映银行存款收支及结存情况，"银行存款日记账"由出纳人员根据收付款凭证，按照业务发生顺序逐笔登记。银行存款日记账必须采用订本式账簿，一般使用设有"借方""贷方""余额"栏目的三栏式账页。

银行存款日记账

年		凭证编号	摘要	结算方式		对方科目	收入（借方）									√	支出（贷方）									√	余额									√
月	日			种类	号码		千	百	十	万	千	百	十	元	角	分		千	百	十	万	千	百	十	元	角	分		千	百	十	万	千	百	十	元	角	分	

图 12-4　银行存款日记账

【小知识 12-4】

银行存款日记账的设置与库存现金日记账基本相同，不同之处是要增设"结算凭证"栏，登记所采用的结算方式类型以及凭证编号，以便与银行对账单核对。

（二）银行存款日记账的登记方法

出纳人员负责登记银行存款日记账。在登记银行存款日记账时，出纳人员应根据审核无误的有关银行存款收款凭证、付款凭证或库存现金付款凭证及有关原始凭证，逐项填写"日期""凭证编号""摘要""金额"各栏。银行存款日记账要按经济业务发生的顺序逐日逐笔连续登记。银行存款日记账应逐日结出余额，定期与银行对账单进行核对，每月至少一次，做到账款相符。银行存款日记账还应定期与银行存款总账核对，做到账账相符。

【例 12-1】长沙含光服饰有限公司 2024 年 5 月 1 日银行存款日记账账面余额为 683 200 元，5 月上旬发生下列银行存款收付业务：

（1）5 月 2 日，从银行借入短期借款 85 000 元，存入银行。

（2）5 月 3 日，以银行存款 69 470 元偿还应付账款。

（3）5 月 4 日，从银行提取现金 4 500 元备用。

（4）5 月 6 日，以银行存款购买生产设备，共计 99 700 元。

（5）5 月 7 日，销售产品一批，增值税专用发票价税合计 60 723 元，其中价款 53 737.17 元、增值税 6 985.83 元，款项存入银行。

（6）5 月 8 日，购买材料取得增值税普通发票，价税合计 37 089 元，款项以银行存款支付。

（7）5 月 9 日，以银行存款支付产品销售费用 3 910 元，未取得增值税专用发票。

出纳员根据发生业务的收付款凭证，登记银行存款日记账（如图12-5所示）。

银行存款日记账

2020年		凭证编号	摘要	结算方式		对方科目	收入（借方）										√	支出（贷方）										√	余额										√
月	日	编号		种类	号码		千	百	十	万	千	百	十	元	角	分		千	百	十	万	千	百	十	元	角	分		千	百	十	万	千	百	十	元	角	分	
5	1		承前页																												6	8	3	2	0	0	0	0	
	2	记字15号	借入借款	转支	023#	短期借款				8	5	0	0	0	0	0															7	6	8	2	0	0	0	0	
	3	记字22号	偿还欠款	转支	0112#	应付账款															6	9	4	7	0	0	0			6	9	8	7	3	0	0	0	
	4	记字31号	提现备用	现支	0121#	库存现金																4	5	0	0	0	0			6	9	4	2	3	0	0	0	
	6	记字45号	购买生产设备	转支	0113#	固定资产															9	9	7	0	0	0	0			5	9	4	5	3	0	0	0	
	7	记字55号	销售	转支	0330#	主营业务收入				6	0	7	2	3	0	0														6	5	5	2	5	3	0	0	
	8	记字58号	购买材料	转支	0114#	原材料															3	7	0	8	9	0	0			6	1	8	1	6	4	0	0	
	9	记字67号	支付费用	转支	0115#	销售费用																3	9	1	0	0	0			6	1	4	2	5	4	0	0	

图12-5　银行存款日记账

【小练习12-3】

宁乡忘不了服装有限公司开户银行为中国建设银行宁乡雨湖支行，账号6620687494587929005。2024年3月31日银行存款日记账余额为560 000元，4月1日—4月20日，银行存款借方发生额为890 000元，贷方发生额为620 000元。

要求：根据4月下旬发生的经济业务，编制会计分录：

（1）4月21日，归还前锋工厂货款226 000元。（转支3 647#）

借：

　　贷：

银付20号

（2）4月25日，收到丰利工厂销货款568 000元，存入银行。（进账单156#）

借：

　　贷：

银收16号

（3）4月28日，以银行存款支付本月银行借款的利息12 000元。（利息清单286#）

借：

　　贷：

银付21号

（4）4月30日，向银行借款280 000元，期限为1年，已存入银行。（贷款凭证10112#）

借：

　贷：

银收17号

登记该厂4月下旬银行存款日记账（如图12-6所示）并结账。

银行存款日记账

年		凭证编号	摘要	结算方式		对方科目	收入（借方）									√	支出（贷方）									√	余额									√
月	日			种类	号码		千	百	十	万	千	百	十	元	角	分		千	百	十	万	千	百	十	元	角	分		千	百	十	万	千	百	十	元	角	分	

图12-6　银行存款日记账

任务二　　银行存款的清查

任务描述

　　为加强对银行存款的管理，保证账实相符，防止发生差错，企业应对银行存款进行清查。银行存款的清查是指将企业的银行存款日记账与开户银行转来的银行对账单进行核对，通过编制银行存款余额调节表来查明企业银行存款是否账实相符的方法。

知识储备

　　（一）银行存款的清查方法

　　银行存款的清查是指企业对银行存款日记账的账面记录定期（按月）与银行对账单逐笔核对，以确保账实相符。企业收到开户银行转来的银行对账单后，应将银行存款日记账上的每笔收付业务与银行对账单逐笔勾对。

（二）银行存款出现账实不符的原因

企业对账人员在对账目进行核对时，常常会出现银行对账单余额与银行存款日记账余额不一致的情况，出现这种情况应及时查找原因，主要有两种可能：一是企业或银行记录有误，应及时更正；二是发生了未达账项。所谓未达账项，是指企业和银行之间由于凭证传递的时间差，造成一方收到凭证并已登记入账，而另一方未收到凭证因而尚未入账的款项，具体有四种情况：

1.企业已经收款入账而银行尚未收款入账（企收银未收）。例如，企业已送存银行的转账支票，银行尚未收妥入账。

2.企业已经付款入账而银行尚未付款入账（企付银未付）。例如，企业开出支票，持票人尚未办理转账。

3.银行已经收款入账而企业尚未收款入账（银收企未收）。例如，银行已收妥托收款项，企业未收到相关凭证尚未入账。

4.银行已经付款入账而企业尚未付款入账（银付企未付）。例如，银行已从企业存款账户扣除借款利息，企业未收到相关凭证尚未入账。

任务实施

当出现未达账项时，核对人员应编制"银行存款余额调节表"进行调节，消除未达账项的影响。银行存款余额调节表的编制方法是：在双方余额的基础上，分别加上应收的未达账项，减去应付的未达账项，计算出调节后余额。调节后的双方余额应相等，如果不相等，表明账面记录有误，需要进一步核对账目，查找原因并更正。编制银行存款余额调节表的流程是：核对人员逐笔勾对银行存款日记账和银行对账单，找出未达账项，编制银行存款余额调节表。

【例12-2】2024年9月30日企业的银行存款日记账余额为247 200元，银行对账单余额为285 300元。经逐笔核对，查明有以下几笔未达账项：

（1）9月28日，企业开出30 000元支票，持票人尚未向银行办理转账。

（2）9月29日，银行根据委托付款协议代企业支付电费1 900元，企业尚未收到付款通知。

（3）9月30日，企业送存支票10 000元，银行尚未记账。

（4）9月30日，银行收到企业委托收取的货款20 000元，企业尚未收到收款通知。

根据上述资料，编制银行存款余额调节表（见表12-2）。

表12-2　　　　　　　　　　　　**银行存款余额调节表**
编制日期：　　　　　　　　　　　2024年09月30日　　　　　　　　　　　　单位：元

项目	金额	项目	金额
企业银行存款日记账金额	247 200.00	银行对账单金额	285 300.00
加：银行已收企业未收款	20 000.00	加：企业已收银行未收款	10 000.00
减：银行已付企业未付款	1 900.00	减：企业已付银行未付款	30 000.00
调节后的存款余额	265 300.00	调节后的存款余额	265 300.00

调节后相等的存款余额是企业可动用的银行存款实有数。要注意的是，编制"银

行存款余额调节表"只是为了核对银行存款账目，并不能以此作为调整银行存款账面余额的原始凭证。对于未达账项，企业须在收到相关结算凭证后再进行账务处理。

【小知识12-5】

根据内部会计控制规范的要求，企业应当指定专人定期核对银行账户，编制银行存款余额调节表，并指派对账人员以外的其他人员进行审核。出纳人员一般不得同时从事银行对账单的获取、银行存款余额调节表的编制等工作，确需出纳人员办理上述业务时，应当指定其他人员定期进行审核、监督。

【例12-3】 截至2024年6月28日，长沙含光服饰有限公司的银行存款日记账"借方"栏金额为980 600元，"贷方"栏金额为975 300元，"余额"栏金额为826 000元。6月28日后公司发生的银行存款收支项目见表12-3。

表12-3　　　　　　　　　　银行存款收支项目

日期	取得的原始凭证
29日	现金缴款单回单1 300元
29日	委托收款凭证付款通知6 200元
29日	托收承付凭证收账通知11 000元
30日	现金支票存根5 100元
30日	电汇凭证回单2 400元
30日	进账单收账通知8 000元

要求：（1）将银行存款日记账（如图12-7所示）登记完整并结账。

（2）将银行存款日记账与银行对账单（如图12-8所示）进行核对，编制银行存款余额调节表（见表12-4）。

银行存款日记账

月	日	凭证编号	摘要	结算方式(种类)	结算方式(号码)	对方科目	收入(借方)	支出(贷方)	余额
6	28		承前页				980 600 00	975 300 00	826 000 00
	29	记字88号	材料收入	现收	45#	其他业务收入	1 300 00		839 000 00
	30	记字90号	支付货款	委托	74#	应付账款		6 200 00	777 000 00
	30	记字102号	收回货款	托收	51#	应收账款	11 000 00		887 000 00
	30	记字105号	提现	现支	46#	库存现金		5 100 00	812 000 00
	30	记字110号	承付费用	电汇	712#	管理费用		2 400 00	892 000 00
	30	记字112号	收回货款	借汇	212#	应收账款	8 000 00		892 000 00
			本月合计				1 000 900 00	989 000 00	892 000 00

图12-7　银行存款日记账

中国建设银行芙蓉路支行　对账单

长沙含光服饰有限公司　　　　　　　　　　　　　　　　　　　　　　　第3页
2021846672108902　　　　　2024年06月30日止　　　　　　　　利率：0.1%

日期	摘要	结算凭证 种类	号数	借方	贷方	余额
2024-06-28	承前页					82 600.00
2024-06-29	缴存现金	现金缴款单	45#		1 300.00	83 900.00
2024-06-29	承付贷款	委托收款	74#	6 200.00		77 700.00
2024-06-29	收到款项	托收承付	51#		11 000.00	88 700.00
2024-06-30	支付水费	电汇凭单	712#	2 400.00		86 300.00
2024-06-30	承付贷款	托收承付	113#	7 500.00		78 800.00
2024-06-30	收到款项	信汇凭单	212#		8 000.00	86 800.00

图12-8　银行对账单

表12-4　　　　　　　　　　　银行存款余额调节表
编制日期：　　　　　　　　　2024年06月30日　　　　　　　　　单位：元

项目	金额	项目	金额
企业银行存款日记账金额	89 200.00	银行对账单金额	86 800.00
加：银行已收企业未收款		加：企业已收银行未收款	
减：银行已付企业未付款	7 500.00	减：企业已付银行未付款	5 100.00
调节后的存款金额	81 700.00	调节后的存款金额	81 700.00

【小练习12-4】

长沙含光服饰有限公司202410月的银行对账单和银行存款日记账分别如图12-9、图12-10所示。

中国建设银行芙蓉路支行　对账单

长沙含光服饰有限公司　　　　　　　　　　　　　　　　　　　　　　　第5页
2021846672108902　　　　　2024年10月31日止　　　　　　　　利率：0.1%

日期	摘要	结算凭证 种类	号数	借方	贷方	余额
2024-10月-15日	承前页					180 000.00
2024-10月-16日	支付款项	电汇凭单	16#	45 000.00		135 000.00
2024-10月-18日	支付货款	委托收款	77#	3 750.00		131 250.00
2024-10月-20日	申请本票	转账支票	63#	1 500.00		129 750.00
2024-10月-24日	缴存现金	现金缴款单	31#		13 500.00	143 250.00
2024-10月-30日	汇入款项	信汇凭证	25#		10 500.00	153 750.00
2024-10月-30日	支付货款	转账支票	64#	1 650.00		152 100.00
2024-10月-31日	收到款项	收账通知	28#		32 100.00	184 200.00

图12-9　银行对账单

银行存款日记账

2024年 月	日	凭证编号	摘要	结算方式 种类	号码	对方科目	收入(借方)	√	支出(贷方)	√	余额	√
10	3		承前页				3250000 00		2950000 00		1800000 00	
	4	记字68号	支付汇票款	电汇	16#	其他货币资金			450000 00		1350000 00	
	18	记字75号	支付货款	委托	77#	应付账款			37500 0		1312500 00	
	20	记字83号	申请银行本票	转支	63#	其他货币资金			15000 0		1297500 00	
	24	记字94号	存现	现缴	31#	库存现金	135000 00				1432500 00	
	29	记字108号	支付货款	转支	64#	应付账款			16500 0		1416000 00	
	30	记字122号	销售款	转支	34#	主营业务收入	210000 00				1626000 00	
	31	记字130号	汇出采购款	电汇	17#	其他货币资金			370000 0		1256000 00	
	31		本月合计				3595000 00		3839000 00		1256000 00	

图12-10　银行存款日记账

　　要求：根据上述资料逐笔勾对，找出未达账项，编制银行存款余额调节表（见表12-5）。

表12-5　　　　　　　　　　　银行存款余额调节表

编制日期：　　　　　　　　　　　年　月　日　　　　　　　　　　　　　　　单位：元

项目	金额	项目	金额
企业银行存款日记账金额		银行对账单金额	
加：银行已收企业未收款		加：企业已收银行未收款	
减：银行已付企业未付款		减：企业已付银行未付款	
调节后的存款金额		调节后的存款金额	

【小知识12-6】

　　银行存款余额调节表和银行对账单不属于原始凭证，但属于会计档案，应当妥善保管。

项目小结

　　本项目介绍了银行存款如何通过设置日记账的方式进行序时核算，明确了银行存款的清查采用的方法和银行存款余额调节表的编制。学生通过该项目的学习，能根据银行存款收支业务和收付款凭证正确登记银行存款日记账，能掌握出纳人员在银行存款的清查中应做的工作及银行存款余额调节表的编制方法。

项目训练

一、单选题

1.银行存款的清查方法是（　　　）。

A.银行存款日记账与银行存款总账核对

B.银行存款日记账与银行存款明细账核对

C.银行存款日记账与银行对账单核对

D.银行存款日记账与银行存款核对

2.因借款或其他结算需要，在基本存款账户的开户银行以外的银行机构开立的银行结算账户是（　　　）。

A.专用存款账户　　　　　　　　　B.临时存款账户

C.一般存款账户　　　　　　　　　D.基本存款账户

3.一般存款账户的存款人，不能通过该账户办理（　　　）。

A.现金支取　　　　　　　　　　　B.现金缴存

C.转账结算　　　　　　　　　　　D.借款转存

4.对于银行已入账而企业未入账的未达账项，企业应当（　　　）。

A.根据银行对账单入账

B.根据银行存款余额调节表入账

C.根据银行对账单和银行存款余额调节表自制凭证入账

D.待有关结账凭证到达后入账

二、多选题

1.基本存款账户可以办理（　　　）。

A.日常经营活动的资金收付

B.工资、奖金的支取

C.日常现金的支取

D.借款转存

2.临时存款账户最长不得超过（　　　）。

A.1年　　　　　　　　　　　　　B.2年

C.3年　　　　　　　　　　　　　D.5年

3.编制银行存款余额调节表时，下列未达账项中，会导致银行对账单余额小于企业银行存款日记账账面余额的有（　　　）。

A.企业开出支票，银行尚未支付

B.银行收到款项，企业尚未收款

C.银行已付出款项，企业未接到付款通知

D.银行收到支票已进账，企业未接到收款通知

4.银行存款未达账项的情况有（　　　）。

A.银行已收企业未收　　　　　　　B.银行已付企业未付

C.企业已收银行未收　　　　　　　D.企业已付银行未付

5.银行结算账户使用时的注意事项有（　　　）。

A.不得出租银行结算账户

B.不得出借银行结算账户

C.不得利用银行结算账户套取银行信用

D.不得设立多个基本存款账户

6.单位结算账户可分为（　　　）。

A.专用存款账户　　　　　　　　　B.临时存款账户

C.一般存款账户　　　　　　　　　D.基本存款账户

三、判断题

1.银行存款日记账与银行对账单不一致的原因有两个方面：一是双方或一方记账有误；二是存在未达账项。（　　）

2.所谓未达账项，是指由于企业与银行取得有关凭证的时间不同，发生的一方已经取得凭证登记入账，而另一方由于未取得凭证尚未入账的款项。（　　）

3.经调节正确后的银行存款余额是月末企业银行存款的真正实有数额。（　　）

4.各项未达账项应待收到银行转来的有关收付结算凭证时，方可进行账务处理。（　　）

5.银行存款余额调节表不是用以调整账簿记录的原始凭证。（　　）

四、案例分析题

1.长沙含光副食品有限公司发生下列业务：

（1）长沙含光副食品有限公司利用本公司的银行账户办理银行业务。

（2）长沙含光副食品有限公司将银行账户借给长沙建筑企业办理银行业务。

（3）长沙绿林有限公司用长沙含光副食品有限公司的银行账户办理银行业务，并向长沙含光副食品有限公司支付款项5%的好处费。

请分析：长沙含光副食品有限公司上述做法是否正确，并说明理由。

2.长沙立新有限公司出纳员小敏填好一张现金支票到本企业一般存款账户的开户银行，准备提取现金发放工资，但被银行业务员拒绝。

请分析：银行为什么拒绝小敏提取现金的请求，并帮小敏找到答案。

五、实训题

1.资料：华天公司2024年4月30日银行对账单的存款余额为269 000元，银行存款日记账账面余额为171 045元。该公司与银行往来的其余资料如下：

（1）4月30日收到购货方转账支票一张，金额为36 800元，已经送存银行，但银行尚未入账。

（2）该公司当月的水电费1 325元银行已代为支付，但该公司未接到银行通知而尚未入账。

（3）该公司当月开出的用以支付供货方货款的转账支票，尚有48 320元未兑现。

（4）该公司收到某客户转账支票12 240元，并已入账，因对方存款不足被退票，该公司未接到银行通知。

（5）该公司委托银行代收的款项100 000元，银行已转入公司的存款户，但该公司未收到银行通知尚未入账。

要求：编制银行存款余额调节表（见表12-6）。

表12-6

银行存款余额调节表

编制日期：　　　　　　　　　年　月　日　　　　　　　　　单位：元

项目	金额	项目	金额
企业银行存款日记账金额		银行对账单金额	
加：银行已收企业未收款		加：企业已收银行未收款	
减：银行已付企业未付款		减：企业已付银行未付款	
调节后的存款金额		调节后的存款金额	

2.张天有限公司2024年7月30日收到银行对账单的存款余额为67 000元，银行存款日记账账面余额为53 240元，经核对，该公司与银行均无记账错误，但是发现有下列未达账项，资料如下：

（1）7月28日，张天有限公司开出一张金额为15 800元的转账支票用以支付供货方货款，但供货方尚未持该支票到银行兑现。

（2）7月30日，张天有限公司送达银行的某客户转账支票4 200元，因对方存款不足而被退票，而该公司未接到银行通知。

（3）7月30日，张天有限公司当月的水电费1 300元银行已代为支付，但该公司未接到银行通知而尚未入账。

（4）7月30日，银行计算应付给张天有限公司的存款利息360元，银行已入账，但该公司未收到银行通知而尚未入账。

（5）7月30日，张天有限公司委托银行代收的款项11 000元，银行已转入该公司的存款户，但该公司未收到银行通知而尚未入账。

（6）7月30日，张天有限公司收到购货方的转账支票一张，金额为7 900元，已经送存银行，但银行未入账。

要求：编制张天有限公司的银行存款余额调节表（见表12-7）。

表12-7

银行存款余额调节表

编制日期：　　　　　　　　　年　月　日　　　　　　　　　单位：元

项目	金额	项目	金额
企业银行存款日记账金额		银行对账单金额	
加：银行已收企业未收款		加：企业已收银行未收款	
减：银行已付企业未付款		减：企业已付银行未付款	
调节后的存款金额		调节后的存款金额	

3.欧豪有限公司2024年12月最后3天的银行存款日记账（如图12-11所示）和银行对账单（如图12-12所示）。

银行存款日记账

2024年		凭证编号	摘要	结算方式		对方科目	收入（借方）		支出（贷方）		余额	
月	日			种类	号码		千百十万千百十元角分	√	千百十万千百十元角分	√	千百十万千百十元角分	√
12	28		承前页				1 2 0 0 0 0 0		1 2 0 0 0 0 0		7 2 1 4 0 0 0	
	29	记字102号	收到货款	委托	21#	应收账款	1 4 2 0 0 0 0				8 6 3 4 0 0 0	
	29	记字105号	支付货款	转支	26#	应付账款			5 0 0 0 0 0		8 1 3 4 0 0 0	
	30	记字113号	收到产品收入	储汇	22#	主营业务收入	7 8 0 0 0 0				8 9 1 4 0 0 0	
	30	记字114号	支付材料款	转支	27#	原材料			1 1 7 0 0 0 0		7 7 4 4 0 0 0	
	31	记字124号	支付报刊费	现支	32#	管理费用			6 0 0 0 0		7 6 8 4 0 0 0	
	31		本月合计				3 4 0 0 0 0 0		2 9 3 0 0 0 0		7 8 8 4 0 0 0	

图 12-11　银行存款日记账

中国建设银行芙蓉路支行　对账单

长沙含光服饰有限公司　　　　　　　　　　　　　　　　　　　　第5页
6228808832432545519　　　　2024年12月31日止　　　　　利率：0.3%

日期	摘要	结算凭证		借方	贷主	余额
		种类	号数			
2020年12月29日	承前页					72 140.00
2020年12月29日	支付款项	转账支票	26#	5 000.00		67 140.00
2020年12月30日	收到款项	委托收款	21#		14 200.00	81 340.00
2020年12月30日	收到款项	转账支票	60#		20 000.00	101 340.00
2020年12月30日	支付货款	转账支票	27#	11 700.00		89 640.00
2020年12月31日	支付手续费	现支	18#	380.00		89 260.00

图 12-12　银行对账单

要求：编制欧豪有限公司的银行存款余额调节表（见表12-8）。

4. 根据下列业务登记银行存款日记账（如图12-13所示）。某企业5月末银行存款日记账账面余额为100 000元，6月上旬发生以下经济业务：

（1）6月2日，企业开出一张现金支票，从银行提取现金30 000元，备发工资。

（2）6月5日，企业向希望工程捐款10 000元，已转账付讫。

（3）6月6日，企业收回前欠货款200 000元，存入开户银行。

（4）6月7日，企业购入一台不需要安装的机器，入账价值50 000元，增值税税率为13%，价税款已通过银行划转。

（5）6月8日，企业从银行借入长期借款100 000元 。

（6）6月9日，企业销售产品一批，售价40 000元，增值税5 200元，款项已存入银行。

（7）6月10日，企业购入材料一批，价款30 000元，增值税3 900元，款项已付。

（8）6月10日，企业借入短期借款100 000元。

（9）6月10日，企业支付前欠货款50 000元。

表12-8　**银行存款余额调节表**

编制日期：　　　　年　月　日　　　　单位：元

项目	金额	项目	金额
企业银行存款日记账金额		银行对账单金额	
加：银行已收企业未收款		加：企业已收银行未收款	
减：银行已付企业未付款		减：企业已付银行未付款	
调节后的存款金额		调节后的存款金额	

银行存款日记账

年		凭证编号	摘要	结算方式		对方科目	收入（借方）										√	支出（贷方）										√	余额										√
月	日			种类	号码		千	百	十	万	千	百	十	元	角	分		千	百	十	万	千	百	十	元	角	分		千	百	十	万	千	百	十	元	角	分	

图12-13　银行存款日记账

📃 项目评价

内　容		评　价		
学习目标	评价项目	3	2	1
职业能力 / 银行存款序时核算	1.银行结算账户的开立			
	2.银行结算账户的使用			
	3.银行存款日记账的设置和登记			
银行存款的清查	1.银行存款的清查方法			
	2.银行存款出现账实不符的原因			
	3.银行存款余额调节表的编制			
通用能力 / 组织与沟通能力				
学习与创新能力				
应变能力				
信息搜集能力				
综合评价				
改进建议				

等级说明：

3——能高质、高效地完成此学习目标的全部内容，并能解决遇到的特殊问题；

2——能高质、高效地完成此学习目标的全部内容；

1——能圆满完成此学习目标的全部内容，无须任何帮助和指导。

评价说明：

优秀——达到3级水平；

良好——达到2级水平；

合格——全部任务都达到1级水平；

不合格——不能达到1级水平。

项目十三　网上支付

学习目标

知识目标

通过本项目的教学，使学生了解网上支付的两种主要方式，即网上银行和第三方支付，了解网上银行和第三方支付的概念及分类，理解网上银行的主要功能，理解第三方支付机构的业务流程。

能力目标

能根据网上银行业务流程、第三方支付交易流程进行身份验证和交易。

任务一　　网上银行

任务描述

随着互联网技术的纵深发展，网上支付方式应运而生并得到迅速发展。网上支付是电子支付的一种形式，是指电子交易的当事人，包括消费者、商户、银行或者支付机构，使用电子支付手段通过信息网络进行的货币支付或资金流转。网上支付的主要方式有网上银行和第三方支付两种。网上银行有哪些相关规定呢？

知识储备

（一）什么是网上银行

网上银行（Internet Bank or E-bank），也称网络银行，是银行在互联网上设立虚拟银行柜台，使传统银行服务不再通过实体的银行分支机构来实现，而是借助于网络与信息技术手段在互联网上实现。

（二）网上银行的优点

1.降低银行经营成本，有效提高银行盈利能力

开办网上银行业务，主要利用公共网络资源，不需设置实体的分支机构或营业网点，可以大幅度地降低经营成本和人员成本，提高了银行后台系统的效率。

2.无时空限制，有利于扩大客户群体

网上银行业务打破了传统银行业务在地域、时间上的限制，这既有利于吸引和保留优质客户，又能主动扩大客户群，为银行开辟新的利润来源。

3.有利于服务创新，向客户提供多种类的个性化服务

利用互联网和银行支付系统，更容易满足客户咨询、购买和交易多种金融产品的需

求。客户除办理银行业务外，还可以很方便地进行网上买卖股票、债券等活动，网上银行能够为客户提供更加个性化金融服务。

传统的网上银行主要通过计算机终端银行网站进行操作，受到互联网设施的限制。随着移动通信技术的发展和智能手机的普及，网上银行的另一种形式——手机银行逐渐兴起。手机银行又称为移动银行，指利用手机、平板电脑（PAD）和其他移动设备等实现客户与银行的对接，为客户办理相关银行业务或提供金融服务。我国的手机银行主要经历了短信、WAP、App三个发展阶段，目前主要是银行App方式。手机银行与网上银行一样，都是通过互联网实现银行柜面业务的延伸，功能基本一致。

【小知识13-1】

网上银行又称"3A银行"，因为它不受时间和空间的限制，能够在任何时间（Anytime）、任何地点（Anywhere），以任何方式（Anyway）为客户提供金融服务。

（三）网上银行的分类

1.按经营组织的分类，分为分支型网上银行和纯网上银行。

（1）分支型网上银行。分支型网上银行指现有的传统银行利用互联网作为新的服务手段，建立银行站点，提供在线服务而设立的网上银行。

（2）纯网上银行。纯网上银行其本身就是一家银行，是专门为提供在线银行服务而成立的，因而也被称为只有一个站点的银行。

2.按主要服务对象的分类，分为企业网上银行和个人网上银行。

（1）企业网上银行。企业网上银行主要适用于企事业单位，企事业单位可以通过企业网上银行适时了解财务运作情况，及时调度资金，轻松处理大批量的网络支付和工资发放业务。

（2）个人网上银行。个人网上银行主要适用于个人与家庭，个人可以通过个人网上银行实现实时查询、转账、网络支付和汇款功能。

（四）网上银行的主要功能

目前，网上银行利用Internet和HTML技术，能够为客户提供综合、统一、安全、实时的银行服务，包括提供对私、对公的全方位银行业务，还可以为客户提供跨国的支付与清算等其他贸易和非贸易的银行业务服务。

1.企业网上银行子系统的主要功能。

（1）账户信息查询。账户信息查询功能能为企业提供账户信息的网上在线查询、网上下载和电子邮件发送账务信息等服务。

（2）支付指令。支付指令功能是按客户要求，请求系统进行资金转账的指令或报文信息。此功能既能够提供集团、企业内部各分支机构之间的账务往来，也能够提供集团、企业之间的账务往来，并且支持集团、企业向其他银行账户进行付款。

（3）B2B网上支付。B2B（Business to Business），即企业之间进行的电子商务活动。也就是说，电子商务交易的供需双方都是商家（企业、公司），它们使用Internet技术或各种商务网络平台完成商务交易，包括发布供求信息、订货及确认订货、支付过程及票据的签发、传送和接收，确定配送方案并监控配送过程等。

（4）批量支付。批量支付能够为企业客户提供批量付款（包括同城、异地及跨行转账业务）、代发工资、一付多收等批量支付功能。企业客户负责按银行要求的格式生成数据文件，通过安全通道传送给银行，银行负责系统安全及业务处理，并将处理结果反馈给客户。

【小练习13-1】

根据支付结算法律制度的规定，企业网上银行的主要业务功能包括（　　）。

A.账户信息查询　　　　B.支付指令　　　　C.批量支付　　　　D.账户管理业务

【答案】ABC

2.个人网上银行子系统的主要功能。

个人网上银行子系统主要提供银行卡、本外币活期一本通客户账务管理、信息管理、网上支付等功能，是网上银行对个人客户服务的窗口。其具体业务功能包括：

（1）账户信息查询。系统为客户提供信息查询功能，能够查询银行卡的人民币余额和活期一本通的不同币种的钞、汇余额；提供银行卡在一定时间段内的历史明细数据查询；查询使用银行卡进行网上支付后的支付记录。

（2）人民币转账业务。系统能够提供个人客户本人账户之间以及与他人账户之间的卡卡转账服务。系统在转账功能上严格控制了单笔转账最大限额和当日转账最大限额，使客户的资金安全有一定的保障。

（3）银证转账业务。银行卡客户在网上能够进行银证转账，可以实现银转证、证转银、查询证券资金余额等功能。

（4）外汇买卖业务。客户通过网上银行系统能够进行外汇买卖，主要可以实现外汇即时买卖、外汇委托买卖、查询委托明细、查询外汇买卖历史明细、撤销委托等功能。

（5）账户管理业务。系统提供客户对本人网上银行各种权限功能、客户信息的管理以及账户的挂失。

（6）B2C（Business to Customer）网上支付。B2C指的是企业与消费者之间进行的在线式零售商业活动（包括网上购物和网上拍卖等）。个人客户在申请开通网上支付功能后，能够使用本人的银行卡进行网上购物后的电子支付。通过账户管理功能，客户还能够随时选择使用哪一张银行卡来进行网上支付。

【小练习13-2】

个人网上银行的具体业务功能包括（　　）。

A.账户信息查询　　　　　　　　B.人民币转账业务

C.外汇买卖业务　　　　　　　　D.B2B网上支付

【答案】ABC

任务实施

网上银行的业务流程如下：

1.客户开户流程

客户开通网上银行有两种方式：一是客户前往银行柜台办理；二是客户先在网上自助申请，后到柜台签约。

【小知识13-2】

开户时，客户必须出具身份证件或有关证件，并遵守有关实名制的规定。

2.网上交易

网上银行的具体交易流程如下：

（1）客户使用浏览器通过互联网链接到网银中心，发出网上交易请求。

（2）网银中心接收并审核客户的交易请求，并将交易请求转发给相应成员行的业务主机。

（3）成员行业务主机完成交易处理，并将处理结果返回给网银中心。

（4）网银中心对交易结果进行再处理后，将相应信息转发给客户。

3.交易时的身份认证

（1）密码。密码和账号相符便可成功交易。

（2）文件数字证书。文件数字证书安装在计算机中，已安装的用户只需输入密码即可，未安装的用户则无法付款。

（3）动态口令卡。交易时，银行会随机询问口令卡上某行某列的数字，正确地输入对应的数字便可成功付款。

（4）动态手机口令。交易时，银行会向客户的预留手机发送短信，输入收到的短信口令便可成功付款。

（5）移动口令牌。付款时，客户只需按动移动口令牌上的键钮，就会出现当前代码，一分钟内可凭此代码在网上银行付款。

（6）移动数字证书。例如，工行的U盾、农行的K宝、建行的网银盾、光大银行的阳光网盾等。

【小知识13-3】

开通网上银行，出纳人员就可以在计算机上进行转账结算业务，省去了填写转账支票、频繁去银行的麻烦，这是信息技术带给出纳工作的变化。当然，对于少数尚未开通网上银行的公司目前依旧采用传统的转账支付方式。

任务二　　　第三方支付

任务描述

第三方支付是网上支付的一种形式，第三方支付有哪些优势和规定，其交易流程又是怎样的呢？

知识储备

（一）什么是第三方支付

第三方支付是指经过中国人民银行批准从事第三方支付业务的非银行支付机构，借助通信、计算机和信息安全技术，采用与各银行签约的方式，在用户与银行支付结算系统之间建立连接的电子支付手段（其中通过手机端进行的支付，称为移动支付），是互联网技术与传统金融支付的有机结合。

【小知识13-4】

目前，国内的第三方支付平台主要有支付宝、银联商务、拉卡拉、财付通、盛付通、易票联支付、易宝支付、快钱、捷诚宝等。

非金融机构提供支付服务，应当取得《支付业务许可证》，成为支付机构。未经中国人民银行批准，任何非金融机构和个人不得从事或变相从事支付业务。

使用第三方支付，可以有效避免交易双方付款而收不到货物，或者收到的货物不符合要求，或者发货后收不到货款的风险；对银行而言，可以借此迅速扩展业务范围，节省为大量中小企业提供网关接口的开发和维护费用。

（二）第三方支付的种类

1.线上支付

线上支付是指通过互联网实现用户和商户之间、商户和商户之间的在线货币支付、资金清算、查询统计等行为。

【小知识13-5】

线上支付有广义和狭义之分。狭义的线上支付仅指通过第三方支付平台实现的互联网在线支付，包括网上支付和移动支付中的远程支付。广义的线上支付包括直接使用网上银行进行的支付，以及通过第三方支付平台间接使用网上银行进行的支付。

2.线下支付

线下支付区别于网上银行等线上支付，是指通过非互联网线上的方式对购买商品或服务所产生的费用进行资金支付的行为。其中，订单的产生可能通过互联网完成，线下支付的具体表现形式包括POS机刷卡支付、拉卡拉等自助终端支付、电话支付、手机近端支付、电视支付等。

【小练习13-3】

下列情形中，属于线下支付的有（　　　）。

A.张三在机场购物，使用手机终端支付购物款

B.李四在商场购物，通过POS机刷卡支付购物款

C.王五在超市购物，使用公交一卡通支付购物款

D.马六在网上购物，通过支付宝支付购物款

【答案】ABC

（三）第三方支付的开户要求

非银行支付机构为个人开立支付账户的，同一个人在同一家支付机构只能开立一个Ⅱ类账户；非银行支付机构为单位开立支付账户的，应当参照相关规定，要求单位提供相关证明文件，并自主或者委托合作机构以面对面方式核实客户身份，或以非面对面方式通过至少3个合法安全的外部渠道对单位基本信息进行多重交叉验证。非银行支付机构在为单位和个人开立支付账户时，应当与单位和个人签订协议，约定支付账户与支付账户、支付账户与银行账户之间的日累计转账限额和笔数，超出限额和笔数的，不得再办理转账业务。

（四）第三方支付机构的分类

第三方支付机构是最近几年出现的支付清算组织，是为银行业金融机构或其他机构及个人提供电子支付指令交换和计算的法人组织，须获得由中国人民银行颁发的《支付业务许可证》。目前，第三方支付机构主要有两种模式：

1.金融型支付企业。它是以银行商务、快钱、易宝支付、汇付天下、拉卡拉等为典型代表的独立第三方支付模式。此类支付企业不负有担保功能，仅仅为用户提供支付产品和支付系统解决方案，侧重于行业需求和开拓行业应用，是立足于企业端的金融型支付

企业。

2.互联网型支付企业。它是以支付宝、财付通等为典型代表的依托于自有的电子商务网站并提供担保功能的第三方支付模式，以在线支付为主，是立足于个人消费者端的互联网型支付企业。

任务实施

第三方支付的交易流程如下：

1.开户

使用第三方支付，客户必须在支付机构平台上开立账户，向支付机构平台提供银行卡、身份证件等有关信息。

【小知识13-6】

支付机构为客户开立支付账户的，应当对客户实行实名制管理。支付账户不得透支、出借、出租、出售，不得利用支付账户从事或者协助他人从事非法活动。

2.账户充值

账户充值是指客户开户后，将银行卡和支付账户绑定。付款前，将银行卡中的资金转入支付账户。

3.交易时的身份认证

支付机构可以组合选用下列要素，对支付账户进行身份认证：

（1）仅客户本人知悉的要素，如静态密码等。

（2）仅客户本人持有并特有的、不可复制或者不可重复利用的要素。例如，经过安全认证的数字证书、电子签名，以及通过安全渠道生成和传输的一次性密码等。

（3）客户本人的生理特征要素，如指纹等。

支付机构应当确保采用的要素相互独立，部分要素的损坏或者泄露不应当导致其他要素损坏或者泄露。

4.收付款

客户下单后，在付款时，通过支付平台将自己支付账户中的虚拟资金划转到支付平台暂存，待客户收到商品并确认后，支付平台会将款项划转到商家的支付账户中，支付行为完成。当收款人需要资金时，可以将账户中的虚拟资金转入银行，成为实体的银行存款。

【小知识13-7】

支付宝的支付流程如下：

（1）消费者在淘宝、京东商城等电子商务网站选购商品，下订单，与商品卖家在网上达成交易意向。

（2）消费者选择支付宝作为交易中介，将资金划转到自己的支付宝账户，形成支付宝余额（即充值）。

（3）消费者使用支付宝账户付款。此时款项并非直接转到商家的支付宝账户，而是暂时由支付宝平台保存。与此同时，设定发货期限。

（4）支付宝平台收到货款后，通知商家消费者已付款，要求商家在规定时间内发货。

（5）商家发货，在网站上做相应记录。消费者可以在网站上查看商品的出库、发货和物流等情况。

（6）消费者收到货物并确认后，支付宝平台将暂存的款项划转到商家的支付宝账户，交易完成。当商家需要资金时，再将自己支付宝账户中的虚拟资金转到银行，成为实体的银行存款后取出。

如果消费者对商品不满意，可通知支付宝平台拒付货款并将货物退回商家，消费者已支付的货款则会退回自己的支付宝账户。

与传统的支付方式相比，网上支付具有方便、快捷、高效、经济的优势。用户只要拥有一台能上网的计算机或其他移动设备，便可足不出户，随时随地通过互联网快捷地完成整个支付过程，不仅费用低，还可以完全突破时间和空间的限制，实现每周7天，每天24小时连续运行。虽然网上支付还存在安全、技术和服务等方面的问题，但是随着网络支付法律法规和安全支付协议的进一步完善，网上支付将在我国非现金支付工具体系中发挥越来越重要的作用。

【小知识13-8】

银行、支付机构应用条码技术，实现收付款人之间货币资金转移的业务活动，称为条码支付，包括付款扫码和收款扫码。付款扫码是指付款人通过移动终端识读收款人展示的条码完成支付的行为，收款扫码是指收款人通过识读付款人移动终端展示的条码完成支付的行为。

常见的条码支付，除银行及支付机构的条码支付外，还有银联便民支付，由中国银联携手各商业银行、支付机构共同开发建设、共同维护运营，除条码支付功能外，还可以实现转账、缴费、信用卡还款等多项功能，并集合了部分银行的信用卡申请、理财信贷等服务，是我国条码支付服务市场的重要构成。另外，还出现了第四方支付或称聚合支付，即融合多个银行和支付机构的支付端口，将不同机构分别生成的二维码聚合为一个二维码，使商户仅需提供一个二维码即可实现付款人自主选择使用不同银行或支付机构的App扫码付款。

项目小结

本项目介绍了网上支付的相关知识，了解网上银行和第三方支付的概念及分类，理解网上银行的主要功能以及第三方支付机构的业务流程，能根据网上银行业务流程、第三方支付交易流程进行身份验证和交易。

项目训练

一、单选题

1.以下各项中，表述错误的是（　　）。

A.网上支付是电子支付的一种形式

B.与传统的支付方式相比，网上支付具有方便、快捷、高效、安全的优势

C.网上支付的主要方式有网上银行和第三方支付

D.网上支付将在我国非现金支付工具体系中发挥越来越重要的作用

2.关于网上银行的具体交易流程，下列表述中错误的是（　　）。

A.客户使用浏览器通过互联网链接到网银中心，发出网上交易请求

B.网银中心接收并审核客户的交易请求，并将交易请求转发给相应成员行

C.成员行业务主机完成交易处理，并将处理结果返回给网银中心

D.网银中心对交易结果进行再处理后，将相应信息转送给客户

3.以下各项中，不属于客户本人持有并特有的、不可复制或者不可重复利用的要素是（　　　）。

A.经过安全认证的数字证书　　　　　　B.经过安全认证的电子签名

C.静态密码　　　　　　　　　　　　　D.通过安全渠道生成和传输的一次性密码

4.以下各项中，不属于线下支付的是（　　　）。

A.网上支付　　　　　　　　　　　　　B.POS机刷卡支付

C.电话支付　　　　　　　　　　　　　D.手机近端支付

二、多选题

1.下列各项中，属于电子交易的当事人有（　　　）。

A. 消费者　　　　　B. 商户　　　　　C. 银行　　　　　D.支付机构

2.网上银行按经营模式不同，可分为（　　　）。

A.纯网上银行　　　　　　　　　　　　B.分支型网上银行

C.企业网上银行　　　　　　　　　　　D.个人网上银行

3.客户开通网上银行有两种方式，即（　　　）。

A.直接前往银行柜台办理

B.只在网上自助申请

C.先到柜台签约，后在网上自助申请

D.先在网上自助申请，后到柜台签约

4.下列各项中，属于网上银行身份认证的方式有（　　　）。

A.密码　　　　　　　　　　　　　　　B.动态口令卡

C.动态数字证书　　　　　　　　　　　D.移动口令牌

三、判断题

1.分支型网上银行是指现有的传统银行利用互联网开展银行业务，即传统银行将互联网作为新的服务手段向客户提供在线服务，实际上是银行业务在互联网上的延伸。（　　　）

2.在个人网上银行中，账户信息查询可向客户提供对其本人的网上银行的各种权限功能、账户信息的管理以及账户的挂失。　　　　　　　　　　　　　　　　（　　　）

3.与传统的支付方式相比，网上支付具有方便、快捷、高效、经济的优势。　（　　　）

4.使用第三方支付时，客户必须到银行开立账户，并向银行提供银行卡、身份证等有关信息。　　　　　　　　　　　　　　　　　　　　　　　　　　　　　（　　　）

📃 项目评价

内　　容		评　价		
学习目标	评价项目	3	2	1
职业能力　网上银行的相关规定	1.网上银行的含义、优点、分类及主要功能			
	2.网上银行的业务流程			
第三方支付的相关规定	1.第三方支付的含义、种类、开户要求及机构分类			
	2.第三方支付的交易流程			

续表

内　容		评　价		
学习目标	评价项目	3	2	1
职业能力 网上银行的相关规定	1.网上银行的含义、优点、分类及主要功能			
	2.网上银行的业务流程			
第三方支付的相关规定	1.第三方支付的含义、种类、开户要求及机构分类			
	2.第三方支付的交易流程			
通用能力 组织与沟通能力				
学习与创新能力				
应变能力				
信息搜集能力				
综合评价				
改进建议				

等级说明：

3——能高质、高效地完成此学习目标的全部内容，并能解决遇到的特殊问题；

2——能高质、高效地完成此学习目标的全部内容；

1——能圆满完成此学习目标的全部内容，无须任何帮助和指导。

评价说明：

优秀——达到3级水平；

良好——达到2级水平；

合格——全部任务都达到1级水平；

不合格——不能达到1级水平。

项目十四　出纳差错处理

学习目标

知识目标

通过本项目的教学，使学生了解出纳工作中常见的差错，认识收付款中造成现金差错的原因，以及账务处理过程中造成差错的原因。

能力目标

能够对出纳工作中常见的差错进行正确的处理，并提高差错防范意识。

任务一　　　出纳收付款差错的处理

任务描述

尽管出纳人员每日都十分认真、细致地办理现金收付业务，但是仍会发生现金账款不符的差错。出纳人员在收付款过程中造成现金差错的原因有哪些，应该如何避免呢？

知识储备

造成现金差错的原因有很多，有人为的责任性差错，也有事故性、技术性差错。无论是收款还是付款的过程中，均有可能发生差错。

（一）收款中造成现金差错的原因

1.桌面上的现金还没有收拾完毕，就接手第二笔款项，或收入现金的分格箱没有放好，把库存现金与业务办理人的款项相混淆。

2.前一笔款项未收完，又接到第二笔款项，混淆了前后交款人的款项。

3.收款清点完毕后，加总时出错，如看错票币的券别、加错金额、看错大数、点错尾数等。

4.忘记将应退找补的现金退还给交款人。

5.机器清点时，忘记清理夹在机器中的票币，造成一捆多、一捆少的现象。

6.手工清点时贪快，有夹杂其中的不同券别的票币或对折在中间的钞票未能发现。

7.心情烦躁，点错款项。

（二）付款中造成现金差错的原因

1.未看清凭证上的付款金额，凭印象付款。

2.付款时不用算盘或计算器加总金额，计算错误。

3.库存现金未按票币的券别归类整理，付款时粗心大意，没有复点。

4.付款时和别人说话或接电话，把凭证和款项一起交给收款人。

5.付款后，没有及时在原始凭证上加盖付讫章，清点时出错。

任务实施

收付款差错的处理方法：

收付款差错的处理原则是长款不得溢库，短款不得空库，不得以长补短，也不能不进行登记。实际工作中，一旦发生现金差错，出纳人员要采取措施，仔细查找，挽回损失，更正错误。有些确实无法挽回的损失，要在弄清情况后，进行相应的处理。

1.对于技术性错误和一般责任事故，经及时查找，确实无法找回的，应按主管部门规定的审批手续处理。

2.对因工作不认真、有章不循、玩忽职守、违反劳动纪律所造成的损失，应追究失职人员的经济责任，视情节和损失程度，赔偿全部或部分损失，严重时给予行政处分。

3.对于有关人员监守自盗、侵吞长款、挪用公款的，应按贪污案件处理。

4.对于自然灾害，如火灾、水灾造成的，应及时报请领导查看现场，将灾害发生时间、地点及造成的损失等书面上报。

5.对于不明原因正在继续检查，难以及时处理的，应由责任人填写"审批报告表"，经会计主管人员签署意见、单位领导批准后，列入有关账户挂账处理，但仍须继续清查。

【小知识14-1】

出纳人员在工作中出现差错，无论是责任事故还是意外事故，无论是人为原因还是其他原因，都应立即向会计主管人员报告，如实反映情况，不能因怕受牵连或因工作有失误而隐瞒、掩饰真相，甚至私下制造假象推卸责任。

任务二　　出纳账务处理差错的处理

实际工作中，出纳账务处理中出现差错的情况也时有发生，有的是因为会计基本原理运用错误，如会计科目设置错误、借贷记账法运用错误，有的是记账凭证发生漏记、重记、错记现象，还有的是因为计算错误，如计算公式运用错误、计算方法错误、计量单位错误等，具体表现为记账凭证错误和会计账簿错误。

（一）记账凭证错误的类型

1.记账凭证的基本要素填写不完整，漏填相关要素。

2.会计科目运用错误，对应关系不清楚。

3.记账凭证不编号或编号错误。

4.附件数量和金额错误。记账凭证所附原始凭证的张数和内容与记账凭证不符，所附原始凭证的金额合计与记账凭证记录金额不符。

5.印鉴错误。已入账的记账凭证未加盖有关印章或加盖的印章不全，使已入账的凭证与未入账的凭证、有效的记账凭证与出错的凭证难以区分，或者在记账凭证中没有记账、审核等人员的签章。

（二）会计账簿错误的类型

1.会计账簿启用中发生的错误

（1）在账簿封面上未写明单位名称和账簿名称。

（2）在账簿扉页上未附"启用表"，或者"启用表"所列内容不完整。

（3）出纳人员调动工作时，未按规定在账簿中注明交接人员、监交人员的姓名或未加盖签章，无法明确相关责任。

（4）启用库存现金日记账、银行存款日记账等订本式账簿时，未按规定对其编订页数编号。

2.会计账簿设置时发生的错误

（1）会计账簿的形式设计不合理。

（2）会计账簿的数量设计不合理，不能满足出纳工作的需要。例如，有些单位不设相应的备查账簿，导致一些特殊的、不能在正规账簿中反映的经济事项没有进行登记。

3.会计账簿登记时发生的错误

在登记会计账簿时，出纳人员会出现的错误：

（1）登记的方式不合理。

（2）账簿没写清楚摘要。

（3）不能及时进行登记。

（4）账簿中书写的文字和数字所留空距不合理。

（5）未按规定进行结账。

（6）登记过程中发生跳行、隔页现象。

（7）未按指定要求用笔，导致账簿登记笔墨不符合要求。

任务实施

账务处理差错的处理方法：

出纳人员在账务处理过程中发生的差错，要分情况进行处理。

1.如果是凭证错了，但未登记入账，则可以重做一张凭证，根据正确的凭证登记入账。

2.如果是账簿错了，则不准涂改、挖补、刮擦或者用药水消除字迹，不准重新抄写，必须按规定的方法更正。账簿错误的更正方法有划线更正法、红字更正法和补充登记法三种。

（1）划线更正法。

在结账前发现账簿记录有文字或数字错误，而记账凭证没有错误，采用划线更正法。更正时，可在错误的文字或数字上划一条红线，表示错误内容已被注销，但应保持原错误文字或数字的内容清晰可辨认，然后在红线的上方填写正确的文字或数字，并由记账人员及相关人员在更正处盖章。

【小知识14-2】

对于错误的数字，应将整笔数字全部划红线更正，不得只更正其中的错误数字。对于错误的文字，可以只划去错误的部分进行更正。

（2）红字更正法。

记账后在当年内发现记账凭证所记的会计科目和记账方向错误，或者会计科目和记账方向无误而所记金额大于应记金额，可采用红字更正法。

更正方法如下：

当记账凭证的会计科目或记账方向错误时，首先用红字填写一张与原记账凭证完全相同的记账凭证，以表示注销原记账凭证，并在"摘要"栏内注明"注销某月某日某号凭证"字样，并据以记账；然后用蓝字填写一张正确的记账凭证，并在"摘要"栏内注明"订正某月某日某号凭证"字样，并据以记账。

【例14-1】张宇出差预借差旅费，开出现金支票，金额为8 000元。

原记账凭证的分录为：

借：其他应收款——张宇　　　　　　　　　　　　　　　　　　　8 000
　　贷：库存现金　　　　　　　　　　　　　　　　　　　　　　　　　　8 000

并已根据上述凭证，登记入账。

其更正方法如下：

首先，用红字编制一张与错误凭证相同的记账凭证，并登记入账，冲销原错误的记账凭证。

借：其他应收款——张宇　　　　　　　　　　　　　　　　　　8 000
　　贷：库存现金　　　　　　　　　　　　　　　　　　　　　　　　8 000

（注：方框代替红字。）

然后，用蓝字重新编制一张正确的记账凭证，并登记入账。其会计分录为：

借：其他应收款——张宇　　　　　　　　　　　　　　　　　　　8 000
　　贷：银行存款　　　　　　　　　　　　　　　　　　　　　　　　　8 000

当记账凭证的会计科目和记账方向无误而所记金额大于应记金额时，按多记的金额用红字编制一张与原记账凭证的会计科目和记账方向完全相同的记账凭证，并在"摘要"栏内注明"冲销某月某日某号凭证多记金额"字样，以冲销多记的金额，并据以记账。

【小练习14-1】

企业持有的商业承兑汇票到期，收回票据款。票据的票面金额为50 000元，在填写记账凭证时，误记为500 000元，并已登记入账。

请判断出纳人员应采用哪种更正方法，并进行更正。

（3）补充登记法。

记账后在当年内发现记账凭证所记的会计科目和记账方向无误，但所记金额小于应记金额，则采用补充登记法。

其更正方法是：按少记的金额用蓝字编制一张与原记账凭证的会计科目和记账方向完全相同的记账凭证，并在"摘要"栏内注明"补充某月某日某号凭证少记金额"字样，以补充少记的金额，并据以记账。

【例14-2】企业接到开户银行通知，收到东风有限公司偿还前欠货款8 700元，记账凭证的分录为：

借：银行存款　　　　　　　　　　　　　　　　　　　　　　　　7 800
　　贷：应收账款　　　　　　　　　　　　　　　　　　　　　　　　　7 800

并根据上述记账凭证，登记入账。

上述错误，使"银行存款"账户和"应收账款"账户均少记900元，按少记的金额用蓝字编制一张与错误分录相同的记账凭证，并据以记账，补充原少记的金额。

补充的记账凭证的会计分录为：

借：银行存款　　　　　　　　　　　　　　　　　　　　　　　　　　900

　　贷：应收账款　　　　　　　　　　　　　　　　　　　　　　　　　900

并根据上述记账凭证，登记入账。

【小知识14-3】

如果发现以前年度记账凭证中有错误（包括科目和金额），导致账簿记录错误的，直接在当年用蓝字填制一张更正的记账凭证。

项目小结

本项目介绍了出纳工作中常见的差错，分析了收付款中造成现金差错的原因和账务处理过程中造成差错的类型，明确了发生差错后的正确处理方法。学生通过该项目的学习，能增强出纳工作差错防范意识，同时在发生差错后能按规定进行正确的处理。

项目训练

一、单选题

1.库存现金日记账的外表形式为（　　）。

A.活页式　　　　　　　　　　　　　　　B.卡片式

C.订本式　　　　　　　　　　　　　　　D.三栏式

2. 记账后在当年内发现记账凭证所记的会计科目和记账方向无误，但所记金额小于应记金额，应采用的更正方法是（　　）。

A.蓝字更正法　　　　　　　　　　　　　B.红字更正法

C.补充登记法　　　　　　　　　　　　　D.红字冲消法

3.记账凭证填写错误，但未登记入账，正确的处理方法是（　　）。

A.重新编制一张正确的记账凭证　　　　　B.红字更正法

C.补充登记法　　　　　　　　　　　　　D.红字冲消法

二、多选题

1.以下属于收款中造成现金差错的原因有（　　）。

A.忘记将应退找补的现金退还给交款人

B.前一笔款项收到后未处理完，又接到第二笔款项，混淆了前后交款人的款项

C.把库存现金与业务办理人的款项相混淆

D.看错票币的券别、加错金额

2.以下属于付款中造成现金差错的原因有（　　）。

A.未看清凭证上的付款金额，凭印象付款

B.付款时不用算盘或计算器加总金额，计算错误

C.库存现金未按票币的券别归类整理，付款时粗心大意，没有复点

D.付款时和别人说话或接电话，把凭证和款项一起交给收款人

3.下列各项中，属于出纳人员在账务处理中出现的差错有（　　）。

A.会计基本原理运用错误

B.记账凭证发生漏记、重记、错记

C.计算错误，如计算公式运用错误、计算方法错误、计量单位错误

D.现金清点错误

三、判断题

1.发现以前年度记账凭证中有错误，导致账簿记录错误的，采用划线更正法、红字更正法或补充登记法进行更正。　　　　　　　　　　　　　　　（　　）

2.在结账前发现账簿记录有文字或数字错误，而记账凭证没有错误的，采用划线更正法。　　　　　　　　　　　　　　　　　　　　　　　　　（　　）

3.对于出纳人员利用职务之便侵吞长款、挪用公款的，应给予行政处罚。　（　　）

项目评价

内　容		评　价		
学习目标	评价项目	3	2	1
职业能力 出纳收付款差错的处理	1.出纳收付款差错的原因			
	2.出纳收付款差错的处理方法			
出纳账务处理差错的处理	1.出纳账务处理差错的类型			
	2.出纳账务处理差错的处理方法			
通用能力	组织与沟通能力			
	学习与创新能力			
	应变能力			
	信息搜集能力			
综合评价				
改进建议				

等级说明：

3——能高质、高效地完成此学习目标的全部内容，并能解决遇到的特殊问题；

2——能高质、高效地完成此学习目标的全部内容；

1——能圆满完成此学习目标的全部内容，无须任何帮助和指导。

评价说明：

优秀——达到3级水平；

良好——达到2级水平；

合格——全部任务都达到1级水平；

不合格——不能达到1级水平。

主要参考文献

［1］蔡昌. 出纳实务［M］. 北京：北京理工大学出版社，2019.

［2］兰丽丽，汪艳萍. 出纳实务［M］. 北京：北京出版社，2020.

［3］余国艳. 出纳实务［M］. 3版.北京：科学出版社，2019.

［4］赵峰松. 出纳业务操作［M］. 北京：北京理工大学出版社，2020.

［5］林云刚，华秋红. 出纳会计实务［M］. 北京：高等教育出版社，2019.

［6］小企业会计准则编审委员会. 小企业会计准则讲解（2020年版）［M］. 上海：立信会计出版社，2020.

［7］彭湘华，杨令芝，李香花. 出纳实务［M］. 5版. 上海：立信会计出版社，2019.

［8］丛秀云，徐俊. 出纳岗位实务［M］. 2版.北京：中国财政经济出版社，2021.